区域金融创新发展与浙江实践研究

周建松　姚星垣　著

浙江工商大学出版社
ZHEJIANG GONGSHANG UNIVERSITY PRESS

图书在版编目(CIP)数据

区域金融创新发展与浙江实践研究 / 周建松，姚星
垣著. —杭州：浙江工商大学出版社，2017.12
　　ISBN 978-7-5178-2536-4

　　Ⅰ. ①区… Ⅱ. ①周… ②姚… Ⅲ. ①区域金融—经
济发展—研究—浙江 Ⅳ. ①F832.755

中国版本图书馆 CIP 数据核字(2017)第 313608 号

区域金融创新发展与浙江实践研究

周建松　姚星垣　著

责任编辑	张　玲
封面设计	许寅华
责任印制	包建辉
出版发行	浙江工商大学出版社
	（杭州市教工路 198 号　邮政编码 310012)
	（E-mail:zjgsupress@163.com)
	（网址:http://www.zjgsupress.com)
	电话:0571 - 88904980,88831806(传真)
排　　版	杭州朝曦图文设计有限公司
印　　刷	杭州恒力通印务有限公司
开　　本	710mm×1000mm　1/16
印　　张	14.75
字　　数	257 千
版 印 次	2017 年 12 月第 1 版　2017 年 12 月第 1 次印刷
书　　号	ISBN 978-7-5178-2536-4
定　　价	39.00 元

目　　录

第一篇

战略思考与总体布局

关于我国金融改革发展问题的分析与思考[①]

全球金融危机过后,世界各国都在反思宏观金融政策和微观金融机制,中国也不例外。由于人民币尚未国际化、资本市场尚未足够开放等诸多因素影响,中国在这次全球金融危机中所受到的直接冲击不是很大,持乐观态度者便得出了"风景这边独好"和"中国的金融体系就是比美国好"的结论。事实上,一国的宏观金融体制如何架构,既要与全球经济金融运行相联系,更要与本国经济社会体制相协调,究竟如何选择,则确实是一个不可回避的命题。对中国而言,诸如人民币国际化的战略安排及其时机选择、资本市场的开放尺度及其时间进程表、宏观金融政策的选择性调节等等,都是现今重大而复杂的问题。这些问题固然需要我们积聚力量加以研究,然而,除了这些大战略以外,更有若干具体问题,诸如地方金融发展及其作用问题、中小企业融资问题、新农村建设的金融支持问题、农村信用社体制改革定位问题,以及与县域金融发展相适应的宏观金融管理机制问题等,同样需要我们投以关注,详加研究和部署。本人将对前面所提及的具体问题做些思考和分析。

一、关于地方金融发展及其作用问题

中华人民共和国成立后的几十年甚至改革开放后许多年,一直都没有地方金融的概念,地方政府一直与金融没有直接的关系,金融就是中央政府的事,地方政府与金融机构在当地分支机构只不过是一种联络关系,或者是一种资本供需的组织协调关系。20 世纪 80 年代后,以区域(地方)为基点,除了组织创办了地方性、区域性(后发展为全国性)股份制商业银行、证券、保险、信贷机构以外,在城市信用社基础上组建了城市商业银行,尤其是国务院将农村信用社交由省

---

① 原文发表于《浙江金融》2009 年第 11 期,作者周建松。

级人民政府管理以后,地方政府对于金融工作越来越重视,这在全球金融危机后,更是达到了空前的程度。地方金融这个概念被摆上了台面,除了全国范围内以地方金融为主题的论坛以及冠以地方金融之名的学术论文和活动增多了之外,地方政府还纷纷设立金融办公室并不断地给予其较高规格和地位,这更是有力的证明。关于这一命题,我的想法如下:

第一,地方金融的发展有其宏观必然性。构建一个中央(全国性)、地方(区域性)金融体系,既符合金融业发展的实际需要,也有利于明确责权利,健全各层次内部金融运行机制和多层次风险管理体系。应该在保持全国金融主体地位的同时,大力发展地方金融。

第二,地方金融是一个多层次体系。要发挥省级人民政府、地市级人民政府和县级人民政府多方面的积极性。当前,面对中小企业融资和金融支持社会主义新农村建设等问题,发展县域金融具有重要战略意义,应该发挥县级人民政府的作用。

第三,地方金融并不是草根金融。成功举办一个地方金融发展论坛,其积极作用和推动意义十分明显,但由此把地方金融归结为草根金融,这未免失之偏颇。地方金融在改革开放的大背景下发展,在市场经济体制下壮大,应该是中国特色社会主义市场经济的重要内容和金融体系的主要组成之一,并非"草根",应该有计划地鼓励其大力发展。

第四,在地方金融发展过程中,各级地方人民政府应该有所作为,要根据各地经济发展需要和文化特点,保护、弘扬和推出金融品牌,鼓励民间资本投资和兴办金融业。注重金融业运行中的风险,注意地方掌控和调节,并建立相应的机构(如当前比较普遍的金融工作办公室)加以指导监督和管理。

第五,随着地方金融业的发展,按照责任风险与收益相一致的原则,金融风险问题也会摆在大家的面前,作为中央人民政府和国务院金融主管部门,其任务是研究设立存款保险组织,并让其不断壮大和发挥作用,防范和控制地方金融业发展中的风险,发挥金融对经济社会的积极作用。

二、中小企业融资问题

随着中国特色社会主义市场经济的建设和发展,多种成分的经济形式、多形式的经济主体并行已成为必然,在鼓励创新、创业、创造的大背景下,民营中小企业的发展和繁荣成为中国特色社会主义市场经济的重要内容。于是乎,在金融如何适应并支持经济的发展机制中,中小企业融资便成为焦点之一。

第一,我们有必要也有可能解决中小企业融资问题。有人说,中小企业融资难是一个世界性命题。全球的金融机构领袖乃至政府首脑都在进行探索,并为此做出积极努力,但成效不够明显。正因为这样,中国要在短期内研究出解决中小企业融资的好方法、好机制,构建起一个支持中小企业发展的金融体系是不现实的。我认为,这是不正确的推卸责任之言。基于民营中小企业众多的经济特点,中国应该建立有利于中小企业融资的金融体系,也完全有条件做好。目前,这正在朝着好的方向发展。

第二,金融体系的功能和定位要有利于中小企业融资问题的解决。近年来,中国各级政府和金融主管部门十分重视解决中小企业的融资问题,银监会明确提出建立中小企业融资六项机制,要求各商业性金融机构积极响应和探索建立中小企业融资的有效途径,国控大型商业银行也在积极探索支持中小企业融资的有效方法,连国家政策性银行也参与到了其中,但我们在看到成绩的同时,也应该正视其中的问题。"为中小企业融资难做贡献""认真解决中小企业融资难"等在有些机构中,似乎还只停留在政治口号上,如城市商业银行本来的定位应该是在立足中小企业、立足城市居民、立足区域经济上。然而,这几年来中小银行盲目攀大、希望做大、超越本土、跳出本土,乃至远离本土、迈向全国的行动和要求十分强烈。且做大就想搬家走向全国,谈何服务市民和中小企业呢?某城市商业银行还把设立中小企业业务部作为经营经验介绍,岂非笑话?

第三,解决中小企业融资难问题需要多管齐下。解决好中小企业融资难的问题,是中国经济可持续发展和长期繁荣的重要基础和条件。正因为这样,对于中小企业融资问题,我们要有信心、想办法,积极去解决。具体而言:①就企业自身而言,应该正确定位、科学决策、讲究战略、厉行节约,避免和防止盲目攀大求洋,做出符合实际、切实可行的方案,并注重自身融资潜力和内源融资。②就金融机构而言,应该从自身基础和条件出发,正确制订自身的战略,确立自己的定位,城市商业银行要坚持立足城市居民、立足中小企业、立足区域经济定位不动摇,努力做特做强;农村合作银行和农村信用社则要在坚持面向"三农"的同时,努力做好中小企业融资;国家大银行和全国性股份制商业银行应该划出一部分资金设立专门机构用于中小企业融资。③从国家金融主管部门和监管部门的角度看,应该在鼓励金融业大发展和大繁荣的同时,采用差别战略,支持和要求中小银行立足当地、坚持中小、特色发展,并创造条件、鼓励大银行乃至外资金融机构为中小企业融资服务。④从地方政府尤其是财政税务部门的角度看,为有利于区域经济的持续发展,应该建立专门的专项补贴资金,用以撬动中小企业融资体系的建立和完善。⑤由政府牵头、商业化运作、政策性引导、各相关部门共同参与、各司其职,全社会共同构建一个齐抓共管、聚心合力解决中小企业融资的体系。

三、新农村建设的金融支持问题

中国是一个农业大国,13亿多人口,10亿多在农村,目前正在向城镇化、市场化转型发展。从某种意义上说,没有农村的现代化,就没有中国的现代化,没有农村的小康,也不可能建立起中国的小康社会,也就不可能建立起真正和谐的中国社会。正因为这样,推进社会主义新农村建设乃国家大政。

社会主义新农村建设是一项系统工程,要建设法治、文明,环境、经济、文化、社会和谐的社会主义新农村,必须花大力气来系统推进。金融是现代经济的核心,是现代社会的和谐稳定器,因此,解决新农村问题离不开金融的支持,离不开金融杠杆的撬动。从机制和体制上构建起新农村建设的金融支持,意义深远而巨大。

第一,新农村建设进展不快,金融也是重要影响因素。中华人民共和国成立以来,党中央一直重视农业和农村的建设和发展,努力让农民解决温饱并不断富裕起来。改革开放后,"三农"问题一直是中央关心的大事。在特定历史时期为支持国家经济建设和社会发展,农民和农村利益受到一定影响,在其后的经济发展中工农差别、城乡差别也没有从根本上缩小,甚至有拉大的表现。其中,环境、文化、交通等原因是主要的,金融服务缺位、金融资源转移、资金力量有限,也是重要原因。

第二,支持新农村建设的金融体系在构建中,但存在缺陷。近几年来,我国金融主管机关一直在按照中央的部署,致力于从金融角度推进社会主义新农村建设,包括全力推进农村信用社体制改革,将农村信用社授权下放给省级人民政府管理;改革邮政管理体制,设立邮政储蓄银行,延伸其金融服务和功能;放宽新农村金融机构准入政策,鼓励设立村镇银行、小额信贷公司、资金互助合作社等,对新农村建设的金融服务起到了一定的作用。应该说,新农村建设的金融支持体系在不断完善之中,并正在积极发挥作用。尤其是各相关金融机构通过金融创新,对"三农"融资机会的创设和融资能力的增强,无疑是有意义和作用的。但我们必须看到的是,新型农村金融机构毕竟设立时间短、数量少,现阶段还难以发挥出特定效果。

第三,解决新农村建设的金融支持问题必须多管齐下。新农村建设的资金需求量大、要求高,面临的矛盾也比较复杂,除了国家在财政政策上积极进行重点支持之外,金融体系自身也必须协调进行。①农村信用社作为农村金融服务的主渠道,必须真正做到爱农、亲农、学农,发挥"三农"服务第一梯队的作用,防止股份化、商业化、城市化倾向。②新型农村金融机构要正确定位,立足农村、服务农村,在此基础上快速发展,真正解决涉农中小企业和个体工商户的小额信贷问题。村镇银行应该真正设立在村镇,服务在村镇。③鼓励其他各类金融机构包括国有银行在农村设机构、建网点,积极开展农村金融服务,以真正构建起完整的商业性支持网络。④一定要将政策性支农体系建设到位,并鼓励合作性和民间金融支持"三农"。⑤着力建设农村良好的金融生态,主要包括信用体系、差别准备金、支农贴息、支农再贷款等等,真正把新农村建设的金融支持工作落到实处。

四、农村信用社体制改革定位问题

我国的农村合作信用体系从中华人民共和国成立初期正式构建后,一直在动荡和改革之中。几十年来,它在面向农民、服务农村、支持农业发展中起到了积极的作用,并始终作为我国基层农村金融组织而存在,大多时间则作为受中国农业银行领导的基层单位在运行,发展受到了极大限制。20世纪90年代,国家曾经做出将其与中国农业银行脱钩的决策,并相应成立了省级农村信用合作社联合社。其后,实际上,农村信用社处在中国人民银行领导之下,实践证明其运行十分顺畅。进入新世纪以来,国务院国发〔2003〕15号文件的颁布,明确了信用社体制改革的主向,其基本点有四:一是授权省级人民政府管理农村信用社;二是坚持以县域为基点发展;三是省级农村信用合作社以建立联社等形式行使行业管理职能;四是坚持"三农"为主要服务对象。实践证明,五年多来的改革是有成果的,无论是业务规模、经营效益、机制建设还是农信品牌都成效明显。现在有关部门明确要求再改革,笔者以为必须做到以下几点:

第一,始终坚持以县域为主体不动摇。中国是一个农业大国,无农不稳,支持农业、农村和农民,根基在县及县域以下,如果农村信用社体制结构过分上移,则必然削弱"三农"服务。

第二,坚持股份合作制性质基本不变。股份合作制从某种意义上说是中国的首创,即在合作制基础上引入股份制,尽管对此仍有不少争议,但我认为,它符合国情、符合农村信用社运作实际,必须坚持。

第三,在强化县域基础上改善省级联社服务。这既符合中央政策,也符合农村信用社运作实际。至于如何强化,它主要体现在系统性金融服务功能强化上,体现在整体品牌建设、风险防范机制和提供大规模技术手段改革和服务上。至于农村信用社改革的总体再思考,容我们另文评述。

五、与县域金融发展相适应的宏观金融管理机制问题

中国是一个幅员辽阔、人口众多的发展中国家。县域是国民经济的基础和腹地,只有把县域做强了,才能实现中国整体小康和和谐社会建设。建设以县域为重点的金融体系,符合地方金融发展实际,有利于更好地解决中小企业融资及新农村建设金融服务问题,有利于办好农村信用社;与之相适应,中国的宏观金融管理机制和体制建设也应该紧跟上去。

第一,中国现阶段的宏观金融管理体制与新农村建设要求不相适应。经过20多年的改革,中国已形成了中国人民银行、银监会、证监会、保监会(即"一行三会")的宏观金融管理和监督体制,除中国人民银行在大多县(市)设有分支机构外,银监会只在部分县设有办事处,其他则无分支机构。在这种情况下,实际结果就是,人民银行无明确职责工作,银监会等部门没有力量工作,管理协调出现困难,尤其是在地域较广阔、信息化程度较低的县,这个矛盾非常突出,长此下去,不利于县域金融的发展和稳定运行。

第二,县域金融改革发展需要一个综合金融管理部门。在中国 2070 个县中,绝大部分县拥有工、农、中、建、邮、农发、农信等 8 家左右银行机构,还有 2—4 家保险机构,还有一部分县以下乡镇网点。在经济比较发达的县,有 10—12 家银行、金融机构(最多的已达 25 家)、5—6 家保险机构(最多的已达 20 家)、1—2 家证券经营机构。无论是金融秩序建立、金融运行协调,还是民间金融管理等,都需要有一个综合部门来统筹,这既符合地方金融实际,也符合中国国情。

第三,在中国人民银行县支行基础上加挂××县金融监管局是最佳选择。

关于怎样解决县域宏观金融管理机制和体制问题,目前并没有明确方案,学界虽有不少相关论著,但缺乏可行思路。笔者以为,在中国人民银行县支行基础上加挂××县金融监管局最为科学而可行。一是它解决了县人民银行职责不清、事务不多、前途不明的问题,有利于增强其机制和活力。二是它符合人们的普遍观念,容易被地方党委、政府和民众各方接受。三是它操作比较简单,利用县人民银行原有的设施和人力,共享资源,节约成本。至于,宏观上的"一行三会"分业监管与微观上的综合监管如何协调的问题,笔者以为,从长计略,在全国范围内实施高层(部级)统一、中层(省、市)二级分设(专业)、基层(县域)合一(综合)未尝不可,或者彻底地说,实施"一行三会"全国范围内再合并也不无根据,当前可以从县域起步。

对浙江地方金融发展的整体再思考[①]

在中国,不管学界对地方金融这一概念是否认同,事实上,有关地方金融的实践已经摆在人们面前,全国性的地方金融发展论坛已经举行过数十次,且赢得了党和国家领导人的支持,地方金融的研究机构在不断增多,研究力量也在不断加强,地方金融的实践日益丰富,地方政府对金融的重视程度日益增强。有道是,经济发展是分阶段、分层次的,不同发展阶段对金融有不同的需求,不同层次的经济需要为之提供相应的金融业服务,尤其是在中小企业融资、面向"三农"的金融服务,面向居民的理财及金融服务活动等方面,地方金融有着更大和更多可能的作为。因此,研究和部署浙江地方金融的发展是有积极意义的。

一、浙江地方金融发展的现状与评价

改革开放 30 多年来,浙江省的金融产业蓬勃发展,已经成为浙江第三产业的重要支柱和经济发展的重要支持力量。截至 2007 年末,浙江省境内共有各类金融机构 351 家,其中银行 244 家、证券 55 家、保险 45 家,其他非银行金融机构 7 家,设有分支机构和营业网点 14007 个,金融从业人员达到 28.8 万,金融机构本外存款逾 30000 亿元,贷款 25000 亿元,存款和贷款占全国的比重分别达到 7.37% 和 9.36%。从 2000 年开始金融增加值在全省生产总值和第三产业中的比重逐年上升,金融对我省经济社会发展的贡献不断提高(见表 1)。

表 1 　浙江省分年金融增加值占全省 GDP 和第三产业的比重

年份	占全省 GDP 比重(%)	占全省第三产业比重(%)
1990	5.0	16.8

① 原文发表于《浙江金融》2009 年第 3 期,作者周建松。

续　表

年份	占全省 GDP 比重（%）	占全省第三产业比重（%）
1995	4.0	12.4
2000	3.5	9.6
2005	5.0	12.5
2006	5.4	13.4
2007	6.0	14.7

注：2007 年全省金融增加值 1122.86 亿元中金融机构当年利润（结益）约占 70%—80%，其中总部在浙江的金融机构利润约占 16%—18%。

纵观 30 多年的发展和现实状况，可归结为以下几点：

（一）浙江金融业发展的总水平是好的

无论是存贷款规模及其在全国的占比，还是金融机构创造的效益和形成的资产，均处于全国领先地位，尤其是浙江金融部门锐于创新，勤于工作，俭于办事，注重风险，做出了极为重要的贡献，无论是宏观调控水平、金融监管水平、金融服务水平，还是金融机构的经营水平都属全国一流，甚至达到国际先进水平，整体金融水平是不错的。

（二）浙江地方金融发展也有一定水平

地方金融暂且是指总部设在浙江境内的各类金融机构。浙商银行自 2004 年从浙江商业银行改制移师杭州以来，已基本形成全国性银行框架，且已创造不少业绩，尤其是积累了支持小企业的成功经验；浙江农村信用社的改革、发展、规模、管理、质量效益走在全国前列；8 家城市商业银行，3 家其他商业银行和 1 家城市信用社发展良好，杭州银行、宁波银行、温州银行等在全国具有强大影响力，浙江稠州、浙江泰隆、浙江民泰等银行更开了改革发展先河；一些新型金融机构如村镇银行、典当行、农业互助合作保险等已有一定发展，小额信贷组织试点进展顺利，地方金融逐步形成合理体系。

（三）金融业发展不均衡状况十分明显

主要表现在：①银行、证券、保险、信托四业发展中，银行业发展状况良好，而其他三业明显滞后；②全国性金融组织在浙江的发展状况明显好于总部设在浙江的地方金融机构。尤其是地方金融占比太低,以银行业为例,2007年末地方金融机构的各项贷款余额为5331.09亿元,占全部金融机构贷款余额的21.38%,总部设在浙江的保险公司保费收入仅占全部保险机构保险收入的0.03%,两家盈利归浙江证券公司的佣金收入只占全部证券公司佣金收入的17.57%,地方金融当年账面利润只占全部金融机构利润的20%左右;③间接金融发展强势,资本市场发育滞后,企业融资渠道单一,导致企业对银行依赖性过强。

(四)浙江地方金融发展相对滞后

与同属沿海的广东、江苏、山东相比,浙江在地方金融发展方面的差距是比较明显的,可略举两例。例1.证券业:浙江省目前没有一家基金公司,两家证券公司只能从事经纪类业务,且业务90%以上集中在浙江省内;广东省有27家证券公司总部和20家基金公司总部;江苏有9家证券公司总部,华泰证券注册资本为45亿元,在全国大中城市有180个营业网点,经营效益十分可观;山东齐鲁证券注册资本50多亿元,在全国设有87家证券营业部和20家证券服务部。例2.由于浙江省证券市场水平低,导致了企业过度依赖银行,而地方性银行占比较小,又不得不依赖全国性金融机构在浙分支机构去争取贷款规模,这使得浙江省受国家大政策的影响比较明显,工作比较被动,一旦出现起伏,发展势必受影响(见表2)。

表2 2005—2007年全国及部分省份全部金融机构贷款余额与当年 GDP 关联度

年份 全国及省份	2005 年贷款/GDP	2006 年贷款/GDP	2007 年贷款/GDP
全国	105.74:100	107.58:100	104.59:100
浙江	123.22:100	128.79:100	129.54:100
广东	92.37:100	90.34:100	87.12:100
江苏	84.09:100	85.66:100	86.10:100
山东	72.21:100	71.91:100	67.65:100

(五)与浙商活动发展轨迹和风格存在明显差距

改革开放以来,浙江人民以敢为人先的理念,发扬"四千"和"二板"精神,形成并铸就了浙商品牌,浙商走出浙江,走向全国,走向全球,成为全球有力的经济发展力量。作为服务浙商经济发展的金融业理应沿着浙商投资和发展的轨迹,不断拓展服务范围和领域,提升服务水平和质量,并吸纳浙商投资参股浙江金融行业,壮大浙江地方金融发展力量,但必须承认的是,我们并没有及时做好这一篇文章,这既影响了跳出浙江发展的浙商力量的发挥,也在一定程度上成为浙商投资发展的瓶颈。事实上,浙江地方金融发展与浙商经济活动是不协调、不匹配的。

二、推进浙江地方金融发展的思考与建议

分析问题、解剖原因不仅是为了揭露矛盾,更重要的是要正视问题,提出对策。关于浙江地方金融的发展问题,笔者曾经发表了大量的文章,其中 2003—2005 年的部分已集中收集在《浙江地方金融发展研究》一书(浙江大学出版社,2005 年版),2007 年又撰著了《浙江金融强省战略研究》一书(浙江大学出版社,2007 年版),2008 年以来,作者根据"两创"战略的要求,又对浙江地方金融发展进行了系统思考,诸如推进浙江金融强省建设的"三五八"方略,全面打造浙江地方金融产业发展的浙商号平台等,作为浙江省第十二次党代会代表,笔者又向省委提出过《关于确立浙江金融强省战略的建议》和《关于大力发展地方金融产业的建议》。现综合有关专家领导的调研思考,结合本人长期的思考提出如下建议:

(一)始终把发展地方金融作为战略来抓

浙江作为经济大省,要实现从经济大省向强省的转变,必须重视金融产业的发展,在金融产业发展过程中,又必须特别重视地方金融产业的发展,这既是由经济社会发展所处的阶段所决定的,也是我省地方金融面临实际情况所迫切要求的,金融业的发展不仅直接增加现代服务业的占比和效益,而且还能给整个经济和服务业发展带来巨大的杠杆效应,应该纳入浙江经济社会发展新阶段的重要议程,成为实现产业升级和经济转型的重要力量。就一个省而言,要促进金融业发展,除了制定宽松有利的政策,协调好与全国性金融机构的关系,吸引金融机构总部落户浙江,大力营造有利于金融业发展的法制、人文、人才环境外,应该把更多的精力和注意力,放在研究如何改革发展浙江地方金融产业发展政策和

机制上来,着力加强地方金融机构建设,改变地方金融机构结构不合理、力量不强大、发展严重滞后的状况。

(二)确立浙江金融强省的目标和理念

有人认为,浙江不仅是经济大省、强省,也是金融大省、强省,这点无可置疑;也有人认为,这几年各类强省说法已经很多了,说多了等于没说。我认为,上述两种说法,都有偏颇,行动是由理念和目标决定的。"心有多宽,舞台就会有多大,成就就可能有多大",改革开放已经三十多年了,不可能继续摸着石头过河了,必须认识规律,研究规律,把握规律,在此基础上制定切实可行的战略,确立经过努力可以达到的目标,我们才能走向成功。从浙江经济社会发展情况看,这几年浙江先后实施"八八战略"和"两创"战略,先后提出建设科技、教育、卫生、体育强省和文化大省,先后提出打造生态浙江、法治浙江、平安浙江,近年来又先后提出港航强省和海洋大省、旅游强省战略等。但是,金融作为现代经济的核心,在率先全面建设小康社会中起着十分重大的作用,尤其是我省人均 GDP 已接近5000 美元,到了加速发展第三产业的黄金期,而金融产业是仅次于批发和零售的第三产业,对三次产业的发展起着重要的支持和保障作用,是十分重要的生产型服务产业,应该确立金融强省目标,然后制订规划,并切实加以推进。

(三)制订切实可行的地方金融发展规划

从实践层面上看,我省前几年已制订过金融业发展的"十一五"规划,资本市场"十一五"发展规划和保险业改革发展的实施意见,省委、省政府也召开过高规格、大范围的金融工作会议,但无论是规划的层级,还是规划的分散化状态都是明显不足的,建议省委、省政府综合中国人民银行、银监会、证监会、保监会、金融办、发改委等各方面力量,认真制订一个浙江省地方金融产业中长期发展规划,明确目标,制订措施,分层推进,主动引导,积极争取,协调推进。这个规划必须是站在浙江省最高层面,必须是综合全省各地力量,统筹系统进行,真正切实可行,并具有前瞻性和战略意义。

(四)实施省市联动打造杭州金融中心战略

近年来,杭州市委、市政府审时度势,提出了打造长三角南翼金融中心的战略目标,并着力在"一区二路"(钱江新城核心区和延安路、庆春路)进行规划建设,这是好的现象和行动。然据笔者所见,杭州作为一个省会城市,它的行动不可能脱离省政府而单独进行,杭州要打造金融中心城市,必须借力省有关金融部门的力量,也就是说,只有浙江省和杭州市乃至其他周边城市联动(简称省市联动),金融中心的战略目标才有真正实现的可能。其实,浙江省建设金融强省和大力发展地方金融产业,与杭州市建设金融中心,两者目标一致,作用互补,行为互通。省政府要主动关心杭州市的这一决心和行动,杭州市要主动争取省政府的支持和帮助,形成省市联动、更大手笔、更大气派地投入建设杭州金融中心的行动中去。

(五)探索形成省市县三级地方金融格局

对于我省地方金融的发展战略问题,理论工作者和实践工作者之间尚有争议,议事决策部门也曾有过动议,尤其是江苏在整合城市商业银行基础上组建江苏银行、安徽在整合城市商业银行和城市信用社基础上组建徽商银行以后,所谓地方金融机构改革发展的呼声一度很高。笔者认为,积极创造条件,创设若干总部在浙江(杭州),服务全省走向全国的较大规模、较强品牌的地方性金融机构是必要的,但保持一个城市一到几个区域性金融机构,确保以县(市)为基点建立农村合作银行,同样是必要的,而且必须坚定不移。要鼓励小金融机构做精做特做强,鼓励城市商业银行服务城市、服务市民、服务中小企业,鼓励县农村合作银行服务支持农业、农民、农村和中小企业。与此同时,我们还应鼓励在县及县域以下建立若干小额贷款公司和村镇银行,以形成强大的县域和农村金融体系,真正形成完善的省、市、县(市)三级地方金融体系。

(六)鼓励各地因地制宜制定金融发展战略

中国地大物博,各地经济社会发展差异很大,因而需要实施差别发展战略,以形成各自的特色和优势。浙江省作为一个沿海省份,省域面积较小,发展存在不同层次和差异,且已经形成一定的发展特色,杭州、宁波、温州、台州、义乌等城市都有不同的发展目标定位,也有不同的发展战略。杭州定位在长三角南翼次中心,建设金融中心,大力发展金融产业;宁波作为开放城市、港口城市,今后会在国际化、开放型金融方向有更大发展;温州作为率先市场化的城市,市场化融资应该加快发展;台州拥有服务小企业的 3 家城市商业银行,应该打造金融强市,在小企业金融服务方面做出品牌;义乌作为后崛起的城市,在推进城乡一体化金融模式上应该有所作为。总之,全省在地方金融发展上应当创新、树特、多样发展。

(七)全面构建金融产业浙商号系列平台

改革开放以来,特别是进入 21 世纪以来,依靠全体浙商的努力和有关方面的积极推进,浙商已经成为一个品牌,大大超过了历史上晋商、徽商。因此,发展地方金融产业,必须善用、巧用,用好、用足浙商品牌,并以此进一步弘扬浙商精神,浙商银行已经建立 5 年并运行良好,开始真正走向全国,浙商证券已经建立并有较好发展,浙商保险正在筹建之中即将开业。今后一个阶段的思路是:通过创建新设、更名改制等途径,至少形成 10 家浙商品牌,冠名浙商的金融机构,形成浙商系列,同时创造条件建立浙商金融控股公司,为浙江经济发展做出金融业应有的贡献。

(八)鼓励金融产业多样化发展

金融是市场化程度较高的一个行业,由于其高风险的原因,政府对金融机构的市场准入和监管比较严格,随着市场化和国际化的推进,金融业的市场准入会适度放宽,而监管会进一步加强。以金融强省为目标的浙江省,在浙江金融发展上,应该采取积极的鼓励措施,尤其在多层次、多样化上下功夫:不仅要发展银行,而且要更加重视发展保险和证券机构;不仅要办好传统金融机构,而且要积极举办信托、租赁、基金、典当等新型金融机构;不仅要办大机构,而且要鼓励举办村镇银行、小额贷款公司等新机构;不仅要自设机构,而且要通过引进、联合等途径建立金融机构;不仅要引进总部机构,而且要引进分支机构;不仅要设立内资金融机构,而且要引进外资金融机构;不仅要创办商业性金融机构,也要创办一些互助合作乃至政策性的金融机构。总之,遵循发展为第一要务,推动金融业丛林建设,促进金融全面繁荣。

(九)关注和梳理民间金融活动和流量、流向

随着经济主体和经济活动的日益多元化,随着城乡居民收入水平的提高,民间资金不断充裕,流量不断增大,这是一个不争的事实。浙江地处东南沿海,民营经济相对发达,藏富于民的政策又使得民间资金相对宽裕。从历史上看,浙江尤其是浙南、浙东往往是民间金融十分复杂多样的地区,正因为这样,重视民间金融,关注民间金融,调控民间金融,引导民间金融,便是十分重要的工作。

浙江省作为民间金融发达和活动频繁的地区,不可能采用堵的方法,而应该采取疏与导的方法,出路有多种:如鼓励其入股参股农村信用社和农村合作银

行,鼓励其参股商业性金融机构,鼓励其发起或参与小额信贷组织,鼓励其举办典当、担保等组织等。当然,从根本上看,还是要推进直接金融发展和区域性资本市场建设,只有这样,才有利于金融结构的完善。诚然,加强对民间金融的立法也十分必要,日常监测和管理当是要事。

三、创造有利于浙江地方金融发展的环境和条件

前面分析了浙江地方金融发展的现状,并在此基础上给出了发展浙江地方金融产业的建议,要把金融产业真正抓好抓出成效,应该有良好的环境和条件。笔者的思考是:

(一)纳入省委常委会工作议程和主要领导工作职责

浙江发展金融业有许多有利条件,有现实发展之机遇,也为经济社会发展阶段之必需。总体而言,浙江乡风淳朴,注重诚信文化建设,具有发展金融业的人文条件,在省内外,也有许多有识之士对发展浙江金融产业提出过许多好的意见与建议。应该说,省委、省政府在主导思想上也比较重视,然而我们认为,真正要把浙江的金融产业发展好,必须用大投入,花大力气,筑大系统,而解决问题的最有效方法是组织的高度一致,思想的高度统一,主要领导的坚定决心,从中国实际出发,必须纳入省委常委会议程,进入省委书记和省长案头。

(二)建立更强有力的执行工作体系和研究规划机构

浙江省政府和有关地市政府都纷纷设立了金融工作领导小组及其办公室,这是好的开端,但从目前情况看,尚需进一步改进和加强。一是提升金融工作部门的层次和规格,建议省、市尤其是省一级要建立建好金融发展办公室(局),至少与兄弟厅局机构并行;二是要整合浙江省内研究力量,吸收全国乃至全球资源和智库,建立浙江省金融发展研究院;三是探索建立形成省委、省政府与中央金融机构的合作发展平台。

(三)办好金融人才培养机构,完善金融人才保障体系

与浙江文化大省、经济强省不完全适应的是浙江高等教育的相对薄弱,同样,浙江金融人才培养体系亦不再适应浙江金融大发展的需要。大力发展地方

金融产业,打造浙江金融强省人才支撑体系十分重要,加强金融院校建设必须摆上议事日程。为此,我们既要支持浙江大学等高校重点建设金融学科,创设金融学博士点,也要办好其他院校的金融学科研究生教育,更要创造条件设立独立建制的职业性、专门性的高层次的金融学院,上海、广东、河北有了,东北也在争取,浙江也要积极作为。

(四)培养和造就学金融、懂金融的党政干部队伍

存在决定意识,要大力发展金融产业,固然需要一大批管理行家、经营能手、职业员工,但从战略上考虑,真正起决定和影响作用的还在于一大批党政领导。因此,注重培养和选拔学金融、懂金融的同志,充实到省、市、县党政管理干部中去,也应该成为今后市场经济发展新阶段的人才队伍和干部队伍建设的重点工作之一,只有发挥一大批学金融、懂金融的领导同志的作用,金融业大发展才有条件和可能。

(五)营造有利于金融产业发展的良好生态环境

任何事物发展有其条件和环境,金融业的发展更是如此。为此,一是学习他省有益做法,对在浙江境内设立总部的金融机构给予一定资助、支持和奖励;二是着力推进信用浙江建设,完善征信体系;三是通过地方立法等形式,制订多样化金融机构发展的法规;四是加强金融知识普及和宣传,营造全社会支持理解参与的氛围;五是完善信用担保体系,构建发展地方金融的制度体系。

浙江经济转型升级的金融支持体系研究[①]

一、经济转型升级的金融支持：理论溯源

经济转型升级是我国经济实现可持续发展的重大战略。我们认为，从宏观角度理解，经济转型升级（Economic Upgrading and Transformation）是指一种低效率的经济运行状态向另一种更高效率的经济运行状态的转变；从中观或者产业层面理解，转型升级是指从低附加值向高附加值升级，从高能耗高污染向低能耗低污染升级，从粗放型向集约型升级；从微观或企业角度理解，则是体现为企业向高附加值生产环节倾斜和向价值链高端的攀升。

经济转型升级究竟受到哪些因素的影响？国外不少学者试图从理论上寻找经济转型升级的动因：霍夫曼（Hoffman,1931）从工业内部结构变动角度提出了工业化过程的 4 个阶段，并以 Hoffman 系数测度。库兹涅茨、钱纳里等均认为人均收入增长是产业结构调整的决定性因素。此外，还有从产业集聚（Krugman,1991,1996；Feser, Bergman,2000）、经济制度（青木昌彦,2003）、高新技术（Colker, James,1985）、生态环境（David J,2002；Michael, Peter,2007）等角度加以分析。国内关于产业转型升级的研究比较集中的领域有对外贸易（张燕生,2004；马强,2005；赵伟、李淑贞,2007），劳动力因素（林承亮,2008）、资本因素（张军,2002）、差异化战略（张燕生,2004）、政府作用（汪海燕、许惠渊,2003）等。这些研究为分析我国产业转型升级的外生和内生因素提供了有益的洞见。

值得关注的是，在经济转型升级过程中，金融支持往往扮演着重要的角色。金融因素在经济增长中所发挥的作用，格利和肖（Gurley, Shaw, 1960）着眼于

[①] 原文发表于《浙江金融》2010 年第 10 期，作者周建松。

金融的储蓄转化为投资的功能,帕特里克(Patrick)关注到金融的资源配置功能,而希克斯(Hicks)则强调金融在提供流动性以分散风险方面的功能等。此外,在金融发展和经济增长的关系上,帕特里克(1966)指出了"需求追随"(Demand-following)和"供给领先"(Supply-leading)方法。麦金农和肖(Mackinnon,Shaw,1966)的金融发展理论以及 R. 列文(R. Levin,1997)对金融五大功能(即动员储蓄、配置资源、监督经理与实施对公司的控制、风险管理以及推动商品和服务)的交易提炼,都有助于我们理解金融因素在经济转型升级过程中所起的重要作用。还有大量文献从融资结构角度考察金融因素的作用,比较有代表性的观点可以分为 3 类,即认为间接融资具有相对优势的 BS 型优越论(Stiglitz,1985;Shleifer,Summers,1988;Allen,Gale,1999)、批评银行融资具有相对劣势的 MS 型优越论(Rajan,1992;Charkham,1994)以及强调制度因素作用的金融服务和法律、制度论(Levine,2000;Beck,Levine,2000)。

在市场经济体制下,从某种角度而言,经济的转型升级需要通过企业转型升级实现。企业转型升级是经济转型升级的现实载体,是市场经济体迈向现代化所必然经历的阶段,也是整个经济体实现发展方式转变的关键环节。不少学者对企业转型的相关问题进行了深入探讨。比较有代表性的观点有,梅里和勒维(Merry,Levy,1986)认为,危机或潜在威胁是导致企业转型的主要原因,刘志彪等(2009)则把转型与产业链高端攀升联系起来,认为转型包含"工艺升级""产品升级""功能升级"以及"链条升级"四个依次递增的环节,是对盖尔菲等人的全球价值链(GVC)的自然延伸(Gereffi, et al,1994,2005),遵循 OEM 到 ODM 再到 OBM 的转换逻辑。

我们认为,经济要实现转型升级,离不开金融的支持。传统观点认为,金融发展对经济增长的作用,理论上可以从几个方面考察:一是金融功能的发挥对经济增长的支持作用,二是金融结构的调整对经济增长的支持作用,三是金融业作为现代服务业的重要组成部分,其自身的发展对经济增长的直接作用,这三个方面可以归纳为金融效率、金融结构和金融总量对经济总量的支持作用。而从某种角度而言,经济转型升级侧重的是经济效率的提升和经济功能的完善。那么,从逻辑上推导,经济转型升级中的金融支持,就是要着重研究金融效率、金融结构和金融总量对经济效率和经济功能的支持作用。经济效率的提升和经济功能的完善是一个复杂的系统工程,因此,我们认为,经济转型升级也需要构建一个与之相对应的立体化的金融支持体系。

二、浙江经济转型升级的金融支持：体系构建

无论从内在因素还是从外部环境上看，浙江省经济转型升级是浙江经济可持续发展战略的内在要求。从内在因素角度看，浙江已经进入工业化的后期阶段，传统工业企业效益明显回落，迫切要求转型升级；"民工荒"等新问题的涌现又在不断强化转型升级的内在推动力。从外部环境上看，全球金融危机的影响尚未完全消除，外向型经济特征明显的浙江经济增长发生较大波动。此外，"低碳经济"等新的理念和实践正在成为浙江加快转型升级的助推力。因此，加快经济发展方式转变和经济结构调整是浙江积极应对后危机时代国内外宏观发展环境深刻变化的战略抉择。

（一）经济转型升级需要立体化金融支持

1.经济转型升级的金融需求是立体化的

经济要实现转型升级，且它的金融需求是多样化、立体化的。针对转型升级的需求，浙江省提出"大平台、大产业、大项目、大企业"战略。大型民营企业要转型升级，中小企业要更新换代、升级改造，这些金融需求是多方面的。就目前来说，我们国家特别是浙江省，金融业发展是平行的，是不完整的，因此需要大力推进金融立体化发展战略。

2.构建和谐社会所需要的大量金融服务是立体化的

我们国家长期以来把构建和谐社会作为事业来发展，实际上社会工作的推进和和谐社会的建设很多也需要金融来支持。比方说，以商业保险支撑整个社会保险，以政策性金融支持农业、推动农业事业服务，尤其我们现在大力发展的服务业领域也需要金融服务支持。

3.金融业自身要推进立体化发展

金融业的自身发展具有规律性。这种发展的规律性表明金融发展应该不是单一的，而应该是全方位、多层次立体推进。

基于以上3方面考虑，我们认为，浙江省要推动转型升级，要加快建设和谐社会，按照中央提出要在2015年以前全面建设小康社会，都离不开金融的支持，离不开金融立体化、全方位的支持。

(二)支持经济转型升级的立体化金融体系构建

1. 大、中、小金融机构并举

我们既需要大型的、国际化金融机构来支持、支撑大项目、集团化的融资需求,也需要中型金融机构来支持中心城市、县域中心等相关项目的建设,更需要大量中小、微小金融机构支持广泛的中小企业、乡镇经济和整合农业、农户资源发展。

2. 传统金融、现代金融与类金融要立体推进

传统金融机构如银行需要发展;现代股票融资市场,产业基金需要发展;类金融机构比如小额贷款公司、典当、担保公司也需要发展。长期以来,我国地方金融,尤其是类金融机构的发展处于相对滞后的状态。随着金融体制改革的推进,类金融机构必将在推动经济实现转型升级中发挥更大的作用。

3. "银、证、保"三业协调发展

从浙江省情况来说,银行业比重太大,证券、保险相对比较薄弱。浙江证券交易量也是比较大的,现在已经有总部设在浙江的保险公司,但是业绩没有银行这么闪亮。浙江省的整个经济增长过度依赖信贷支持。浙江银行业务中存贷比在广东、山东、江苏、浙江、河南五省中是最高的,这样的状况长期而言是难以为继的,怎样提高金融其他各业的占比,实现"银、证、保"三业协调发展,是值得关注的问题。

4. 间接金融、直接金融和企业投资三者协调发展

既要大力发展以银行业为主的间接金融,同时也要发展直接金融。这里所指的直接金融意味着需要鼓励更多的企业进行市场化融资。就现状而言,企业高度依赖银行,市场化融资占比很少。浙江省民间资金充裕,企业怎样发展直接投资项目,怎样发展浙江经济或浙江人经济,能不能更好地走出去投资,等等,都是值得研究的问题。

5. 企业债券、上市公司股票融资和政府债券三者之间要多元化发展

要大力发展多层次的资本市场。既要鼓励企业上市,股市融资,同时要发展企业债券。当前情况下是要堵后门、开前门,鼓励政府发行地方政府债券,规避融资平台风险,把风险放在明处。

6. 国有、混合和民间金融机构分层次发展

国有金融机构、混合所有制金融机构和民间性质的金融机构要分层次发展，找到各自的位置。现在的情形是，工商银行面向、支持中小企业，而县域的农村合作银行、城市商业银行则向大项目倾斜。城商银行本来就应面向市民、面向中小企业，为什么要频频涉及大项目？工商银行却要开展大量面向中小企业的银行业务，这会造成规模不经济。大型金融机构要国际化，不仅要引进来，也要走出去，要向外，不能向下，这关系到整体金融安全、金融主导战略的问题。全民所有制的大银行、国有控股混合制银行和民间金融机构需要一体化发展。

7. 外资、国资、民资共同参与金融机构建设

前段时间在金融机构建设中比较注重引入外资，即所谓的战略投资，但是比较忽略民资的加入。前段时间民间投资"新36条"出台，我们认为有希望让这一情况有所改观。当然现在让民资进入金融机构也有很大问题，譬如在银行增资扩股时常会遇到难题，因为银行是需要长期投资才有回报的，而民营企业要的是快速回报，特别是经过炒股、炒房地产之后再去办实业，比较缺乏耐心。但对于我们国家来说，要适当放宽投资的渠道，合理引导民间资本参与金融机构建设。

8. 一、二、三产业综合支持

我们现在比较强调从先进制造到先进创造的转变。这两年比较重视服务业，特别是《长江三角洲地区区域规划》颁布以后。浙江省杭州市去年首次实现三产超过二产，但是实际上一产也要金融支持。第一产业的发展关系到人与自然的和谐，关系到能不能解决我们温饱的问题，关系到我们的生态。现在说的"三农"实际上更多考虑的是农村的企业，所以农村产业的政策性金融支持也是很重要的。现在对服务业的支持比较薄弱，三者之间要协调。

9. 省、地市、县三级的金融体系要完整

就浙江省情况来说，省、地市、县三级的金融体系要完整。我们国家是政府抓经济，中央政府抓经济要有金融手段，省政府抓经济也要有金融手段，地市和县市抓经济同样要有金融手段。省一级要有以地方财政为控股权的金融机构，地市一级和县一级也要有其掌握一定控股权的金融机构。例如，当时计划成立浙江银行，就把除了宁波银行、杭州银行、温州银行以外的银行并在一起。从实践来看，保留下来的十几家城市商业银行以及农村合作银行品牌，运行结果良好。

10.金融中心建设,县域金融体系建设和金融服务网络建设三者要协调

除了长三角上海国际金融中心,浙江省内若干主要城市还要建立金融次中心,比如杭州已经提出建设长三角南翼的金融中心,宁波主动对接上海国际金融中心和国际航运中心。除此以外,台州能不能成为中小民营企业的金融支持中心,积聚金融机构、金融要素和金融资源,这需要研究。浙江县域经济发达,形成了强大的县域金融基础,县以下要建设大量的中小金融机构的服务网点。现在有很多村镇银行,小额贷公司并未真正"走下去",村镇银行不在村镇。在这方面,嘉兴提出"1640300"战略,即1个中心城市,6个县级单位,40个中心城镇要覆盖金融机构,300个中心村要加强金融服务,值得关注。

以上的金融支持体系主要从以下几个方面支持经济转型升级:一是从金融机构的结构和功能角度(第1、第2点),二是从金融业务或金融工具的角度(第3到第5点),三是从金融支持的资金性质角度(第6、第7点),四是从金融支持经济结构调整的角度(第8点),五是从金融支持经济布局的战略层面考察(第9、10点)。从大的方面看,前面5点侧重金融自身结构、效率和总量的发展及其对经济增长的作用,后面5点则侧重金融发展对经济结构和功能的支持作用。

三、浙江经济转型升级的金融支持:政策保障

继《国务院关于进一步促进中小企业发展的若干意见》(国发〔2009〕36号)、《中共浙江省委关于深入学习实践科学发展观加快转变经济发展方式推进经济转型升级的决定》(浙委〔2008〕88号)后,浙江省政府又于2010年1月25日专门针对促进中小企业"两创"问题颁布了《浙江省人民政府关于促进中小企业加快创业创新发展的若干意见》(浙政发〔2010〕4号),足见对经济转型升级及金融支持的重视。我们认为,支持浙江经济转型升级的金融立体化发展战略要有所作为,需要努力创造一个良好的政策环境。

(一)政府应该有所作为

地方政府要支持、鼓励金融产业,在金融产业战略发展过程中应起到积极的作用。笔者曾专门给金融办提出两条建议:第一,要大力发展金融产业建设;第二,把金融产业作为战略产业来抓。近年,地方政府出台了不少金融业利好政策,但笔者仍存疑,有些政策、措施都只是"锦上添花",或许对金融业来说更需要

的是"雪中送炭"。

（二）监管体系需要梳理

"一行三会"都是中央机构，地方政府难以监管，但仍有责任把"一行三会"协调好。现在中国实行的是国务院大部委体制，中国人民银行、银监会分设以后，笔者认为比较科学的建议是实行"一行三会"，两个牌，必要时三个牌子：中国人民银行、国家金融监督委员会、国家外汇管理委员会。"一行三会"这套体系的关系需要进一步理顺。当然，关于地方政府监管要不要分层次，对于地方金融，是不是要中央来监管，地方政府有没有监管责任，是由中央的机构来监管，还是可参照美国联邦制各联邦分层次监管，这些问题都值得探讨。

（三）放宽金融市场准入条件

放宽金融市场准入，是发展金融产业的最重要条件之一。但这点目前尚有异议，只能说理论上是放宽的，但实践起来比较困难，因为很难获取金融业的牌照。

（四）金融人才的培养和金融意识的普及

此前在这方面也做了很多工作，但总的来说还停留在表面。中国人民银行10年以前，在亚洲金融危机的时候，编印了干部金融知识读本，办过省长金融知识研修班，银监局也曾推出过金融知识下乡等一系列服务，但目前看来还是比较难以奏效的。全社会金融知识的普及跟金融人才的培养是我们金融产业发展很重要的先决条件。

（五）信用环境的建设

2002年7月3日，省政府召开全省"信用浙江"建设工作电视电话会议，对"信用浙江"建设进行专题动员和全面部署。此后，省政府专门下发了《关于建设"信用浙江"的若干意见》，提升了浙江的整体信用环境。要进一步推进浙江金融的信用体系建设，需要在推动企业信用信息的应用、启动个人信用信息征集、提升政府信用形象、引导信用需求，发展中介服务、完善联合征信，加强信用监管、加快信用立法，建立信用法规体系等方面不断完善。

论构建"123355"浙江现代金融服务体系[①]

现代金融服务体系的构建需要立足于金融发展与经济增长的关系。我们认为，浙江现代金融服务体系的构建首先要确立一个目标，即通过金融强省建设来推动经济强省建设。从功能范式角度分析，需要打造两个中心，即民间投资管理中心和中小企业金融中心；需要构建三个体系，即多层次资本市场体系、多样化农村金融体系以及多形式金融创新体系。从系统论角度分析，需重点研究三个机制，即浙江金融业与全国大型金融机构互动发展机制、与长三角金融协调发展机制以及国际化开放发展机制。从机构范式分析，则需协调发展银行、证券、保险、信托以及"类金融"等5种主要业态。从金融地理学角度分析则要做好杭州、宁波、温州、台州和义乌等5个区域的特色定位。由此，形成"123355"浙江现代金融服务体系（见图1）。

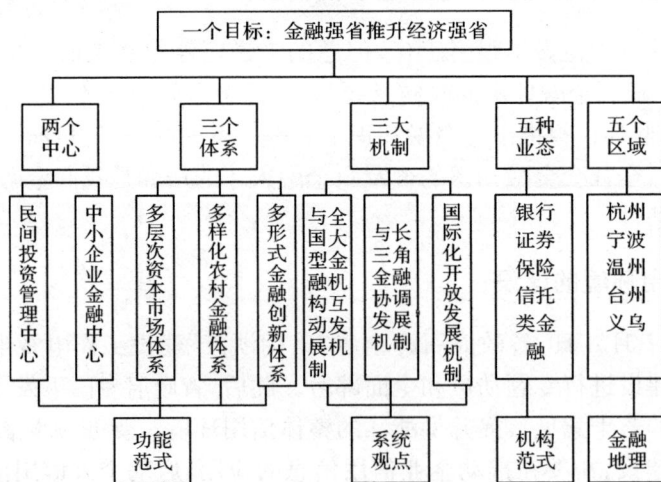

图1　浙江现代金融服务体系

---

① 原文发表于《浙江金融》2011年第3期，作者周建松、姚星垣。

一、确立一个目标：金融强省推升经济强省

金融强省的内涵包括金融机构种类齐全、金融布局结构合理、金融中心城市凸现、金融运行秩序平衡、金融服务功能齐全、金融经营指标优良、企业融资便捷到位、金融生态明显改善等方面（周建松，2006）。通过金融强省建设来推升经济强省建设，这既是浙江经济顺利实现转型升级的需要，也是浙江金融业自身发展，实现跨越的内在要求。

"十二五"期间，浙江经济社会发展将超过上中等收入国家（地区）平均水平，迎来全面转型和跨越式发展的新阶段。同时，"十二五"期间浙江经济发展也可能遇到资源环境要素制约、国内外市场竞争、国际市场调整震荡等瓶颈，以低成本竞争和数量型扩张为特征的经济增长方式、以出口依赖为特征的经济结构和较低层次的产业结构将对浙江持续快速增长的推动力产生负面作用。要克服这些障碍，需要现代金融业的大力支持。

金融发展和经济增长关系的相关理论为以金融强省推升经济强省为目标的现代金融服务体系构建提供了理论依据。浙江在大力推进经济发展方式转变，实现经济转型和产业升级的过程中，急需金融要素的支撑和金融产业的支持。从理论角度看，需要通过金融结构调整、金融自身功能的完善、金融资源空间分布的优化、金融系统层面的完善等维度推动经济社会的转型升级。从实践角度看，"两创"战略的实施、三次产业结构的调整以及"四大建设"的落实，都需要现代金融的大力支持（周建松，姚星垣，2011）。因此，确立金融强省建设推升经济强省建设的目标是构建浙江现代金融服务体系的举目之纲。

二、打造两个中心，创新引导浙江金融服务体系构建

浙江民营经济发达，民间资本充裕，中小企业数量巨大，经营机制灵活，这些特征正是改革开放以来推动浙江经济持续快速发展的重要因素。从金融发展的功能范式而言，根据目前浙江经济金融的发展现状和特点，当前浙江金融发展需要特别强化两个功能，即民间投资管理和中小企业金融服务。因此，浙江现代金融服务体系的构建需要围绕这两个特色功能，大胆创新，着力打造两个中心，即民间投资管理中心和中小企业金融中心。

(一)民间投资管理中心建设

民间投资管理功能和 Levine(1997)所说的配置资源功能既有联系,又有区别。联系在于这种功能均属于金融功能体系中的核心功能,其运行的机制和原理基本一致;区别在于民间投资管理功能在管理的对象与一般的资源配置有所不同,前者侧重于民间投资、民营资本,这与主要流转于国有银行、全国性股份制银行的金融资源有所不同。

打造民间投资管理中心,反映了浙江经济社会发展的要求,也是对浙江金融发展潜在优势和能力的提升。从功能范式分析,民间投资管理中心的建设需要在财富管理机构聚集、民企总部金融服务、创业产业投资管理、财富管理服务创新等子功能维度上大力推进,有所突破,并在全国范围内处于领先地位,在国内具有相应地位的影响力。

(二)中小企业金融中心建设

中小企业金融服务功能和配置资源、风险管理等金融的基本功能类型既有联系,又有区别。联系在于这些功能同样属于金融功能体系中的核心功能,其运行的机制和原理有不少相似之处;区别在于中小企业金融管理功能在主体等层面与一般的资源配置有所不同,前者侧重于中小企业、民营经济,这与在传统金融服务领域受益最大的国有企业、大型企业有所不同,因此其运行的机制也有其独到之处。

打造中小企业金融中心,既是浙江经济社会发展的要求,也是对浙江金融发展特色和优势的提升。从功能范式分析,打造中小企业金融中心需要在中小企业融资功能、中小企业投资功能、中小金融总部集聚功能、中小企业金融创新功能等子功能维度上大胆探索,形成特色。

三、构建三个体系:立体推进浙江金融服务体系构建

"十一五"期间,浙江金融服务业发展迅速,在规模总量、经济效益等层面取得了突出的成绩,为推动浙江经济持续快速发展提供了强有力的支持。但是我们也要看到,浙江金融服务业的发展仍然存在一些局限和瓶颈,制约了金融功能在更高层面上理应发挥的作用,主要体现在:与高度发达的银行业务相比,直接

融资比重较低;与城市金融业务的迅猛发展相比,农村金融发展相对滞后;与经济领域大胆创新相比,金融领域的创新有待更大突破。

立足浙江金融发展的实际状况,从功能范式分析,要进一步强化浙江金融服务在直接融资功能、推进城乡一体化功能和创新功能维度发挥的作用。因此,要立体推进浙江金融服务体系构建,还需要构建三个重要体系,即多层次资本市场体系建设、多样化农村金融体系建设以及多形式金融创新体系建设。

(一)多层次资本市场体系建设

从功能的范式分析,多层次的资本市场建设既有利于合理调整浙江金融的内部结构,有利于进行区域金融风险的管理,同时也能搭建资源有效配置的立体化平台,提高资源配置的效率。

从实践层面上看,多层次资本市场体系建设也是民间投资管理中心和中小企业金融中心建设的重要组成部分,是实现民间投资管理和中小企业金融服务这两项创新功能的重要载体。具体而言,构建多层次的资本市场除了在已有的资本市场进一步发挥直接融资功能之外,还需要做强资本市场浙江金融板块,进一步完善股权投资,做大做活产权交易市场,大力发展债券融资。

(二)多样化农村金融体系建设

从功能范式分析,多样化农村金融体系建设有助于在广大农村地区进一步发挥金融动员储蓄、配置资源、风险管理以及解决激励问题等功能,可以有效改变农村金融组织支农力度弱化、金融资金大量分流、金融产品和服务不足等现状。

从实践层面分析,多样化农村金融体系建设对于推进社会主义新农村建设,顺利实施我省"两创"总战略,增加农民收入,推进城乡一体化进程都有积极的意义。具体而言,多样化农村金融体系建设需要完善农村金融服务主体、增加农村金融有效供给、丰富农村金融产品和服务以及健全农村金融风险管理机制。

(三)多形式金融创新体系建设

从功能范式看,金融创新正是现代金融不断发挥其巨大作用的机制。金融从最基础的动员储蓄、配置资源功能,日益发展到风险管理、提供信息和解决激励问题等功能,无不体现金融创新的巨大威力。

从实践层面看,国际上金融创新层出不穷,伴随着金融改革进程的推进,我国也在金融创新领域积极探索。走在改革开放前沿的浙江在金融创新领域同样取得了丰硕的成果,同时也遇到了一些阻力和困难。如何在新形势下继续保持浙江在金融创新领域的优势,成为构建浙江金融服务体系的重要环节。具体而言,多形式金融创新体系建设需要创新主体多元并举、创新交流制度保障、创新研发系统投入以及创新成果推广运用。

四、完善三大机制:系统强化浙江金融服务体系构建

系统论认为,整体性、关联性、等级结构性、动态平衡性、时序性等是所有系统共同的基本特征。任何系统都是一个有机的整体,它不是各个部分的机械组合或简单相加,系统的整体功能是各要素在孤立状态下所没有的性质。

从系统论的观点看,浙江现代金融服务体系的构建,不仅要关注浙江金融业内部金融机构的调整与功能的完善,还要考察与外部系统之间的关系;不仅要静态考察浙江金融发展的目标,还要动态考察达到目标的动态优化的路径和渠道。从实践层面看,在浙江金融服务体系的构建与完善过程中,需要重点研究浙江金融业与全国大型金融机构互动发展机制、与长三角金融协调发展机制以及国际化开放发展机制。

(一)浙江金融服务与全国大型金融机构互动发展机制

从系统论的观点来看,浙江金融服务体系与全国大型金融机构互动发展机制研究的是浙江金融服务系统内部不同子系统之间的关系,核心是要处理好总部位于浙江的地方金融机构及其业务发展与"全国性"金融机构在浙分支机构及其业务发展的关系,重点是如何明确地方金融发展的定位问题以及协调在浙分支机构发展。

从实践层面来看,浙江金融面临着全国性金融机构在浙分支机构发展势头迅猛和地方金融机构发展相对滞后的矛盾。要继续发挥地方金融机构机制灵活、潜在资金来源充裕的优势,克服法人治理不完善、高层次人才匮乏的困难,抓住地方政策支持和经济转型升级的战略机遇,可依托高校和院所合作制订发展规划,确立与大型金融机构错位发展的战略。要协调在浙分支机构发展和服务地方经济,一是建立省市政府与对应金融机构的联系联络制度,继续主动邀请其参加我省经济社会活动;二是积极为在浙分支机构发展创造条件,包括建立金融

安全运行机制，一视同仁支持发展；三是鼓励支持在浙分支机构实现贯彻全国统一货币信贷政策和支持浙江经济社会发展的统一。

(二)浙江金融服务与长三角金融协调发展机制

从系统论的观点来看，浙江金融服务体系构建与长三角金融协调发展机制研究的是浙江金融服务体系整个系统与长三角金融发展这个更大的系统之间的关系，核心是要处理好提升浙江经济强省地位的金融服务体系与长三角整体发展中经济金融规划之间的关系，重点是要处理好共性与个性的关系，处理好统筹规划与创新发展之间的关系。

从实践层面来看，浙江金融服务体系无论在规模总量上、结构的完备性还是功能辐射层次上，都与上海国际金融中心存在一定的差距。浙江金融服务体系建设要做到与上海国际金融中心建设"主动对接""错位发展""加强合作""共担风险"，即主动在金融运行机制、金融市场规则、金融监管体系及金融基础设施建设等方面与上海接轨；依托浙江金融"两个中心"平台形成与上海国际金融中心错位互补发展的局面；建立长三角区域政府部门、金融监管部门、金融行业协会和金融企业不同层面的协调推进和长效合作交流机制；建立长三角统一的金融风险预警和防范机制。

(三)浙江金融服务国际化开放发展机制

从系统论的观点来看，浙江金融服务国际化开放发展机制研究的是浙江金融服务体系如何融入世界经济分工和金融发展这个更大的系统，核心问题是处理好浙江金融服务体系构建自身发展与世界经济金融格局演变之间的关系，重点是要研究浙江金融服务国际化开放发展的动因、路径、机遇和挑战等问题。

从实践层面看，浙江金融服务要走国际化开放发展的道路，这既是当今世界一体化发展的大势所趋，同时也是浙江金融服务自身发展，推进经济转型升级的内在要求。具体而言，浙江金融服务国际化开放发展需要"全面评估""内外兼修""多头并进""时空并举"，即对金融国际化的积极和消极的双重效应有全面的认识；探索走出去和引进来，即内向型国际化和外向型国际化两条基本路径；从金融机构国际化、金融市场国际化、金融产品国际化等多个角度推进；在时序和空间布局上由内而外，先易后难，逐步推进。

五、发展五种业态：全面发展浙江金融服务体系构建

从机构的范式分析，金融服务体系构建离不开各类金融服务的供给主体即各类金融机构的蓬勃发展。现代金融的发展使得金融机构日益呈现多样化的特点。某种或者某几种机构因其经营的业务相似，体现的金融功能相近，而成为特定的金融业态。

从实践层面看，金融业态的不断丰富和发展，从金融产品和服务的有效供给角度对金融服务体系的构建起到了积极的推动作用。具体而言，主要的金融及相关业态包括银行、证券、保险、信托租赁以及"类金融"金融机构。"十二五"期间，各种业态发展的核心战略是调结构、抓创新、促转型。

浙江银行业发展需要调整内外资银行在浙分支机构与地方法人银行的结构，吸引集聚外资和全国性金融机构来浙发展，同时重点支持地方法人银行做特做强；调整信贷投放大型企业和中小企业结构，集聚金融资源支持"大平台、大产业、大项目、大企业"建设，同时重点支持中小企业贷款和小额贷款业务的创新；调整银行业的盈利结构，保持利差收益的稳定性，同时重点拓展中间业务的盈利空间，推动自身的转型升级。

浙江证券业发展需要调整多层次资本市场中各子市场之间的结构，稳步发展主板市场的浙江板块，同时重点强化中小板、创业板、场外交易等新兴市场的功能。调整证券公司的业务机构，稳定佣金收入，防止恶性竞争，稳步增加非佣金收入的比重，重点提高业务和管理水平，提高自营收入的比重。调整传统基金和新型基金的结构，重点落实鼓励扶持股权投资基金政策，加快形成多层次的基金产业链。调整基金投资对象的结构，主要对重大基础设施建设、优势主导产业、战略性新兴产业进行引导性、战略性投资。引导和调整基金资金来源的结构，鼓励民营资本设立创业投资基金，大力发展本土风险投资和创业投资机构。

浙江保险业发展需要调整各类保险机构的结构，积极培育地方保险市场主体，吸引外资保险公司总部进驻浙江，鼓励专业保险机构、保险中介机构、保险资产管理公司等多种市场主体共同发展；调整商业性保险与政策性保险的结构，重点推进社会保险、农业保险、存款保险等业务，探索地方政策性保险公司的设立；调整保险业盈利中业务扩张和增值服务的结构，积极开拓传统保险业务市场，同时要重点做好增值服务的创新和设计。

浙江信托租赁业发展需要调整信托产品的结构,依托浙江金融"两个中心"建设的平台,进一步发展信托业务的理财功能,稳步发展集合信托产品,结合高端客户的需求,重点完善单一信托服务的设计,推进私募股权信托等金融创新。大力发展信托业务要处理好自身业务规范发展和业务创新的关系,积极发挥其规避和分散风险、构筑整个社会信用体系等正外部性效益。调整租赁内部各种业务结构,稳步发展房屋租赁、汽车租赁等消费型租赁的市场,重点发展生产型租赁业务,创新发展以科技仪器租赁为主体的科技型租赁,使生产企业尤其是中小企业在技术改造和科技投入方式上有新的选择,推动产业转型升级。

浙江"类金融业"发展要调整银、证、保、信等传统金融机构和小额贷款公司、典当公司等"类金融"机构的结构,重点鼓励"类金融"机构创新发展,处理好业务快速发展和服务规范性之间的关系、业务创新和监管自律之间的关系。进一步发挥信用担保机构拉近商业银行与微小企业的距离,弥补微小企业有效抵押物不足的功能,为中小企业拓宽融资渠道提供更多选择。通过金融创新巩固小额贷款,利用典当融资等融资方式手续简便、时效性强等优势,为以生产经营为主的中小企业老板、私营业主、工商个体户等提供个性化的金融服务。

六、布局五个区域,特色定位浙江金融服务体系构建

从金融地理视角分析,即使是金融状况相近的地区,其相互影响以及其对周围地区的影响也有差异[①]。除去空间距离的影响,各地经济发展态势、对金融业管制的态度、对异地金融业进入的许可程度等方面均是造成不同地区间金融业形态迥异的不可忽视的原因。尽管资金的流动是无形的,然而也有种种无形的阻力导致其在各地间流动方式和数量并不一致(姚星垣,2005)。

从实践层面看,浙江金融服务的发展是一盘棋,每一个区域都要有自身的功能定位。具体而言,就是要合理布局杭州、宁波、温州、台州和义乌等五个重要区域,强化其金融辐射能力,形成各具特色的区域金融功能区块。

杭州——长三角南翼金融中心。在功能上立足浙江金融"两个中心"建设的民间投资管理和中小企业金融服务功能,打造成为在全国有影响力的中小金融机构总部集聚区、财富管理机构集聚区、金融后台服务和金融服务外包等公共服

---

① 空间差异、空间过程和空间相互作用的差异构成了金融地理学研究的三个层次(劳拉詹南,2001)。

务基地,金融综合实力突出;在区位上立足长三角南翼,充分发挥杭州承接上海、面向长三角的辐射带动作用。

宁波——海洋海港金融服务中心。在功能上重点发展海洋金融、航运金融和与临港大工业发展相配套的口岸金融服务,提升航运金融实力和创新能力,在航运融资、航运保险与再保险、航运资金汇兑与结算、离岸金融业务等方面形成航运金融特色品牌。在区位上立足对接上海,利用其得天独厚的临海、临港优势,服务浙江海洋经济。

温州——区域民间投融资中心。在功能上立足服务民营经济,发挥温州民间资本规模优势和民营经济示范区的体制优势,凸显其在民营企业投融资方面的先行示范作用。在区位上立足对接"海峡西岸经济区"的发展契机,充分发挥温州的区位优势、资本优势、机制优势和市场优势,夯实其作为长三角经济区与海西经济区连接节点的区域金融中心地位。

台州——小企业金融服务示范中心。在功能上立足进一步强化民营银行发展领先的区域优势,促进民营银行示范中心的建设,发挥其在民营银行服务中小企业方面的先行示范作用。同时积极发展区域性的产权交易市场,强化台州企业在中小板上市的"集群效应"。在区位上立足长三角南翼和浙东沿海的有利位置,成为长三角地区上海—宁波—台州—温州金融辐射带的重要节点。

义乌——国际商贸金融服务中心。在功能上立足其在民间借贷、商贸和物流金融领域的区域特色,强化中小企业融资服务中心的建设,发挥其在中小企业融资和贸易金融方面的先行示范作用。在区位上立足浙中腹地向浙西、浙南地区辐射的有利位置,进一步发挥向浙西、浙南地区拓展金融服务的纽带作用。

构建浙江省现代金融服务体系的保障机制研究[①]

一、建立现代金融服务体系保障机制的必要性

(一)现代金融服务体系保障机制的基本内涵

现代金融服务体系的构建离不开与其相适应的保障机制的建立。我们认为,从系统论和功能观角度来看,区域性现代金融服务体系的保障机制主要是基于三个维度,即防范区域金融风险、强化区域金融功能、促进区域金融创新。

防范区域金融风险是现代金融服务体系保障机制的核心任务,目标是保障在现代金融服务体系建立的过程中统筹区域金融资源的运用,调控其运行效果,建立区域金融风险预警和处置机制,解决区域现代金融服务业发展的后顾之忧。

强化区域金融功能是现代金融服务体系保障机制的内在要求,目标是保障在现代金融服务体系建立的过程中更好地发挥金融对经济的促进作用,实现金融自身转型升级和推动经济实现转型升级,是建立现代金融服务体系的根本落脚点。

促进区域金融创新是现代金融服务体系保障机制的动力之源,目标是保障在现代金融服务体系建立的过程中集聚区域内各种金融优势资源,创造性地改善金融资源运作方式,发挥其推动区域金融创新的最大效用。金融创新是建立现代金融服务体系的重要推动力。

(二)现代金融服务体系保障机制的主要内容

具体而言,一个比较完整的现代金融服务体系保障机制至少应该包括以下

① 原文发表于《浙江金融》2011 年第 6 期,作者周建松、姚星垣。

三方面内容,即完善的区域金融监管体系、完备的区域信用保障机制和立体的区域金融人才培养体系。现代金融服务体系保障机制的三方面内容与三个维度之间存在着多向关联和相互作用(见图1)。首先,完善的区域金融监管体系的核心作用在于防范区域金融风险,但同时并不阻碍适度有效的金融创新,从而能够强化区域金融功能;完备的信用保障机制建设的核心作用在于强化区域金融功能,同时信用体系构建本身也构成了金融创新,完善的信用体系也有助于防范区域金融风险;立体的金融人才培养体系的核心作用在于发挥人才优势,促进区域金融创新,同时随着金融从业者综合素质的提高,也有助于防范区域金融风险、强化区域金融功能。

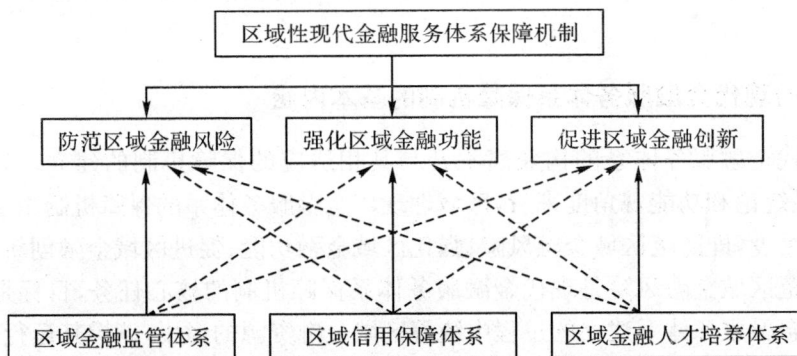

图1　区域性现代金融服务体系保障机制体系

(三)保障机制与现代金融服务体系的内在一致性

金融监管体系改革与现代金融服务体系具有内在一致性。金融监管在功能上与现代金融服务体系的功能存在一致性,主要包括维持金融业健康运行的秩序,最大限度地减少银行业的风险,保障存款人和投资者的利益;确保公平而有效地发放贷款,制止欺诈活动或者不恰当的风险转嫁等。金融监管可以确保金融服务达到一定水平从而提高社会福利。

信用体系建设与现代金融服务体系建设具有内在一致性。信用体系建设的基本任务在于为企业、个人等经济主体提供各类信用服务,使货币资金的运作更为顺畅和安全。金融业由于其特殊的性质,从产生伊始,就和信用相伴相生。信用本质上是企业信用和个人信用的整合,与现代金融服务体系建设是内在一致的。

金融人才培养体系与现代金融服务体系建设具有内在一致性。现代金融服务体系建设需要一大批各类金融人才的共同努力;同时,现代金融服务体系建设也为金融人才创造了难得的机遇和广阔的就业前景。金融人才的培养无论是数量、结构,还是目标、具体方案,无不以现代金融服务体系建设为依托。金融人才培养是建设现代金融服务体系的重要支持力量。

二、现代金融服务体系保障机制的困难和局限

当前,现代金融服务体系保障机制在区域金融监管体系建设、信用保障机制建设和人才培养体系建设当中仍然存在一些局限和困难,主要体现在以下几个方面:

(一)区域金融监管体系的困难和局限

首先,当前区域金融监管体系在防范区域金融风险方面存在不足。当前中国金融业分业经营、分业监管的监管体制给区域金融监管带来了困惑和障碍,主要表现在"一行三会"区域性派出机构之间协调成本高,效果不明显。目前我国金融业"一行三会"联席会议的协调运作无论从内容上还是从频率上看都不够充分,使得区域金融监管可能存在"真空地带",或导致区域金融风险无法及时识别和防范。

其次,当前区域金融监管体系在促进区域金融创新方面存在不足。由于各个区域之间的经济金融发展状况差距较大,不同区域金融监管需求的差异性较大。在经济较发达的地区,尤其是长三角、珠三角和京津塘地区,金融发展水平较高,往往在金融运行的某个领域设立先行先试区,这就给地方金融监管带来新的挑战,传统金融监管体制对区域金融创新进行有效监管的难度加大。因此,如何处理好全国统一监管和区域性金融创新的关系也是地方金融监管面临的重要问题。

第三,当前区域金融监管体系在强化区域金融功能方面存在不足。区域金融发展的功能在于促进地方经济发展,因此还需要处理好区域金融监管和地方政府之间的关系。除了"一行三会"之间本身的沟通问题之外,地方政府往往设立省、市、县金融办,但是在实际运行过程中,由于不同部门之间的业务管辖和利益导向,沟通协调仍然存在不少障碍。地方金融监管部门是"三会"的派出机构,

需接受"三会"的领导,但同时又身处地方,与地方政府之间有千丝万缕的联系,因此这种双重身份很可能会造成角色和利益上的冲突。

(二)区域信用体系的困难和局限

首先,当前区域信用体系在强化区域金融功能方面存在不足。经济发展的非均质性是区域信用体系建设的理论基础,因为非均质性体现的是各区域之间的生产力水平存在的差异,这种差异的存在说明在不同区域经济发展水平层面应该具有区域差异的制度安排来规范不规则的信用经济行为。信用创造和信用中介本身是金融的核心功能,区域信用体系的缺失或者不完善会对区域经济的发展造成较大的负面影响。

其次,当前区域信用体系在防范区域金融风险方面存在不足。区域信用体系建设方面,障碍之一在于缺乏统一的或者能够有效共享的平台,表现为区域征信主体多,征信主管部门多,征信体系内在的兼容性低,使得各类信用主体的信用信息无法共享,不利于区域金融风险的集中分析、识别和管理。这种缺乏有效信息沟通的多元主体的信用体系,一方面造成信息收集方面的重复劳动,增加了不必要的成本,另一方面增加了不同渠道信息之间进行比较和筛选的难度。

第三,当前区域信用体系在促进区域金融创新方面存在不足。区域信用体系的构建和完善,本身就是一种区域金融创新。当前区域信用体系建设的一个问题是信用体系的非均衡发展,表现为城乡信用体系之间非均衡发展、个人征信与企业征信系统之间非均衡发展、大型企业与中小企业之间非均衡发展,使区域信用体系建设存在短板。因此,需要通过区域信用体系的构建来打破这种非均衡发展的格局,从而推动区域金融创新。

(三)区域金融人才培养体系的困难和局限

首先,当前区域金融人才培养体系在促进区域金融创新方面存在不足。金融创新归根结底是需要依赖金融人才的创新,而当前金融的教育体制和方法缺乏对金融创新能力的系统化训练。目前的金融教育,往往强调对金融基础理论的教学,侧重对知识的灌输,而对金融能力的培养不足,在金融基础理论和知识的灵活运用、金融业务流程和产品服务创新以及金融产品的营销等方面比较欠缺。这就造成当前培养的金融人才同质化问题比较严重,没有在人才培养方面形成鲜明特色。

其次,当前区域金融人才培养体系在强化区域金融功能方面存在不足。区域金融功能的充分实现需要金融体系在各个维度上发挥作用,因此需要各个层次、各种类型的金融人才共同努力才能达成,否则如果在金融系统某个方面欠缺专门人才,那么区域金融整体功能的发挥就会受到影响。目前,在区域金融发展方面两类人才比较紧缺,一是具有创新精神和国际视野的金融企业家,二是综合素质较高,同时具有某项专业技能的复合型、应用型人才,这是当前金融人才培养需要突破的瓶颈。

第三,当前区域金融人才培养体系在防范区域金融风险方面存在不足。区域金融风险的管理和防范需要大量的专门人才,目前的金融教育对这方面的培养比较欠缺。一是金融企业内部的风险管理人才,包括对信用风险、市场风险、操作风险以及宏观风险进行有效管理的人才;二是金融监管部门地方派出机构中的区域金融风险识别、监管和处置人才;三是地方政府部门区域金融风险管理人才,尤其是能在区域性金融风险突发状况下及时进行协调和处置风险事件的专门人才。

三、区域性现代金融服务体系保障机制的构建:以浙江省为例

现代金融服务体系保障机制的构建要因地制宜,要符合地方经济金融发展需要。浙江金融业在向现代金融服务业的目标迈进时,在区域金融创新领域大胆探索,取得了丰硕的成果。立足浙江特色的现代金融监管体系、基于浙江文化大省的信用体系和基于浙江教育强省的金融人才培养体系的建立和完善,必将对保障区域金融发展发挥更大的作用。

(一)建立具有浙江金融特色的现代金融监管体系

首先,加强区域金融监管体系的协调机制,防范区域金融风险。浙江金融业的发展,秉承敢闯敢拼的“浙商”精神,无论是规模总量、发展速度,还是运行效率都走在全国前列,但同时也在先行先试和管理操作过程中存在潜在的风险。因此,强化浙江金融监管体系,一要建立与现代金融服务体系相适应的区域金融风险预警系统。具体可由人行中心支行、区域内证券监管部门、保险监管部门和辖内各大金融机构共同组成,主要负责辖内金融风险的监测和预警,及时将各种风险信息和对策措施传送到辖内各级政府部门和各金融机构中去。二要建立与现代金融服务体系相适应的地方性法规和实施细则,要尽快制定颁布一系列地方

性金融法规及其实施细则。三要对原颁布的有关法规、制度进行清理，对不适应的条款进行废除或修订，对立法环境尚不成熟的，先制定一个过渡性的暂行规定。

其次，完善区域金融监管体系的创新机制，促进区域金融创新。浙江金融业发展，依托浙江民营经济发达的肥沃土壤，区域性金融创新不断涌现。为此，要依托科学的金融监管信息系统，建立与现代金融服务体系相适应的地方金融监管协调机制，以适应对区域金融创新的监管需要。一是加快金融监管信息系统的网络化建设，加快各金融机构内部控制监管信息的网络化建设，实现系统内部业务发展与监管信息同步反馈。二是加快地方监管部门的监管信息网络化建设，改善信息传递方式和速度，增强信息的透明度和准确性。三是加快地方监管当局之间的监管信息网络建设，以实现金融监管信息共享。

第三，加强区域金融监管体系的自律机制，强化区域金融功能。浙江金融业的发展，具有金融资源存在和流动的形式多样化、金融资源区域集聚迅速、金融资源流向目的性强、金融资源信息传递快等特点。为此，要建立与现代金融服务体系相适应的地方金融自律体系。一是在地方监管部门的鼓励、指导以及社会舆论的倡导下，在自发、自愿的基础上建立区域性金融业同业公会。二是赋予金融业同业公会行业保护、行业协调、行业监管、行业合作与交流等职能。三是在金融机构内部合理设置内控机构。各地方金融机构都要建立与本系统业务发展相适应的内部审计部门或稽核部门，并具有相对独立性、超脱性和权威性。

(二)建立基于浙江文化大省的信用体系

首先，丰富区域信用体系参与主体，强化区域金融功能。一是扩大信用主体的参与面，积极培育政府、企业、个人三大信用主体（具体包括中国人民银行、省信用办、省信用中心、省发改委、评级机构、企业、个人），构建信用政策法规体系、信用服务体系、信用文化体系、信用监管与奖惩体系、区域联动体系五大体系。二是重点把金融业信用信息加以扩展和完备。要以信贷征信体系建设为切入点，进一步健全证券业、保险业及外汇管理的信用管理系统，实现联合征信数据库与企业信贷征信系统之间的对接共享。三是逐步扩大征信范围，可以个体工商户、重点人群等为切入点，逐步征集政府行政部门、行业协会、公用事业单位所掌握的个人信用信息。

其次，搭建区域信用体系公共平台，防范区域金融风险。一是加快推进省级公共的联合征信数据平台与地方共建、共享、共用工作。开展信用的标准化研究,建立一套与国际标准接轨且适合省情的信用标准化体系。加强金融部门的协调和合作,逐步建立区域金融业统一征信平台,促进区域金融信用信息整合和共享。二是建立与现代金融服务体系相适应的信用违规违法惩治机制。大力维护金融债权,打击恶意拖欠借款、逃废债、恶意骗保骗赔等行为;推动企业信贷征信系统、个人信贷征信系统及保险、证券期货等信用监管专业数据库的建设和完善。三是加强廉政文化建设,严肃查处商业贿赂案件,坚决纠正在经营活动中违反商业道德和市场规则、影响公平的不正当竞争行为。

第三,完善区域信用体系产品服务,促进区域金融创新。一是在政策层面上积极引导。浙江省在全国省级层面率先出台《浙江省企业信用信息征集和发布管理办法》,编制出台浙江第一部关于社会信用体系建设的专项规划——《浙江省社会信用体系建设"十一五"规划》,为完善区域信用体系的产品和服务指明了方向。二是在跨区服务上进行探索。近年来,浙江省信用体系建设取得了一系列成果,包括在全国率先建立了第一个跨区域的"信用长三角"信息共享平台。三是在服务内容上有所突破。展开信用基准性评价研究,发布全省各市县的区域信用发展报告和重点行业或领域,以及企业、个人等信用发展报告,积极推动个人联合征信数据平台在金融活动、公共管理、市场交易、电子商务等领域的应用。

(三)建立基于浙江教育强省的金融人才培养体系

首先,转变区域金融人才培养理念,促进区域金融创新。浙江是教育强省,浙江教育已经进入了新的阶段,2010年全省教育整体水平和综合实力位于全国前列,教育强县的人口覆盖率85%,基本建成教育强省,为建立金融人才培养体系打下扎实基础。但是在金融人才教育理念方面,还需要进一步转变观念。一是加强金融人才创新能力的培养,鼓励学生用批判性眼光看问题,锻炼提高思维能力,普及推广逻辑知识,提高金融员工的素质及创新能力。二是加强金融人才营销能力的培养,积极通过金融营销内容和方式的创新,克服金融产品同质化竞争的局限。三是加强金融人才团队协作能力的培养,在金融体系日趋复杂、金融产品日益丰富的环境下发挥团队精神,在分工合作的过程中大胆尝试,形成新的创意。

其次,形成区域金融人才培养梯度,强化区域金融功能。一是探索金融高端人才的培养机制,培养金融学识丰厚,拥有卓越的金融创新能力和金融管理能力的顶尖人才。例如,浙江大学与拥有全球顶级财务金融专业的美国杜兰大学合作,通过国际本硕连读培养模式,在中国内地培养知识、能力、素质、精神俱佳的顶级金融人才,目标是造就一批熟悉国际国内金融市场、推动金融业转型升级的金融家。二是改革一般金融管理人才的培养体制,培养金融基础知识较为扎实,金融综合素质较高,具有国际视野,经过一定的职业培训能够在多项金融业务中独当一面的金融人才,目标成为金融企业中的中层领导和部门主管。三是完善一线业务人才的培养模式,培养有较强适应能力、具有专项技能、操作熟练的应用型金融人才,目标是成为金融企业的一线业务骨干。

第三,重视区域金融人才培养效果,防范区域金融风险。一是注重金融职业道德的教育。金融职业道德的内涵十分丰富,包括爱岗敬业、遵纪守法、诚实守信、服务群众、奉献社会等等。在金融职业道德教育中,要特别注重诚信文化教育,因为诚信是金融业发展的伦理基石。二是创新人才培养机制,通过“工学结合”、订单培养等途径,实现学校与行业的“零过渡”。例如,浙江金融职业学院银领学院由学校和各类金融机构和相关企业共同组建,面向商业银行等金融机构开展订单式人才培养。嘉兴学院与五矿期货有限公司合作办学,培养更多金融行业的实用型人才。三是建立行业与人才培养机构反馈机制,通过定期访问金融行业用人单位、跟踪金融人才就业后的职业发展路径,以座谈会、问卷调查、电话回访等方式,及时对金融人才的职业发展状况和金融行业用人单位人才需求的动态信息进行梳理、反馈,不断提高金融人才培养水平,适应金融行业和地方经济发展的需要。

金融服务均衡化:浙江"十三五"金融发展的前瞻性思考[①]

当前,我国经济发展进入新常态,而浙江经济在经历了 30 余年高速增长之后,也正迈向总量增长保持中高速发展,结构转型不断深入的新阶段。作为现代经济的核心,浙江金融发展也需要朝着更加均衡化的方向发展,机遇与挑战并存。

一、金融服务均衡化的基本内涵

金融服务均衡化就是在一定的制度安排下,在市场化的价格机制作用下,金融服务的供求双方之间,以及不同的需求者之间和供给者之间平等地配置金融资源,达到金融总量、金融结构等各个层面需求与供给的相对均衡,市场出清。金融服务均衡化的基本内涵是遵循市场化原则、坚持平等性导向和构建制度化体系三者的统一。

(一)金融服务均衡化的首要原则是遵循市场化原则

党的十八届三中全会通过了《中共中央关于全面深化改革若干重大问题的决定》(以下简称《决定》),指出要"使市场在资源配置中起决定性作用"。从需求角度看,金融服务均衡化将使各种经济主体的金融服务需求得到更好的满足,核心是普惠金融体系的构建。从供给层面看,金融服务均衡化将使金融业态发展更加丰富合理,各类金融机构在有序竞争中提供更加丰富多元的金融产品和服务,核心是市场准入的规范化发展。从供求关系来看,金融服务均衡化是指金融价格在影响金融市场供求双方主体行为中发挥更大的作用,金融资源配置的效率更高,核心是利率市场化。

---

① 原文发表于《浙江金融》2016 年第 1 期,作者周建松、姚星垣。

(二)金融服务均衡化的现实要求是坚持平等性导向

一方面,金融市场本身不可能达到绝对的完善状态,存在各种市场失灵;另一方面,金融市场化改革过程中又存在各方利益的重新权衡。因此,当前金融服务均衡化除了遵循市场化这个首要原则之外,仍然要坚持公平性导向。

《决定》站在全局和战略的高度,充分肯定了资本和金融在社会经济发展层面的重要作用,同时也强调要"发展普惠金融",让发展成果更多、更公平地惠及全体人民,体现了"平等、公正"的社会主义核心价值观。坚持公平性导向,就是要让各类主体能够平等地享受金融服务,保障金融服务的机会平等、条件平等和过程平等,使享受多元金融服务成为各类经济主体的一项基本权利。

(三)金融服务均衡化的保障手段是构建制度化体系

处理好金融效率与金融平等的关系,要防止两个极端,一是只考虑金融效率不考虑金融平等;二是一味追求金融平等放弃金融效率。因此,需要由科学的金融制度和金融体系予以支持保障,关键在于通过激励相容的机制设计,使得金融服务各类主体之间形成比较稳定的预期,形成博弈均衡。

二、浙江金融服务均衡化的发展现状

改革开放以来,浙江金融业经历了长足的发展,无论是金融规模还是金融效率,均在全国处于领先水平。从比较分析来看,浙江金融服务在规模、效率等层面总体上发展势头良好,与经济金融发展状况相近的兄弟省市相比各具优势,优于全国整体水平。但是,从金融服务均衡化的角度看,浙江仍然有较大的发展空间。

(一)金融效率遇到发展瓶颈

近年来,浙江的金融业规模扩张迅速。从 2006 年到 2014 年,金融增加值从836 亿元增长到 2934 亿元,增长了 2.51 倍;本外币各项存款和贷款分别增长2.16 倍和 2.43 倍。上市公司由 2007 年的 90 家增长到 2015 年 6 月底的 245家,截止到 2015 年 6 月底,辖区内累积融资总额达到 3309.78 亿元,总市值达到3.55 万亿元。但是,从金融业效率角度看则遇到发展瓶颈。例如,从贷款产出

率(GDP/贷款)指标看,则从 0.75 下降到了 0.56,表明单位贷款所能支撑的
GDP 有所下降,即与 2006 年相比,2014 年产生同样的 GDP 需要更多的信贷支
持。此外,近期银行业不良贷款率的提高也会侵蚀利润,阻碍金融效率的提升。

(二)金融平等仍有提升空间

机会不平等主要表现为小微企业等弱势经济主体和农村、偏远等弱势地区
享受金融服务的可得性较低。一是小微企业金融服务可得性较低,居于弱势地
位,贷款难。二是农村地区金融服务可得性较低,城乡存贷款规模差距较大。三
是金融服务机会区域空间分布差异大,并与传统的金融相关率指标的空间分布
呈现较大的不同。四是县域以下地区金融服务丰富度不高,导致金融功能在从
省会到自然村的纵向分布中的非均衡性比较突出。

条件不平等表现为弱势经济主体获取金融服务成本高昂。根据浙江地方金
融发展研究中心近年来的历次调研,小微企业获得金融服务的成本较高。据某
大中型民企反映,贷款名义利率为 6.4%,但是要为银行拉存款,补差贴息 3%,
再加上其他费用,实际融资成本高于 10%。另据在杭州市九堡镇的调查,当地
主要发放小微企业贷款的 5 家银行,平均利率在 7.56%到 10.08%之间,上浮比
例在 30%到 70%。

过程不平等表现为弱势经济主体即使支付了较高的成本获得了金融服务,
但仍然十分被动。例如,对于中小微企业而言,在享受金融服务时面临的困难还
在于贷款周期与银行的规模宽松周期不匹配,在信贷紧缩周期,往往会最早受到
冲击,面临停贷、抽贷风险,难以获得持续稳定的金融支持。

(三)金融制度在探索中演进

近年来,以温州市金融综合改革试验区的设立、丽水市农村金融改革试点的
推进、台州小微企业金融改革等为代表的金融改革创新不断涌现,使金融服务均
衡化取得了边际改善。但是从总体上看,浙江金融"两多两难"问题仍然存在。
因此,进一步通过深化改革和制度建设,推进浙江金融服务均衡化的潜力和空间
较大。

三、推进浙江金融服务均衡化的对策建议

(一)总体战略:以金融双转型应对经济新常态

金融"双转型",即支持实体经济转型升级和金融业自身转型升级。当前人民币国际化进程提速,名义利率市场化基本完成,金融体制各项深化改革稳步推进,对我省金融服务均衡化发展而言,机遇和挑战并存。浙江金融服务均衡化的总体要求是适应市场化、信息化、法制化的时代发展要求,顺应浙江经济发展新常态的趋势,构建高效的市场运行机制,形成促进公平的政策导向,以金融"双转型"应对经济"新常态",推动浙江经济顺利转型升级,并继续保持中高速可持续发展。

(二)逻辑支撑:以金融新宽度构建价值链金融

金融宽度是指一国或一个地区金融产品和服务的可得性、丰富度和覆盖面。拓展金融宽度需要形成完整的金融服务价值链,核心是金融服务主体需要依据自身比较优势,找准自身定位,开拓和优化通过高附加值的金融服务提升金融增加值的有效模式,包括金融服务产业价值链、金融服务空间价值链以及金融服务体制价值链等。

提升金融服务产业价值链,要对处于初创、产业链攀升以及产业集群转型等关键阶段的企业客户以及新婚、子女教育、退休养老等阶段的个人客户提供金融服务,由散点式金融服务向点线面结合的立体化金融服务转变。

提升金融服务空间价值链,要对处于金融中心城市、次中心城镇、外围地区和农村地区的各类客户提供多元化金融服务,由金融中心—外围模式向都市圈金融合作模式转变。

提升金融服务体制价值链,要对属于国有独资、集体所有制、混合所有制、民营经济等不同所有制的各类客户提供平等的金融服务,由金融服务的所有制歧视向一视同仁转变。

(三)技术支持:以金融大数据打造大数据金融

以搭建金融大数据平台为支撑打造大数据金融。总体思路是,以引导和鼓

励微观的金融产品与服务创新为突破口和抓手,在中观层面逐步拓展区域金融市场准入的空间,丰富金融业务,构建区域性金融服务体系,完善地方金融监管体制,形成良好的区域金融生态,为宏观层面的顶层设计和制度创新提供经验,争取在更大范围实现先行先试。从大数据视角推进金融服务均衡化,关键在于挖掘和培养金融服务潜在客户、创造和优化金融服务商业模式以及识别和管理金融服务各类风险。

挖掘和培养潜在客户。大数据将给金融业带来巨大的新增价值潜力。麦肯锡研究报告指出,金融与保险业是应用大数据潜在价值最大的行业。金融大数据为更好地认识、梳理和细分需求主体提供了强大支撑。

创造和优化商业模式。从行业细分来看,银行大数据将以业务价值驱动为前提,对企业综合信息的数据资产进行梳理,对企业的信用进行全方位的分析。证券业大数据以深入挖掘二级市场,拓展一、二级市场联动为主导,以互联网证券为接入口,革新业务模式和盈利模式。保险业大数据将进一步强化以精算为基础的核心竞争力,通过大数据来优化精算模式、统计模型、客户关系。信托业大数据可使尽职调查更专业、有效、快速,提升行业风险管控和核心竞争力。

识别和管理各类风险。微观角度的金融大数据平台要与金融企业绩效与风险管理深度融合,成为微观金融创新的"试金石"。中观角度的金融大数据平台要成为描绘区域金融服务均衡化的"活地图";助力构建地方金融监管体系,推动区域金融创新,成为区域金融发展的"晴雨表"。多个层面的金融大数据平台有效联动并形成良性反馈机制,将打造具有核心竞争力的区域大数据金融。

(四)重要抓手:以发展新视野推动产业化金融

以发展新视野推动"彩色金融"、互联网金融和政策性金融产业发展,助力调结构、惠民生、稳增长,推动经济转型升级。

支持发展"彩色金融",助力调结构。支持蓝色金融,以落实《浙江舟山群岛新区发展规划》为契机,积极发展海洋金融,壮大海洋经济,拓展我省新增长极;支持绿色金融,贯彻《中共中央关于制定国民经济和社会发展第十三个五年规划的建议》精神,坚持绿色发展,着力改善生态环境,发展绿色金融促进转变经济增长方式,提高经济增长质量;支持银色金融,发展养老产业,建设多层次养老服务体系,探索建立长期护理保险制度,支持各类市场主体增加养老服务和产品供给。积极创新针对老年客户的金融理财产品和服务。

支持发展互联网金融,助力惠民生。运用互联网思维发展普惠金融和科技金融。引导支持 P2P、第三方支付、众筹等互联网金融有序竞争，合规发展。

支持发展政策性金融，助力稳增长。以逆周期、开发性和扶贫为着眼点，优化布局地方性政策性金融机构或基金。

(五)优先发展：以服务特色化做强地方性金融

以特色化服务做强地方金融，优化结构、树立品牌、打造平台，推动金融业自身转型升级。

优化结构，增强地方金融整体实力。大力发展地方多层次资本市场体系，探索发展地方政策性金融机构，深化农村金融体制机制改革，促进民间金融阳光化、规范化，使得地方金融市场主导与银行主导体系的协调、商业金融体系和政策性金融体系的互补、城乡二元金融体系的融合以及正规金融与民间金融体系的共生。

树立品牌，增添地方金融机构魅力。树立地方金融机构服务地方的品牌效应，使得需求方想要获得金融服务，首先想到的是地方金融机构。增强"浙银品牌""浙网金融""浙商系列""浙江农信"和"浙江小贷"等浙江地方金融机构的品牌效应，在证券市场的"浙江板块"、保险业的"浙江亮点"、期货业的"浙江军团"等金融领域中树立新的发展典范。

打造平台，强化地方金融各项功能。打造地方金融资源交易平台，包括金融控股平台、产业基金平台、地方交易市场平台等，汇聚整合各方金融资源，发挥资源协同效应。打造地方金融信息共享平台。依托金融大数据技术，实现地方金融信息的共享机制。完善融资增信体系，解决银企信息不对称的问题。打造地方金融风险处置平台。

(六)制度保障：以金融制度化规范金融均衡化

构建法律规范、政策支持和社会监督三位一体的保障体系。加快金融服务相关法规制定进程。政府相关部门、金融办、高校合作开展金融服务均衡化法制化工程，研究《浙江省金融消费者保护条例》《浙江省农村金融服务法规》等法规的立法工作。

完善金融服务均衡化的运作机制。作为制定、落实相关政策的智库以及实施效果的反馈机制，可研究设立推进金融服务均衡化工作领导小组或联席会议，成员包括政府监管部门，金融行业、大数据（互联网）行业、高校科研院所相关媒体以及金融消费者代表等。定期召开沟通、协调会议，编制浙江金融服务均衡化通讯材料。

提高金融服务均衡化的公众参与度。政府、高校、行业合作开展金融服务信息化工程,目标是开展基于大数据的金融消费行为分析、金融消费者教育、金融消费者满意度、金融消费发展趋势等领域的研究和推广,构建金融消费大数据采集和分析平台,研制相关移动互联网应用软件客户端。借助互联网、新型社交媒体以及大数据技术,借力风投基金、产业基金和民间资本,依托高科技企业孵化器,搭建推进金融服务均衡化的高速公路网络,打通金融服务的"最后一公里"。

建立和完善金融服务均衡化的科学评价体系。金融服务均衡化指标体系(指数)包含金融服务均衡化核心指标、金融运行参照指标和经济发展参照指标。从实际测度结果来看,金融服务均衡化核心指标与传统的金融发展指标有较大的差异,结合参照指标以后,金融服务均衡化综合指数将更加全面地反映区域金融发展的现状和趋势。建议进一步研究编制和完善金融服务均衡化指数,按照先试点、后推广,先内部通报、后公开发布的顺序推进。

以体制机制深入改革优化金融生态。抓住经济金融领域各项深化改革举措稳步推进的契机,进一步明确政府职能定位,推动国有企业改革,消除金融服务非均衡化的体制机制障碍,优化金融生态。

进一步发挥专业人才的积极作用。政府、行业(协会)、高校、非营利组织等合作开展金融从业人员创新工程,开展金融从业人员创新意识与能力培养,优化金融职业发展教育,引导金融从业人员创新和微创新,优化金融从业人员结构,充实专业和非专业队伍,形成《金融人才培养创新发展报告》。

在"十三五"期间,浙江稳步推进金融服务均衡化,使得浙江多层次金融市场供需两旺、高效运转,多业态金融机构有序竞争、充满活力,多元化金融服务各具特色、惠及大众;以金融"双转型"应对经济"新常态",在全国范围内继续保持领先并起到示范、引领和带动作用。

第二篇

金融强省理论与实践

基于浙江经济强省建设的现代金融服务体系构建[①]

一、改革开放使浙江已成为全国经济大省

地处中国经济最为发达区域之一的长三角南翼,抓住了改革开放的历史机遇,经过 30 多年的持续快速发展,浙江省无论是总量指标,还是从若干分项指标来看,无论从国内比较来看,还是从世界范围看,都已成为经济最为发达的区域之一,"经济大省"之称当之无愧。

(一)从整体比较来看,浙江经济总量名列前茅

改革开放以来,浙江经济保持了持续快速增长,2009 年全省生产总值达到 22832 亿元,浙江的经济总量仅次于广东、江苏、山东,在全国位列第 4,成为名副其实的经济大省(见图 1)。从纵向比较来看,浙江经济总量从 2004 年的 11648.7 亿元增加到 2009 年的 23377.75 亿元,总体规模上实现了 5 年翻 1 倍,按可比价格计算,比 1949 年增长 296.3 倍,年均增长 10%。其中,1979 年至 2009 年年均增长 13%。

① 原文发表于《浙江金融》2011 年第 1 期,作者周建松、姚星垣。

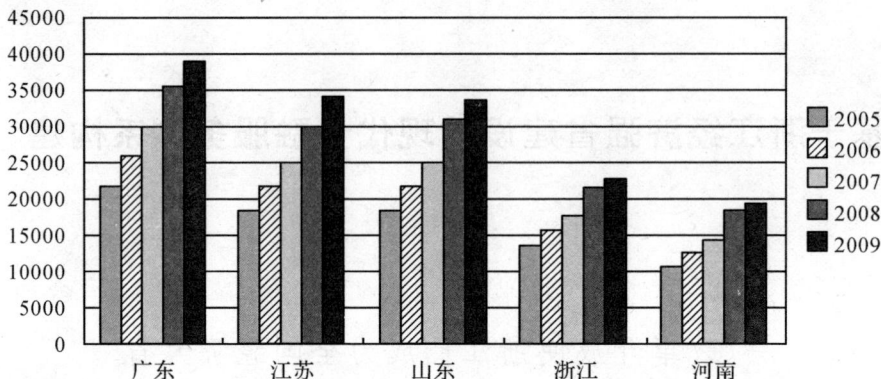

图1　五省 GDP 总量比较(2005—2009)(单位:亿元)

(二)从分项指标看,浙江经济实力快速提升

作为外向型经济特征显著的省份,2009 年浙江对外贸易总额和出口总值在全国均列第 4,净出口值则仅位列广东之后,排名第 2。在 2004 年经济总量跃过万亿元大关后,2005 年浙江经济又闯"五关",人均生产总值突破 3000 美元,规模以上工业企业利润总额突破 1000 亿元,财政总收入突破 2000 亿元,地方财政总收入突破 1000 亿元,进出口总额突破 1000 亿元。到 2009 年,多项指标跃上新的高度:人均生产总值突破 6000 美元,达到 6490 美元,规模以上工业企业利润总额突破 2000 亿元达到 2041 亿元,财政总收入突破 4000 亿元达到 4122 亿元,地方财政总收入突破 2000 亿元达到 2142 亿元,进出口总额达到 1877 亿美元。

二、浙江将推进从经济大省到经济强省的转变

(一)人均指标跃上新台阶,体现由大到强转变的强劲动力

1. 从国内比较来看,浙江人均 GDP 水平居于全国前列

浙江人均 GDP 由 1949 年的 72 元增加到 2009 年的 44335 元,位列上海、北京、天津 3 个直辖市之后,居全国第 4 位和各省区第 1 位,按可比价格计算,比1949 年增长 107.7 倍。其中,改革开放 31 年年均增长 11.8%,是国内各省(区、

市)中人均 GDP 增长最快的。

2.从世界范围比较来看,浙江属于上中等收入地区

2005 年浙江人均 GDP 突破 3000 美元,2009 年达到人均 6490 美元,排名靠前的杭州和宁波则分别达到 9292 美元和 8653 美元。预期在"十二五"末期,浙江的人均 GDP 将有望突破 1 万美元,属于上中等收入并接近中等收入国家的收入上限水平。[①]

(二)结构指标渐进优化,展示由大到强转变的实际效果

1.从国内比较看,浙江产业结构调整速度较快

在我国经济总量最大的 5 个省中,到 2009 年,浙江的二、三产业占比之和仅次于广东,位居第二(见图 2)。浙江的三次产业结构从 1978 年的 38.1∶43.3∶18.6 调整为 2009 年的 5.1∶51.9∶43.0,第一产业占比下降了 33 个百分点,第二产业占比上升了 8.6 个百分点,三次产业结构调整速度较快。

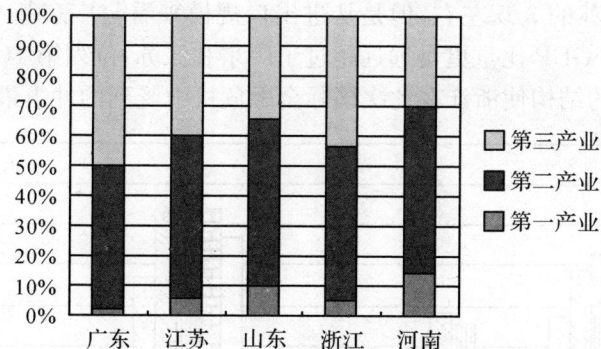

图 2　五省三次产业结构比较(2009)

2.从国际比较看,浙江的产业结构变动也不慢

1955—1985 年间[②],日本的产业结构经历了较快速度的调整,日本第一产业

---

① 按照世界银行的人均收入划分标准(2010 年数据),中等收入国家收入水平在 996—12195 美元之间,跨度很大。其中 996—3945 美元为下中等收入国家,3946—12195 美元为上中等收入国家。参见世界银行网站:http://data.worldbank.org/about/country-classifications。

② 从 1955 年至 20 世纪 90 年代初,日本经济保持了 30 余年的高速增长,这个时期从发展阶段、人均 GDP 等维度考察,大致与改革开放以来的浙江相当。

30 年比重下降了 17.5 个百分点,浙江(1978－2008)下降了 33.0 个百分点,比日本多下降 15.5 个百分点;日本第三产业比重,30 年上升了 19.7 个百分点,浙江(1978－2008)上升了 24.3 个百分点,比日本多上升 4.6 个百分点。即就时间进程与日本比较而言,浙江不存在三次产业结构优化升级的滞后问题①。

(三)从动态比较看,浙江经济由大到强也面临挑战

1. 从增长速度看,浙江优势正在逐渐失去

浙江近年来(2005—2009)经济增长平均速度在 5 省中位居第 3,年均增长 13.5%,而在全球金融危机爆发的 2009 年,增速为 8.9%,列 5 省之末。尽管 2010 年前三季度浙江的增长率又快速恢复到 12.6%,高于全国 10.6% 的平均水平,但是总体而言,浙江经济快速增长的优势已不再显著。

2. 从经济结构看,浙江经济对外需依赖大

浙江经济过度依赖于出口的现象比较严重。从进出口总额来看,浙江仅为广东的 1/3,江苏的 3/5 左右,但是从进出口规模来看与广东基本相当,超过江苏,进出口额占 GDP 比重更是远远超过了广东和江苏,位列第 1(见图 3)。这种过度依赖外需的结构使浙江在此次国际金融危机中受到的冲击最为显著。

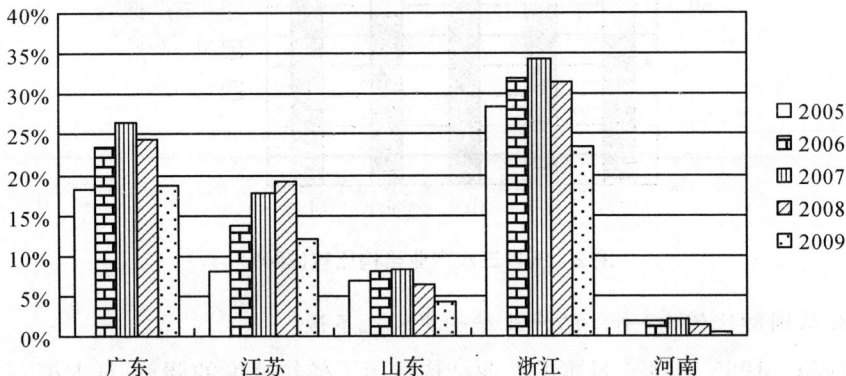

图 3 五省净出口占 GDP 比较(2005—2009)

---

① 从发展历程角度分析,则浙江产业变动慢于日本。具体分析参见卓勇良《日本经济格局与结构变动及其对浙江的启示》,《商业经济与管理》2010 年第 11 期,第 53—60 页。

3. 从企业发展看,浙江规模企业相对弱小

浙江民营经济发达,中小企业数量巨大,活力较强;而规模以上企业在经济中的比重则显著较低。2009年,广东、江苏、山东规模以上企业增加值占当年GDP比重分别为41.32%、49.11%、55.75%,而浙江仅为36.05%。2009年,浙江规模以上企业增加值增长率较低,尤其是重工业的增长率,仅为6.7%,而广东、江苏、山东、河南规模以上重工业企业的增长率分别为10%、15.7%、16.2%和15%。

三、推进经济强省建设需要金融的大力支持

金融发展理论认为,金融发展对经济增长有重要的推动作用,在浙江省面临转变经济发展方式,调整经济结构,实现经济转型升级的关键阶段,这种作用尤为重要。无论是"两创"战略的实施,三次产业结构的调整以及"四大建设"的落实,都需要现代金融的大力支持。

(一)"两创战略"的实施需要金融支持

1. "创业富民"需要金融业服务中小企业、服务居民

"创业富民"就是要让一切有利于创业的思想活跃起来,把各类创业主体激活起来,使一切领域的创业潜能充分发挥出来,充分调动劳动、知识、技术、管理和资本等要素的活力。"创业富民"战略的实施需要金融业的大力支持,通过服务中小企业尤其是微小企业的设立和发展、服务城乡居民创业和生活来实现。

2. "创新强省"需要金融业加大投入,集中优势

创新就是建立一种新的生产函数,把一种从来没有过的关于生产要素和生产条件的新组合引入生产体系(Schumpeter,1912),包括产品创新、技术创新、市场创新、资源配置创新、组织创新。创新是经济发展的本质规定,是经济实现转型升级的关键因素。创新需要通过金融资源的优化配置,需要金融业加大投入,集中优势,实现跨越式发展。

(二)三次产业结构的调整需要金融支持

三次产业结构的调整要继续按照"稳定优化一产、主攻调整二产、提升扩展

三产"的要求,大力发展高效生态农业,大力发展先进制造业,大力发展现代服务业,加快建设现代产业体系,促进三次产业协调发展。三次产业结构的调整需要金融支持。

1. 全面建设现代农村金融,支持新农村建设和现代农业发展

现代农业是以广泛应用现代科学技术、普遍使用现代生产工具、全面实行现代经营管理为本质特征和主要标志的发达农业。要实现全面小康,离不开农村经济的发展和农民收入的提高,而新农村建设和农业现代化发展离不开现代农村金融的发展。

2. 大力发展现代低碳金融,引导产业结构调整和层次提升

产业结构的调整和提升,重点是改造提升轻纺、装备、水泥等传统产业,加快发展新能源、新材料、生物医药等战略性新兴产业。无论是对传统行业的改造升级,还是对新兴行业的战略性投入,都需要秉承现代低碳金融的理念,通过资金要素的优化配置,引导产业结构调整和层次提升。

3. 积极探索实践创新金融,助力现代服务业的发展壮大

服务业可分为生产性服务业和生活性服务业,重点是发展现代物流、信息服务、服务外包、文化创意、研发设计等生产性服务业和休闲旅游、社区服务等生活性服务业。需要大力发展物流金融、仓储金融等新兴的金融业务,加强对文化创意、研发设计等领域的金融支持;同时需要发展小额信贷和社区金融服务居民、服务社会。

(三)"四大建设"的推进需要金融支持

省委、省政府经过充分调查研究,认真吸取方方面面的意见,提出"扎实推进大平台、大产业、大项目、大企业建设"的总体要求和指导原则,需要现代金融的大力支持。

1. 以金融创新为先导,扎实推进大平台建设

无论是现有田地资源、林地资源的集约化开发利用,还是在空间上向滩涂和海洋的拓展,都需要金融创新的积极支持。需要抓好一批事关全局、带动力强的产业集聚区式的大平台,拓展新的发展空间,积极挖掘潜力,利用浙江山海资源丰富、低丘缓坡和滩涂众多的优势,向山地要空间,向滩涂要空间,扎实推进大平台建设。

2. 以金融积聚为基础,扎实推进大产业建设

经济转型升级的根基是产业转型升级。培育和提升一批市场占有率高、竞争力强的大产业,是当前和今后一个时期浙江发展的紧迫任务,是经济转型升级的核心内容。浙江块状经济发达,同一或相关产业发展的区域集中度高,已具备了向装备制造等大工业领域发展的实力。对此应该因势利导、顺势而为,在大产业的空间集聚周围形成相应规模的金融集聚,扎实推进大产业建设。

3. 以项目融资为抓手,扎实推进大项目建设

重大项目建设对拉动有效投资较快增长,扩大就业和消费需求,增强经济发展后劲等具有十分重要的意义。无论是政府主导性投资大项目还是民间投资大项目,都需要雄厚的资金支持,需要进一步开发以银团贷款为代表的项目融资工具,充分利用主板、中小板、创业板、柜台交易等融资平台,扎实推进大项目建设。

4. 以并购重组为核心,扎实推进大企业建设

浙江中小企业十分发达,这是优势。但由于缺少大企业的带动,中小企业难以进入大企业的产业链,生产的社会化、组织化程度不高。因此,需要积极发挥现代金融优化资源配置的核心功能,通过引导优势企业兼并重组、强强联合,做大做强一批具有行业龙头地位、自主创新能力强的大企业,扎实推进大企业建设。

四、浙江正从金融大省向金融强省迈进

无论从经营业绩还是从金融生态来看,浙江的金融业都已具备良好的发展基础;浙江的地方金融发展也初现成效,浙江的金融规模在全国处于领先地位。同时,浙江的金融发展还面临着自身转型升级的挑战,金融产业的定位需要进一步明确,金融资源的功能需要大力提升,金融资产的结构需要多元化发展,金融创新的探索需要全方位实践。

(一)浙江金融已有较好的发展基础

1. 浙江的金融业绩全国领先

2009 年末,浙江省银行业金融机构存款余额、贷款余额分别居全国第 4 位和第 2 位,贷款增速、增量均位居全国第 1 位。浙江拥有的境内上市公司数居全国第 3 位,中小板和创业板上市公司数居全国第 2 位。证券期货业在全国的市场份额进一步提高,证券经营机构数位居全国第 3 位,股票交易规模居全国第 3 位,年均期货代理交易额居全国第 1 位;保险业务规模持续增长,保费收入位居全国第 6 位。

2. 浙江的金融生态环境较好

浙江的银行不良贷款余额和不良贷款率保持"双降",贷款质量保持全国第 1 位。2009 年末,全省银行业金融机构五级分类不良贷款比率 1.29%,比 2005 年末下降 0.86 个百分点;法人银行机构资本充足率、拨备覆盖率均大幅提高,分别达 12.33%、177.3%。

3. 浙江地方金融发展成效初现

浙江的地方金融机构为区域经济金融发展做出了积极的贡献。截至 2009 年末,浙江共有地方法人金融机构 130 家,包括全国性股份制银行 1 家、城市商业银行及城市信用社 12 家、农村合作金融机构 81 家、村镇银行 10 家、农村资金互助社 1 家,证券公司 3 家、期货公司 13 家,保险公司 2 家,信托公司 4 家、金融租赁公司 1 家、财务公司 2 家。同时,浙江拥有各类地方法人中小金融组织 852 家,包括融资性担保机构 378 家、典当公司 266 家、小额贷款公司 105 家、地方产权交易机构 26 家、备案创业风险投资机构 77 家。

(二)浙江的金融发展还面临着自身转型升级的挑战

1. 金融产业的定位需要进一步明确

金融业长期被作为实体经济的服务部门,缺乏把金融作为国民经济中具有战略性的重要产业部门,加以大力支持、重点发展的产业政策和具体措施。实际上,浙江金融业增加值占第三产业和全省总体经济的比重日益上升。2009 年,浙江金融业增加值占全省生产总值及第三产业的比重分别达到 8.4% 和 19.5%,位居全国第 3 位和第 2 位。金融的产业化程度偏低,金融发展总体水平还不能满足经济社会发展的需要,金融对实体经济的支撑和引领作用有待进一步发挥。

2. 金融资源的功能需要大力提升

资源的优化配置是金融的核心功能。目前,浙江金融资源集聚程度不高,资本转化能力不强。从金融资源集聚角度来看,金融中心和金融集聚区对区域的辐射带动效应有待进一步加强,规模经济优势和行业龙头地位的金融机构和总部对金融产业的引领带动作用有待进一步发挥。

3.金融资产的结构需要多元化发展

长期以银行信贷为主,企业高度依赖间接融资,资本市场发展相对滞后,直接融资比重偏低,资产证券化率低于全国平均水平,多元融资格局尚未形成。同时,县域和乡镇的金融供给落后于经济发展的问题依然突出,消费领域、民生领域的金融供给有待进一步增加。

4.金融创新的探索需要全方位实践

金融创新是金融自身转型升级的助推器。当前,金融创新的实践需要更深层次地进行,在创造性地解决大机构服务小企业的金融服务不匹配问题,地方法人金融机构规模较小、实力较弱、尚缺乏市场影响力和竞争力问题,中小企业及"三农"融资难的问题以及巨量民间资金存量的管理和转化问题等方面需要进行更深入的探索。

五、如何构建浙江现代金融服务业体系

(一)优化结构,加强辐射,服务地方经济

1.调整金融内部结构,优化资源配置方式

一是优化直接融资和间接融资的结构。保持信贷投入的适度增长,保障经济社会发展需求,同时大力发展资本市场,构建多层次资本市场体系。二是优化大型金融与中小金融的结构。在做大做强大型金融机构,支持"四大建设"的同时,积极鼓励发展小型金融,服务中小企业,服务居民。三是优化传统金融与新兴金融的结构。重点发展与浙江结构转型联系密切的产业金融、贸易金融、网络金融、消费金融等新兴金融领域。

2.引导金融要素集聚,增强区域辐射能力

一是加强区域金融中心的金融集聚。加快建设长三角南翼金融集聚区,形成以杭州、宁波、温州为主的区域金融中心城市群。二是加强特色产业集群的金融集聚。加快推动台州、绍兴、嘉兴、义乌等区域金融特色市县(区)。三是增强区域金融辐射能力。依托区域金融集聚优势,完善周边地区适应当地民营经济

特色和社会发展需要的中小型金融机构。

3.优先发展地方金融,加大服务地方经济力度

一是支持鼓励部分地方金融机构做大做强。积极探索政府金融资源整合模式,组建和发展省级金融控股公司和地方大型金融企业。二是支持鼓励部分地方金融机构做精做优。积极探索农信社系统创新发展方式,大力推动具有行业领先地位的地方法人银行、法人证券公司和法人期货公司上市。三是支持创设新型地方金融机构做特做新。大力推动设立基金公司,创设一批证券投资基金、产业投资基金、创业投资基金,积极争取新设各类新型金融机构、金融组织。

(二)立足服务中小企业,服务居民,推动"创业富民"

1.立足服务中小企业,打造特色基地

一是构建中小金融机构总部基地。要在区域金融中心城市规划建设全国领先的大型中小金融机构总部基地,吸纳法人中小金融机构、国内外大型金融机构的浙江分支机构、中小企业金融(投融资)总部、金融控股公司等入驻总部基地。二是建立中小科技企业孵化基地,为创业者提供良好的金融生态环境和融资条件。

2.立足服务城乡居民,支持"创业富民"

一是完善区域创业融资功能。强化小额贷款公司、村镇银行、典当行等小型金融组织的功能模块,构建起综合性的县域(社区)金融公共服务平台。二是完善区域创业投资功能。在各类财富管理机构相对集聚的区域金融中心城市和金融特色城市,规划多层次财富管理机构总部集聚区,为城乡居民提供高质量的民间投资和财富管理服务。

(三)加大投入,集中优势,支持"创新强省"

1.加大各项要素投入,提升金融层次

一是加大科研经费投入。面向国际金融学术前沿和国家金融发展战略,开展以地方金融、中小金融、民间金融和创业金融为重点和特色的研究,支持浙江地方金融发展研究。二是加大人力资源投入。支持综合性大学开展金融高端人才培养,支持高职类院校开展金融职业技术教育,为浙江培养更多更好的各类金融业管理型、专业型人才。建设金融业务人才培养基地、金融管理人才培养基地

和金融创新人才培养基地。

2.集中区域金融优势,支持"创新强省"

一是做大做强大型金融机构实力。抓住"四大建设"的契机,搭建一批大型金融平台,建设一批大型金融发展项目,支持一批金融企业做优做强,形成"大金融"的产业格局,实现浙江金融的跨越式发展。二是建立金融机构上市孵化基地。对符合条件的领先型金融机构,及时纳入平台重点扶持,打造资本市场的浙江金融板块。三是进一步增强地方金融的整体实力。支持地方法人证券机构通过增资扩股、引入战略投资者、整合重组、上市等方式充实资本金,提高资产质量。在增强金融自身实力的同时,集中区域金融优势,通过信贷引导,并购重组以及金融创新等方式,加大金融对区域经济创新创造的支持力度。

努力推进具有浙江特色的金融强省建设①

  金融中心、金融强省、金融强市等概念,在进入新世纪尤其是"十二五"时期以后,频频出现在不少省市的发展规划和领导讲话之中,也日益成为有关媒体和社会各界的热门话题。② 专家学者站在不同的角度进行了很多评说,其中也包含不少批评和质疑。笔者看来,一方面,金融强省概念的提出至少表明各级政府和党政领导对金融产业在现代国民经济体系的重要性认识有了很大提高,对通过大力发展金融事业、推动区域经济社会发展有很强的期待,应该是一个值得肯定的现象;另一方面,它也表明各地对如何因地制宜、扬长避短地发展金融事业仍有不同的观点和判断,需要进一步加强研究、统一认识。

  2005 年以来,笔者对浙江经济社会和金融事业发展投入了较多的关注,尤其对金融在区域经济社会发展中的地位与作用,地方金融产业的概念与内涵,浙江地方金融产业的发展战略与政策支持等问题进行了研究和思考,在此基础上,较早提出并论证了打造浙江金融强省,建设杭州成为长三角南翼区域金融中心的建议。同时,更为大力发展浙江地方金融产业、建设浙江金融强省做了较多的宣传、呼吁、研究和推动工作。今年以来,随着《浙江省人民政府关于印发浙江省"十二五"金融业发展规划的通知》(浙政发〔2011〕6 号)的发布,浙江金融强省战略已经正式写入了政府规划的文本,今后的重心就是要在具体的推进举措和保障政策层面加以真正有效的落实,本文对推进具有浙江特色的金融强省建设问题做些探讨。

  ① 原文发表于《浙江金融》2011 年第 9 期,作者周建松。

  ② 早在 2003 年,广东省委、省政府率先提出"完善金融体系,加快建设金融强省"的战略目标。此后,特别是 2007 年第三次全国金融工作会议召开以后,上海、天津、江苏、北京、四川等省市相继提出金融强省(市)的建设目标。同时,据不完全统计,目前全国至少已有 30 个省市在争建金融中心,其中,上海、北京要建设"国际金融中心",昆明、南宁和乌鲁木齐分别要建"泛亚金融中心""区域性国际金融中心""中亚区域金融中心",其余 20 多个城市提出了要建所在区域的金融中心的设想。

一、浙江省打造"金融强省"的目标定位尚需进一步明确

《浙江省"十二五"金融业发展规划》关于浙江金融总体发展目标是要"把握全球经济复苏、我国经济持续较快增长的历史机遇,接轨上海国际金融中心建设和长三角金融一体化进程,贯彻落实'八八战略''两创'总战略,从经济和社会发展方式转变的全局性需要出发,切实提升金融业自身发展水平和金融服务创新能力,不断强化浙江金融特色和优势,进一步推进'金融强省'建设,着力打造具有全国影响力的'中小企业金融服务中心'和'民间财富管理中心',实现金融与经济、社会的和谐发展",同时提出"通过实现金融业自身发展水平和金融服务经济能力'两个提升'丰富'金融强省'的内涵,实现金融发展从单一目标向'强金融'和'强经济'双目标模式的拓展;要通过'两大中心'建设支撑和突显'金融强省'的特色,实现金融发展从平面扩展向深度推进和重点突破的转变"。可见,"两中心"建设将成为"十二五"时期浙江金融强省建设的重中之重,除此之外,规划并未对金融强省目标做更多解释,现有的口号显得不够具体、明确和响亮。笔者认为,其中的原因可能是多方面的:

第一,关于金融强省的规划用语早在"十一五"期间就已在中国人民银行杭州中心支行做的文本里提及。当时,因为规划文本的高度和立足点不明朗,具体实施又缺乏全省范围的政策配套和体系保障,金融强省的建设行动力度并不大。

第二,近年来,我省先后在科技、教育、体育、卫生等领域提出了强省目标,其后又提过打造港航强省的口号。这些目标和口号在"十一五"前期还显得比较响亮,但是由于后续实施过程中没有贯穿始终的行动纲领和推进举措,实践效果并不明显。

第三,有关领导对于要不要提金融强省的概念,浙江金融是不是已是强省等问题有不尽相同的思考和看法,需要进一步通过讨论加以明确,这也对金融强省目标的具体化造成一定影响。

当前,《浙江省"十二五"金融业发展规划》明确提出了"金融强省"的概念,首次在省级政府规划的层面明确了金融强省建设的总体目标,这毕竟是一件值得庆幸的事情。我们说金融强省的目标尚需进一步明确,主要是希望在即将召开的第十二次党代会上能够以工作报告或决议的形式对之加以进一步强调并形成更为明确具体的文字表述,这才有利于真正形成打造金融强省的全省共识和建

设氛围。

二、对金融强省概念本身的特殊性尚需进一步加深认识

金融与其他产业概念相比,具有更大的特殊性,那就是:它本身既是一个经济产业,同时又是其他经济产业和全社会发展的重要支撑和保障要素。因此,我们所说的金融强省至少应该包括两个方面:

(一)浙江要把金融作为一个产业来做,全力把金融产业做强

金融本身是一个产业,是国民经济中极为重要的核心产业。作为产业,它本身又有独特的发展规律,存在着发展中的产权关系,多元化产业主体,合理的产业结构以及对产业市场准入和营运的监管等,正是从这个意义上讲,我们必须按产业经济学规律办事。

从金融作为一个产业的角度,传统观点认为金融就是指银行、保险公司、证券公司、信托公司、租赁公司以及基金公司、财务公司等金融企业的联合。当然,现代金融业早已突破了原来的金融运作模式,它围绕传统金融企业逐步延伸成为一个庞大而复杂的产业。或者说,现代金融产业是以社会金融资源的利用为核心,为有效完成交易活动而形成的相关企业的集合体。按照联合国对产业划分方法的理解,金融中介作为现代服务产业,金融产业不仅包括以资本市场和金融机构为中介的资金交易,还包含更为广泛的金融资产交易和管理;金融产业链条里不仅仅包括传统意义上的金融机构,还包括广泛的投资公司、经纪公司、咨询评估、会计、审计、信用评级等众多中介机构。在这个意义上,金融产业已经形成产业群:核心产业→辅助产业→支撑产业。现在的情况是:核心产业发展较快,也较受重视,即直接从事金融交易的金融机构发展较快;而辅助金融性产业机构较弱,也即为交易提供服务的机构发展不够;支撑金融产业刚刚起步,即金融研发中心、金融数据处理中心、专业性结算公司等发展缓慢。

根据以上的分析,我们可以说,打造金融强省,就是要着眼于金融产业链发展的全局,应该把核心金融产业做大做强,并积极发展辅助性和支撑性金融产业。

(二)浙江要构建完善的面向经济社会和城乡居民的金融服务体系

金融首先是一个产业,同时又是一种保障和供给要素。在现代社会,金融不

仅是支撑和保障经济发展的杠杆要素，而且也是服务社会建设和城乡居民生活的重要手段和条件。

就金融作为经济发展要素而言，根据经济决定金融，金融反作用于经济的原理，一方面，我们要适应经济发展阶段和产业生命周期的特征，不断推进金融产业的发展；与此同时，要根据产业成长发展的规律和运行要求，探索金融支持经济发展之路，据此来建设网点、创新金融产品和金融工具并提供必要的货币支持和支付结算条件。根据行业、企业发展周期，建立科学的融资保障体系，并根据经济运行需要，在上市服务、保险保障等方面积极作为。

从金融作为社会发展和城乡居民生活支持服务体系要求看，如何为社会创造便捷、高效、安全的支付手段和支付工具，适应人们生活方式和生命周期的金融理财产品，如股票、债券、存款、基金、保险等，就显得极为重要。从这个意义上说，现代金融已经不再是经济学意义上的金融，而已经是社会化的金融，我们同时要为社会和谐、平稳运行提供金融服务。

综合上述两个视角，我们可以看到，我们提出打造浙江金融强省，必须从金融特点出发，加以认真研究，抓住两个方面，从金融产业本身，从金融与经济社会关系统筹考虑，协同推进。

三、浙江金融强省建设必须进一步研究如何凸显浙江特色

纵观全国经济社会的具体情况，笔者认为，不仅要明确浙江金融强省的目标，而且要在浙江特色上下功夫。这特色至少包括以下几个方面：

(一)处于全国领先水平

"强"有绝对性水平，但更多的是相对性指标。"强"也可以纵向对比，也可与本区域其他产业或其他行业比较，更重要的是要与其他地区相比。就当前情况而言，江苏、广东、山东乃至中部省份都提出要建设金融强省，因此，我们要的金融强省必须是全国领先水平的。这是因为，浙江省金融业发展水平、经营绩效、盈利能力、资产质量及其服务水平已经处在全国前列，尤其是金融生态更是评价极高，而且，浙江省有发展金融业的财力条件、经济基础、社会环境和人文支撑，应当有坚定的信念。特别要指出的是，随着海洋经济改革试验区国家战略的实施，浙江必然要实现从会做小，到既会做小又会做大的提升和转变，金融业发展

一片光明。

(二)中小企业金融服务便利

"轻小集加民"是浙江经济上的重要特征,民营中小企业为主体,支撑了浙江经济的发展。从今后一个时期看,引进和发展大平台、大产业、大项目、大企业是浙江经济社会发展的重要方向,但是可以预计,民营中小企业仍然是浙江经济的重要特征和活力所在,所以,健全中小企业金融服务体系、创新体制机制和产品项目,为中小企业发展提供金融服务便利,应该是浙江今后金融发展的重点和特色。对此,《浙江省"十二五"金融业发展规划》做了考虑,并提出了中小企业金融服务中心的概念,但如何吸引全国性金融机构来设立服务中心和服务总部,尚需努力和推进,为中小企业金融交易搭建更多的支持尚需创新。政府在为中小企业融资难提供支持方面还应当再做思考和创新。

(三)民间资金吸纳积聚能力较强

改革开放以来,浙江经济社会有了很大的发展,并且由于一直实施"藏富于民"的政策,再加上浙江老百姓特别能创业、特别能创新、特别能吃苦、特别能理财的良好民风,使得浙江人的民间资本积累相当丰富。因此,如何为民间资金资本化服务——引导民间资金投资和创办实业,如何为民间资金保值增值和投资获利创造更多的便利,包括如何引导民间资金投资运作阳光化,防止非法金融的出现,任务更为艰巨。对此,《浙江省"十二五"金融业发展规划》提出了民间财富管理中心的设想,我们认为这是非常有创意的,关键是怎样在国家金融监管部门支持下创造性地实施。

(四)与上海国际金融中心功能互补

上海要建设成为国际航运和国际金融中心,这既是国家战略,也是中国作为发展中大国以及上海经济社会和地理地位所决定的。由于浙江毗邻上海,交通便利、人文相近,这既给浙江金融业发展带来了机遇,同时也带来了挑战。上海国际金融中心建设既可能会吸纳浙江金融资源尤其是国际性大企业、大平台、大项目资源,也可能由于空间距离过近,影响金融机构尤其是国际金融机构分支体系的设立。但是,上海国际金融中心建设为浙江发展辅助性、支撑性金融产业创造了有利条件,也为浙江建立金融后援服务基地,柔性引进金融高层次人才的智力提供了便利。只要我们充分利用机遇、主动接轨合作,就一定会有光明前景。

(五)推进海洋金融服务体系建设

开发海洋,建设海洋,建设海洋大国和强国,这是今后一个时期中国的经济、社会和国防战略。浙江地处东部沿海,海岸线长,海洋资源丰富,因此,海洋经济示范区建设已作为国家战略付诸实施,这就给我们如何构建一个海洋经济金融支持服务体系提出了全新的挑战。可以预见,这将成为未来浙江金融发展的新的增长点和特色所在,如何构建一个集开发性金融、商业性金融、合作性金融、扶植性金融于一体的海洋金融体系,如何创建海洋金融服务组织、体制、机制和产品,应该摆上我们的重要议程。

(六)城乡金融服务均衡发展

浙江是一个经济大省,正在向经济强省转变和迈进,但浙江也是一个区域经济发展不平衡,城乡经济社会具有较大差距的省份,因此,浙江特色的金融强省,应该具有城乡和区域金融发展相对平衡的特点。为此,必须加大欠发达地区的服务网点建设,坚决消除金融服务空白或存在盲点的乡镇,引导金融服务向落后经济地区延伸,为浙江经济持续协调发展提供支持。

综上所述,处在全国领先水平,中小企业金融服务便捷,民间资金积聚转换能力较强,与上海分工合作、功能互补,推进海洋金融服务体系建设,城乡均衡发展,这就是我所理解的浙江特色的金融强省。

四、对推进浙江金融强省建设的路径尚需进一步具体化

浙江金融强省建设是一项十分复杂的立体化的系统工程,既取决于浙江经济社会发展的客观条件,也与浙江社会文化背景息息相关;既取决于中央监管部门的相关政策,也取决于我们自己的发展决心和工作努力。从浙江现状和特点出发,就推进具有浙江特色的金融强省建设提出如下建议:

(一)一定要把金融强省建设纳入省委省政府的重要议程

纳入省委、省政府重要议事日程,这是由浙江金融强省重要性地位和紧迫性形势所决定的,也是由金融的性质与特点所决定的。由于金融业的发展更多的是与国家层面的产业政策有关,地方政府只具有较少的决策自主权,因此,争取

较高规格的政策支持至关重要。建议成立由省委、省政府主要领导任组长的金融强省建设和金融工作领导小组,集中省各综合和相关部门建立例会制度,调整省人民政府金融工作办公室的组织体制,组建成立浙江省金融工作局,省金融工作局局长兼任省委省政府副秘书长,同时作为浙江金融强省建设的办事机构,领导省内相关金融组织和机构,协调省内中央金融机构分支组织,联络中央金融机构和组织。与此同时,应抓紧建设省金融工作局办公大楼,构建开展相关工作的研究和咨询网络。

（二）一定要采取有力措施,扩大地方金融机构的实力,并争取更多的地方金融机构建设

有识之士都已充分认识到,从总体而言,浙江省金融业发展水平总体不低,但全国性和区域性金融机构在浙分支机构网络发达,浙江省内本土性金融机构相对较弱,这是不争的事实。正因为这样,浙江金融和经济产业的发展受国家政策的影响特别大,甚至有明显的依赖性。要解决这一问题,除继续积极争取国家支持以外,我们一定要千方百计地发展地方金融机构,解决的办法有二:一是积极争取新设地方性金融机构。这受制因素过多,即使是村镇银行也都受限,只有小额信贷公司(目前还只是类金融机构)主动性大一些,但一定要把握好。二是充分利用现有地方金融机构平台,通过增资扩股途径,壮大实力、拓展服务、提高效益。据笔者所知,目前地方金融机构普遍在增资扩股时受老股东利益等影响而产生矛盾,建议地方政府积极加以引导,并伺机适当增持,以增强地方金融机构发展信心。除此之外,建议用适当倾斜方法,支持地方金融做大做强。

（三）一定要努力扭转直接融资占比过小等金融结构不合理现象

众所周知,浙江金融的另一个不合理现象是间接金融比重过大,直接金融比重过小。正因为这样,无论是大企业还是小企业,都主要依靠银行信贷作为融资渠道,企业生产经营过度依赖银行信贷;也正因为这样,我省依靠银行信贷渠道,产生了很高的存贷比,一些银行机构甚至达到90%乃至100%,这就加剧了我省企业受宏观调控影响的力度。因此,要实现浙江经济社会长期持续稳定发展,应该认真研究企业市场化融资问题,尤其是通过上市等途径来解决融资问题。对此,积极建设区域性资本市场,应该是一条有效的措施,应当积极加以推进。

（四）一定要千方百计重视金融人才的培养

事业发展靠人才,人才培养靠教育。总体而言,浙江省的基础教育比较发

达,职业教育特别是高职教育发展也比较好,但普通高等教育相对比较一般。然
而从专业和学科建设情况看,金融类专业和学科发展水平一般,占比也比较低,
至今还没有金融专业的博士点和国家重点学科,金融研究平台和力量也没有充
分显现出来。从长远发展来看,要重视金融学科和专业建设,加大金融人才培养
的强度和力度。对此,《浙江省"十二五"金融业发展规划》提出强化人才支撑,实
施金融人才培养工程,除了推进实施金融人才培养"125"工作,即组织培训 1000
名金融经营领导和高级管理人才,2000 名金融研究和专业技术人才和 5000 名
金融专业服务人才,还明确提出要建立金融人才培养基地,支持浙江大学、浙江
金融职业学院等省内外高校开展分层次金融人才培养,意义重大,关键是抓好
落实。

(五)一定要千方百计完善主体性金融体系

金融是一个外延十分丰富的产业,除了主体部分以外,还有辅助和支撑性金
融产业,应该全方位发展。从具体组织形式来说,当前,我们应该积极做好以下
几件事:一要重视与全国性金融机构的协同发展,形成和谐发展的良好局面;二
要想办法做大做强地方金融产业,形成强大的地方金融实力;三要积极推动企业
上市,提高直接融资比重和市场化融资能力;四要积极发展证券、保险、信托、基
金、租赁等金融机构,形成全方位发展局面;五要充分利用政策空间,积极发展小
额借贷公司、担保公司等类金融机构;六要充分利用浙江海洋经济试验区政策机
遇,积极申请建设海洋金融发展机构。

以做强地方金融为抓手，加速推进浙江金融强省建设[①]

在国民经济和社会发展第十二个五年规划时期，浙江省人民政府明确提出了打造浙江金融强省，建设中小企业金融服务中心和民间财富管理中心的战略目标，即"一个强省，两个中心"。这既给浙江金融事业的发展提出了更高更明确的要求，同时也为浙江金融产业的发展指明了前进方向，规划了行动策略。但是如何具体地推进浙江金融强省建设，在方法上、思路上乃至战略制高点上仍值得我们重新审视和反思，必须从国家的金融总体战略，浙江省经济金融产业的发展现状以及经济社会发展需求等方面进行统筹考量、系统研究和整体设计，进而确定工作的主要着力点，并采取相应的推进措施。本文作者认为，从我省的实际情况出发，必须以大力推进地方金融业的发展作为金融强省建设的突破口，从而为浙江金融业发展创造可持续的动力。

一、当前浙江金融业发展水平总体较好但结构性矛盾突出

改革开放以来，历届浙江省委、省政府不断解放思想，改革创新，带领全省人民脚踏实地，勤勉创造，使浙江迅速从一个资源小省成长为经济大省，浙江改革发展的经验不仅得到了兄弟省市的赞许，得到了党和国家领导同志的充分肯定，也引起了国际社会的高度关注。伴随着经济社会的发展变化，浙江的金融产业蓬勃发展，并逐渐成为浙江现代服务业的重要支柱和经济社会发展的重要力量，无论是金融业发展总量，还是金融机构的经营效益或者是金融发展生态，浙江省均居于全国前列，并形成了银行业的浙银品牌、保险业的浙江亮点和证券业的浙江板块等鲜明特色，成为兄弟省市的学习榜样和研究对象，成绩值得充分肯定。但细细看来，浙江金融业发展过程中，也存在着以结构不合理为标志的突出矛

---

① 原文发表于《浙江金融》2012 年第 1 期，作者周建松。

盾,主要表现在:

一是直接金融与间接金融结构不合理。也就是说,间接金融在浙江已有较好的发展,但直接金融相对滞后,浙江上市企业不仅数量上不占优势,规模劣势更为明显,从而使浙江的企业负债率高,高度依赖于银行信贷,这样的状况,往往使浙江经济受国家宏观调控的波动影响大,每当信贷收缩,浙江企业受控就会深,反应就会大,而给浙江银行业金融机构的压力就大。相应地,企业从市场自我筹资的能力较差,机制也不健全。

二是全国性金融与地方性金融的结构不协调。在计划经济时期,金融本是全国统一性的,即使是农村信用社,作为农民自愿入股的合作性金融机构,也由中国农业银行直接管理。改革开放以后,计划经济体制被打破,高度垄断的金融业准入政策也逐渐放松,从区域性商业银行、城市商业银行、农村合作(商业)性金融机构、证券公司、保险公司、基金公司等,地方性金融不仅形成概念,而且在全国范围内逐渐得到快速发展。在这方面,浙江省也是有一定作为的,但坦率地说,浙江省的情况,与沿海地区的广东、江苏、山东等省相比,明显在地方金融发展方面显得落后,地方银行业起步较早,地方证券业发展比较滞后。

三是浙江经济活动与金融活动之间不匹配。改革开放后,浙江人民以敢为人先的理念,发扬"四千"和"二板"精神,形成并铸就了为世人瞩目的浙商品牌,浙江人走出浙江,走向全国,成为全国乃至全球经济发展中的强劲力量。作为服务浙商发展和"走出去"战略的浙江金融业理应在这方面有所作为,发挥积极的促进作用,沿着浙商投资和发展的轨迹,不断拓展服务范围和领域,着力提升服务水平和质量,同时吸纳浙商投资参股浙江金融业,壮大浙江地方金融发展的力量。但到目前为止,实事求是地讲,我们并没有及时做好这篇文章,从而在一定程度上影响了浙江经济与金融的良性互动和有效发展。

四是浙江民间资金吸纳和积聚机制不健全。改革开放以来,浙江省委、省政府在积极推进浙江经济发展,大力鼓励个体和民营经济发展的同时,很好地贯彻了"让一部分人先富起来"等藏富于民的政策和理念,极大地调动了浙江人民的创业热情,逐渐使富民强省成为现实。可以说,浙江民间贮藏着巨大的财富和资金,这些资金不仅要妥善地保管,更要实现保值增值,如果有一种机制能够实现大量民间资金吸收、积聚、保值、增值、创业五者之间的良性循环,则意义更加大,这是我们必须加以探索和回答的问题。在这一点上,由于受全国大政策等因素的影响,浙江没有创造出很好的经验和思路,反而使浙商炒房团、炒煤团、炒矿团等剑走偏锋,民间非法高利贷泛滥,演变成一种不健康、不合法的坊间经济潮流,给浙江社会经济发展带来一定的负面效应,必须引起政府和相关部门,特别是金融部门的高度重视。

二、大力发展地方金融是解决上述矛盾的可行措施

如何防止、克服和解决浙江金融业发展过程中的上述结构性矛盾,笔者认为,唯有解放思想、创新发展才是出路,而积极创造条件,争取各方支持,大力发展地方金融是解决矛盾的重要而可行措施。原因在于:

第一,这是顺应浙江经济发展特点的必然要求。众所周知,浙江经济的特点是“轻小集加”,尤其是以大量的中小企业为主体,以加工业为重点,以小企业集群为特征,这决定了浙江经济的发展必须要有为中小企业金融服务的良好机制。正是从这种意义上说,浙江提出建设中小企业金融服务中心是完全正确的。然而建设中小企业金融服务中心,固然可以要求工、农、中、建、交等大型银行设立专门机构、划出专门资金、配置专业人员为中小企业服务,以此作为政治性任务,但是类似临时性举措短期内可行,但从银行自身的成本收益以及市场经济运行规律来看都是难以维系长远的,更何况,随着中国经济社会的进一步发展,大银行有它的更为重大而崇高的使命——如为提升中国国际经济社会地位和发展服务等,相比较而言,大力发展地方金融,建设一大批中小金融机构进行匹配性服务不失为一剂标本兼治的政策“良方”。

第二,这是壮大浙江金融业发展实力和能力的要求。正如前面的分析指出的,在我省当前的金融产业格局中,全国性金融机构整体实力较强,地方金融机构占比和总量较低,使得浙江经济发展受全国宏观调控的影响较大;更为重要的是,受垄断性金融政策等因素影响,金融业经营具有较大的盈利空间,全国性机构的税收和利润主要成为中央财政收入,而不断壮大地方金融的资本和实力,扩大它们的机构和网点,则不仅有利于地方金融机构实力的增强和作用发挥,也可以为地方财政收入创造更好的条件。

第三,这也是更好地研究民间资金出路的有效途径。在地方性金融机构发展过程中,一方面,可以允许和鼓励一定的民间资金通过合法的渠道投入金融机构,成为创业股东和投资者;另一方面,制定切实可行的地方金融发展政策,创新地方性金融机构发展路径,比如增加小额信贷公司、担保公司数量,鼓励民间借贷阳光化,可以让金融形态更为丰富、金融运行更为规范,更有法可依,从而推进地方金融发展的可持续性。正是从民间资金吸纳、积聚能力增强的角度,省政府

提出建设民间财富管理中心的口号意义深远。

三、做强浙江地方金融产业的具体思考和建议

　　根据上述分析和思考,笔者以为,当前乃至今后相当长一段时间内,应该明确把做强我省地方金融业,增强地方性金融机构实力,扩大地方性金融机构的门类,更好地发挥地方性金融机构的作用作为省委省政府的重大政策,把发展浙江地方性金融产业作为政府重大产业政策来研究和实施。具体而言:

(一)浙江有发展地方金融的先天性有利条件

　　笔者认为,浙江发展地方金融产业,至少有以下五个优势:一是资金优势。浙江民间贮藏着大量资金和财富,这是投资和发展地方金融业的前提性条件。二是中小企业的多产业匹配优势。浙江省虽然已明确提出要引进大企业、大项目、大平台、大产业,但在今后相当一个时期内,中小企业仍为主体,因此,浙江具有与地方性中小金融机构服务相匹配的对象和土壤。三是文化优势。浙江在历史上就是金融业先发和繁荣之地,以钱庄为代表的早期金融业不仅发展早,而且影响大,这说明,浙江有从事金融业经营的文化传统。四是人才优势。改革开放以来,浙江出现了数以万计的杰出浙商,他们以创新创业的勇气和智慧,经过艰苦磨砺和实践捶打,积累了丰富的生产经营经验,其中不乏金融业经营管理人才。五是地域优势。浙江地处沿海,临近上海,上海的目标是建设国际航运和金融中心,这就为浙江率先开放、大力发展金融业创造了十分有利的条件。

(二)推进浙江地方金融业发展的具体建议

　　关于发展地方金融产业问题,笔者曾经提出不少意见和建议,也发表了大量文章,在此有必要重申和强调的是:

　　第一,必须把做大做强浙商银行作为重点。浙商银行经过七年发展已有很好的基础,被银监会纳入全国 12 家股份制商业银行管理体系实属不易,当前的主要任务是政府进一步支持,国有股进一步增持,并力推使浙商银行成为上市银行,使其加速在全国发展乃至走向世界,为服务全国乃至全球浙商创造更好条件,发挥更大作用,因此,我们有理由要把浙商银行作为浙江地方金融发展的"动力主机"来打造。

　　第二,增强城市商业银行网点实力,扩大网络延伸。经过20年的努力,除舟山、衢州和丽水三地以外,浙江已在全省地级城市建有11家城市商业银行,这是很好的条件,下一步的任务是正确定位,做特做强,尤其是要在服务城市、服务市民、服务中小企业上下功夫,在壮大实力、丰富产品的同时,着力在走向本城市,向下延伸机构网点和服务体系上下功夫,真正做到精耕本地市场,深化金融服务。

　　第三,大力发展小额信贷公司。发展小额信贷公司是一个地方相对自主权较大,发展潜力巨大的平台。小额信贷公司的发展导向可以"较多增加数量,适度扩大规模,建立有效机制,切实加强监管"为目标。所谓较多增加数量,就是在现在一县两家左右的基础上发展到一镇(乡)一家,并且鼓励办到乡(镇)。所谓适度扩大规模,就是允许单个小额信贷公司增加资本金,达到2亿元左右,在一些经济发达、小企业较多的地区可以达到4亿元乃至更多。所谓建立有效机制,就是要建立小额信贷公司—大银行资金批发机制,明确小贷公司不吸收公众存款,也不把目标放在向村镇银行转化发展上,而是鼓励大银行(尤其是邮储银行)向公众吸收存款,部分批发给小额贷款公司,由小贷公司成为小额信贷零售商,实现良性互动循环。所谓切实加强监管,就是要理顺小额信贷发展过程中的监管体制,明确地方政府金融办建立相应的地方金融监管机构,作为主监管方,推动小额信贷公司在积极发展的同时合法规范运行,并真正实现可持续发展。

　　第四,坚持农村信用社改革方向。明确农村信用社为县级金融机构,主要为县域经济和"三农"服务,立足本县域做大、做强、做细、做深。

　　第五,加快区域性产权交易市场和资本市场建设。包括支持有条件的企业加快上市步伐,走市场化融资道路,加快推进股权投资改革,培育私募产业基金等,扩大这些机构在吸纳、积聚、转换社会和民间资金当中的作用,提高企业资本市场和市场化融资的能力和比例,减少对间接金融尤其是向全国性金融机构信贷的依赖。

　　第六,整合银行、证券、保险等地方性金融机构力量,建设浙商金融控股公司,以充分发挥地方性金融服务的综合效能。

　　第七,积极推进和大力支持信用担保公司的发展,采用政策性支持和商业化运作相结合的方法构建完善的互保、联保、担保、再担保体系,支持浙江中小企业更加和谐健康地发展。

(三)抓住海洋经济试验区建设契机发展地方金融业

21 世纪是海洋世纪,浙江拥有全国最长海岸线和众多丰富的海洋资源,大力发展海洋经济对于推进浙江经济大省向经济强省的转变具有举足轻重的作用。海洋的开发和利用,具有投入大、见效慢等特点,不仅需要科技、人才和财政支持,更需要金融支持,构建一个适应海洋经济发展的多元化的融资体系十分重要。浙江应该利用作为国家海洋经济试验区的难得历史机遇,在争取中央财政支持、科技支持、人才支持的同时,积极争取政策支持,在构建海洋金融体系上有所作为。这既需要创设机构,也需要创新产品,积极营造环境,在宁波、舟山等地设立中国海洋发展开发银行或建设海洋发展银行,建设有利于物流和大宗商品交易的金融服务平台,拓宽海洋开发和利用的市场化金融融资体系等,这对浙江金融产业拓宽思路、拓展领域,实现由大到强的发展目标意义重大,影响深远。

(四)切实加强地方金融发展的规划、统筹和引导

省委、省政府要把金融产业发展提到一个新的高度,要把各级金融办(局)建设摆到一个更高的层面,积极创造条件,使省、市、县金融办纳入政府职能管理机构序列,防止出现"战时重要,紧时需要,日常次要"的状况,形成地方金融业改革发展的规划、领导、指导、监督、管理组织体系和人力资源支撑,为地方产业发展和推进地方金融业与全国性金融机构、区域性金融机构、国际化金融机构互动发展创造更好的机制和条件,为推动浙江经济率先实现惠及全省人民的小康社会发挥更新更大的作用。

以温州金改为契机，全力推动浙江金融强省建设[①]

推进以民间财富管理中心和中小企业金融服务中心为主要内容的浙江金融强省建设是"十二五"期间浙江金融改革发展的重要目标，其中，区域金融中心和金融积聚区建设是浙江金融强省的重要空间支持，金融公共服务平台建设则是金融强省建设的主要支撑体系。有鉴于此，浙江金融业的改革发展必须在为中小企业金融服务上下功夫，在民间财富管理上花力气，在推动各区域发展上出新招，在公共服务平台上出实效，既要积极发展地方性金融产业，又要构建与全国乃至全球金融产业发展的互动机制，它们之间互为关联、相互促进，构成一个有机整体，才有利于推进浙江金融强省建设，助推浙江"物质富裕、精神富有"目标实现。

一、温州金融改革的主要任务和基本目标

2012 年 3 月 28 日，国务院总理温家宝主持召开国务院常务会议，会议批准实施《浙江省温州市金融综合改革试验区总体方案》，确定了温州市金融综合改革的十二项主要任务，主要包含以下几个方面内容：

一是鼓励发展金融机构，包括：①鼓励和支持民间资金发起设立或参股村镇银行、贷款公司、农村资金互助社等新型金融组织，符合条件的小额贷款公司可改制为村镇银行；②鼓励和支持民间资金发起设立或参股创业投资企业、股权投资企业等专业资产管理机构；③鼓励国有银行和股份制银行在符合条件的前提下设立小企业信贷专营机构；④支持发展面向小、微企业和"三农"的融资租赁企业；⑤推进农村合作金融机构股份制改造。

二是建设金融产品与服务体系，包括：①创新发展面向小、微企业和"三农"

---

① 原文发表于《浙江金融》2012 年第 10 期，作者周建松。

的金融产品与服务；②探索建立多层次金融服务体系，建立小、微企业融资综合服务中心；③培育发展地方资本市场，依法合规开展非上市公司股份转让及技术、文化等产权交易；④拓宽保险服务领域，创新发展服务于专业市场和产业集群的保险产品，鼓励和支持商业保险参与社会保障体系建设；⑤积极发展各类债券产品。建立健全小、微企业再担保体系。

三是完善地方金融发展保障机制，包括：①加强社会信用体系建设；②完善地方金融管理体制；③建立金融综合改革风险防范机制。

在这些具体举措背后，始终贯穿着一条总纲，即"规范发展民间融资"，又包含两层含义：一是规范，即要制定规范民间融资的管理办法，建立民间融资备案管理制度，建立健全民间融资监测体系；二是发展，着眼于拓宽民间资金的投资渠道，包括研究开展个人境外直接投资试点、设立或参股各类地方金融或类金融机构等。

笔者赞同有关专家的意见，温州金融改革的核心就是放松管制，降低金融服务业准入的门槛，从而进一步健全金融服务体系；通过发展小额信贷公司，村镇银行等地方性（区域性）中小金融机构，推进金融机构多元化、健全服务体系。当然，实施民间金融阳光化试点，更有利于缓解"两多两难"问题，促进金融业持续发展。

二、温州金融综合改革与浙江金融强省目标的一致性

如前所述，温州金融综合改革的目的是解决"两多两难"问题，即中小企业多、融资难，民间资金多、投资难，这与浙江金融业改革发展的要求是一致的，也与推进浙江金融强省两大中心议题紧密相连。

（一）"两多两难"问题是温州经济社会问题的真实写照

改革开放以来，温州人民以"敢为天下先"的勇气和精神，大力发展民营经济，积极开拓外部市场，促进了温州经济的迅猛发展，促进了温州人民的财富积累，打造了享誉全球的"温州模式"，成为推动浙商发展的重要力量。然而，随着改革的深入、发展的变化，温州也出现了许多新现象，突出表现在：一是由于要素资源供给等因素，企业外迁现象十分严重，温州当地出现产业空心化的症状；二是由于先期体制机制的优势，从事产品生产销售盈利空间较大，而近年来越来越

难,再加上国际市场影响,使转型升级成为必然;三是在经济转型升级过程中,由于受知识、技术、人才等因素制约,许多企业存在着盲目转型和失当发展状况,加剧了资金与实业之间的矛盾。由此造成了一方面是大量中小企业需要资金支持而对外融资出现困难,另一方面是社会存在着大量游资但找不到合适的投资途径,加之受盲目投机、过度担保甚至高利贷等情况干扰,使得温州经济社会发展出现了暂时性的困难。在这样的背景下,国务院决定推出温州金融综合改革,其目的是从金融体制机制着手,为经济社会发展打开一条新的通道,把"两多两难"问题解决好。

(二)"两多两难"问题在浙江具有普遍性

其实,我们应该充分认识到,中小企业多、融资难,民间资金多、投资难,不仅在温州存在,更是浙江的整体现象。改革开放以来,浙江人正是本着"说尽千言万语,历尽千辛万苦,想尽千方百计,走遍千家万户"的"四千"精神,通过大量的中小企业和市场化经营,迅速发展并致富。浙江以资源小省成为产业大省、市场大省,尤其是民营经济的发展成为全国一道亮丽的风景,遍及城乡的中小企业、星罗棋布的交易市场成为浙江经济的总体特征,"轻小民加"成为浙江经济体系的总体状态。由于中小企业技术、制度等因素的影响,他们在融资上总是会遇到障碍,尤其是规范化的直接融资影响更大,即使是正规的间接融资影响也不容小觑;再加上产业转型升级,国际市场动荡等因素,融资难更成为必然。与此同时,30余年改革开放后藏富于民政策的连续实施,"创业富民、创新强省"总战略的实践成效,浙江老百姓手中有钱,有大量富余的钱需要投资,但缺少合法正规的渠道。正因为这样,民间借贷盛行成为浙江特有的现象,但是当其发展过度时,必然会影响经济乃至整个社会的运行和发展,所以说,"两多两难"问题是浙江共性问题,也是浙江金融强省建设和经济社会发展必须解决好的问题。

(三)"两多两难"解决方案有赖于两个中心建设

事实上,早在"十二五规划"制订之初,浙江省委、省政府和许多有识之才就充分意识到了"两多两难"这一经济社会现象,在制订"十二五"金融事业发展规划时,就明确提出建设中小企业金融服务中心和民间财富管理中心,为此浙政办发〔2011〕94号就推进"两中心"建设行动计划做了详细的安排,并研究了许多创新性措施,如创新个性化融资产品,创新融资担保方式,创新多元化融资。文件同时提出了建设杭州财富管理核心集聚区和宁波、温州两大特色优势财富管理集聚区,形成覆盖面广、贴近市场需求的民间财富管理网络等要求,其目的就是要把"两个中心"真正建设为全面实施创业富民、创新强省总战略,为实现"物质富裕、精神富有"的现代化浙江创造条件。但由于金融政策更多的是全国性统一政策,中央集权相对较多,地方自主权空间较小,因此,推进力度十分有限,温州金融综合改革试验区的实施,为解决"两多两难"问题找到了通道,从而一定会大大推进"两个中心"建设,推进浙江金融强省目标的实现。

三、借力温州金融综合改革,促进浙江金融强省建设

自 2012 年 3 月 28 日国务院批准温州金融综合改革方案以来,国务院有关部门、浙江省委省政府和温州市委市政府积极努力做了大量的工作,浙江省委省政府为此召开了全省性推进大会,当前的情况是总体开局良好、进展顺利,但在方案实施和细则制订过程中,许多方面和不少人士亦存在分歧。对此,我们必须提高认识,既要站在浙江"两富"目标实现的高度,也要立足于为全国金融改革创造经验,更要做好推进金融强省建设目标这篇文章。

(一)总体思考

应该说,温州金融综合改革,对浙江乃至全国来说是一件利好之事。所谓利好之事,因为松动了金融管制政策,放宽了金融准入,必然有利于经济、有利于社会、有利于民生,但如何把好事做实做好,必须全面正确把握。我们的意见是:

第一,要在"综合"两字上做文章。国务院明确,这次金融改革是综合性改革,是一揽子改革,涉及十二个方面内容。为此,我们要特别注意综合利用、综合设计、综合推进,站在经济、政治、社会、文化综合视角。

第二,要在"试验"两字上找出路。既然是试验,那就必然允许争取一些新的举措、新的政策、新的机会,而且允许试错,允许失败,允许小范围进行,可以吃点小灶。

第三,要在"联系"两字上想办法。除了温州金融综合改革试验区建设外,去年以来浙江省先后有 4 个国家战略,即浙江海洋经济发展示范区、义乌国际贸易综合改革试点、舟山群岛新区建设。今年,中国人民银行还批复在浙江丽水进行农村金融改革试点,明确提出构建"八大体系"。正因为这样,我们一定要从国家战略间相互联系、相互支持、相互促进的视角积极加以实践,争取更多的机会,更

多的政策,谋求更有实际的成果。

(二)具体对策

推进温州金融综合改革试验,带动全省金融事业发展,促进浙江经济社会进步,先要有理念,更要有行动,既要有前瞻性,也要有可行性,我们的想法是,积极争取、先易后难、抓住机遇、稳步推进。具体地说:

第一,争开一批小灶——积极争取更多村镇银行的指标。村镇银行是 2006年支持社会主义新农村政策的产物。实践证明,它作为一种新型金融机构,具有较强的生命力和活力,长兴联合村镇银行等机构已经有较大影响力,从浙江特点出发,新设一批村镇银行既能吸引更多资金投入金融业,也可以深化融资、结算等金融服务,如果能够实现每县设立 3—5 家村镇银行,全省形成 300 家以上的村镇银行网络体系,对缓解"两多两难"必有益处。

第二,争设一些大灶——积极争取建设若干新型金融机构。浙江海洋经济发展和义乌国际贸易综合改革等都需要金融支持配套。为此,充分利用温州金改条件,争取国务院及有关监管机构支持,在银行、保险、证券等机构创设一些条件,动员相关政府和浙商企业进行投资,如建立浙江海洋发展银行、浙江海洋保险公司、浙江海洋基金投资信托与租赁公司,不失为创新之举,也可纳入浙商回归工程中去。

第三,"印发"一些钞票——继续扩大并办好小额信贷公司。小额信贷公司创办以来,虽然面临许多矛盾,但总体情况良好,对缓解小企业融资难,支持和服务"三农",起到了积极的作用。当前,一要解放思想,积极发展,让小额信贷公司星罗棋布;二要正视挑战,着力规范,明确金融办的主管职能,工商局的监管职能,人民银行的服务职能,银监局的支持职能,使其规范发展;三要创造条件,明确定位,也就是小额信贷公司就是信贷零售商,不设为村镇银行,也不办大额业务,主要从大银行如邮储批发资金,再行零售,以小额支持"三农"和中小企业发展。

第四,力争一些"粮票"——积极争取一定的信贷规模。现阶段,在执行货币政策过程中,信贷规模仍然是一个指标,受到中国人民银行等一定的控制,要利用国家战略的实施及其四大建设的要求,继续争取中国人民银行及各家银行总行支持倾斜,以缓解规模偏紧情况。

第五,建设一批制度——推进民间融资规范化、阳光化。在"两多两难"解决过程中,民间融资的规范化是一个关键问题,要制定切实可行的规章制度,研究行之有效的管理办法,引导民间资金从地下转到地上,由秘密走向公开,并从法律保障层面做些可能的工作,在引导社会心理方面做一些宣传,从而使民间资金投资更有序、更规范、更有成效。

第六,搭建一批平台——构筑多层次资本市场。从目前情况看,要新建证券交易所等是有困难的,但作为金融改革,建立多层次资本市场尤其是地方金融市场应成为其重要内容。因此,加快建设浙江省未上市股份公司股份转让平台,鼓励更多的未上市股份公司和投资机构参与股份交易市场是有积极意义的。

第七,安装一批"路灯"——引导辖区金融机构创新创特。金融是一个服务行业,如何激发金融机构的创新动力,提高其服务能力,需要引导。为此,应制订一些引导性、鼓励性乃至奖励性措施,引导现有金融机构开设中小企业服务中心、科技专业支行等,延伸和细化金融服务,推动和促进企业发展。

总之,温州金融综合改革是一篇新文章,浙江金融强省建设是一篇大文章,我们要借风使舵,快速朝着有利的方向发展,以温州金融综合改革试验区建设为契机,全力推进浙江金融强省建设,为物质富裕、精神富有现代化浙江建设贡献力量。

第三篇

行业发展探索与实践

基于国家战略的浙江地方银行业发展思考[①]

　　近年来,浙江地方银行业经历了长足的发展,取得了显著的成效,为浙江区域经济发展做出了重大贡献。所谓"地方银行业",有两层内涵,一是地方,二是银行业。地方虽是空间和区域上的概念,但实际上强化的是地方法人的范畴,即机构设置和管理权限在浙江本地,具有地方税收属性、地方业务属性和地方管理属性。银行业虽是金融业态的概念,但实际上包含了更为丰富的内涵,强调的是属于银行业机构的范畴,即与金融服务业有关的银行金融机构、部分非银行金融机构及新型农村金融组织,具体包括总部在浙的股份制商业银行、城市商业银行、信托租赁公司以及农合机构、农村资金互助社等法人机构。

　　值得注意的是,国际金融危机后世界经济形势不明朗,我国整体经济增长面临周期性放缓,浙江区域性经济转型升级进入关键时期,浙江地方银行业自身面临风险管理难度加大、盈利质量有待提高、自身体系结构需调整优化等方面的挑战。而2011年3月以来的一年多时间里,浙江海洋经济发展示范区、义乌国际贸易综合改革试点、舟山群岛新区、温州市金融综合改革试验区和丽水市农村金融改革试点等国家战略相继启动,这也为浙江地方银行业的新发展带来了难得的发展机遇。

　　我们认为,站在国家战略的高度对浙江地方银行业发展进行战略思考,首先要厘清其自身发展的逻辑基础,并要有相关的经济金融理论支持,同时要系统阐述浙江地方银行业发展的战略布局、重点举措和实施步骤,并要构建系统支撑浙江地方银行业发展的保障体系。

---

　　①　原文发表于《浙江金融》2012年第8期,作者周建松、姚星垣。

一、浙江地方银行业发展战略思考的逻辑基础

我们认为,浙江地方银行业发展战略思考的逻辑基础是要对其发展的历史脉络、现状特色和存在问题有一个清晰的认识。

(一)追溯历史,有助于我们认识浙江地方银行业发展的内在脉络

一是浙江地方银行业总体规模经历了长足的发展。资产总额由 2006 年的 5958.74 亿元增长到 2011 年的 20866.75 亿元,增长 2.5 倍,年复合增长率高达 23%。

二是浙江地方银行业各类金融业态均快速增长。包括全国性股份制银行浙商银行、城市商业银行、农合机构以及信托、租赁等非银机构资产规模也快速增加(见图 1)。

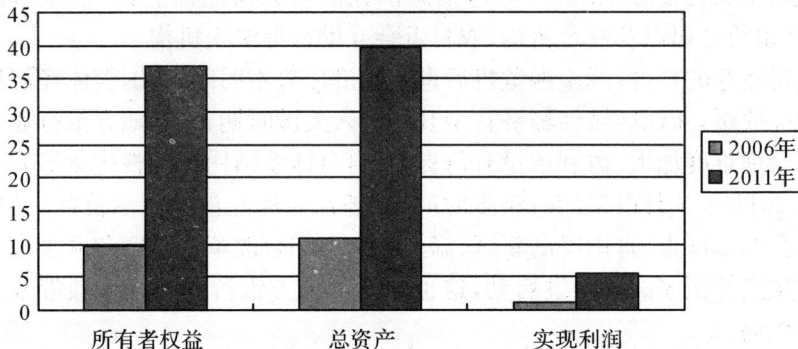

图 1 非银机构近五年规模情况(单位:亿元)

(二)研究现象,有助于我们认识浙江地方银行业发展的特殊表现

一是浙江地方银行业资产在我省银行业资产总量中居于重要地位。2011 年底,浙江银行业法人机构存款余额、贷款余额和税后利润分别占到全省的 26.34%、21.40%和 21.52%。

二是非银行机构业务近年来呈现爆发式增长,信托管理规模由 2006 年的 64.24 亿元猛增到 2011 年的 385.44 亿元,增长了 5 倍,年复合增长率高达 35%。

(三)提炼问题,有助于我们认识浙江地方银行业发展的本质属性

一是浙江地方银行业在支农支小方面与省内其他机构相比并无显著优势。浙江地方银行中小企业贷款余额占全省中小企业贷款余额的比重不到 18%,远低于存贷款比例,涉农贷款余额占比也只有 25.34%,略高于贷款比重,低于存款比重(见图 2)。

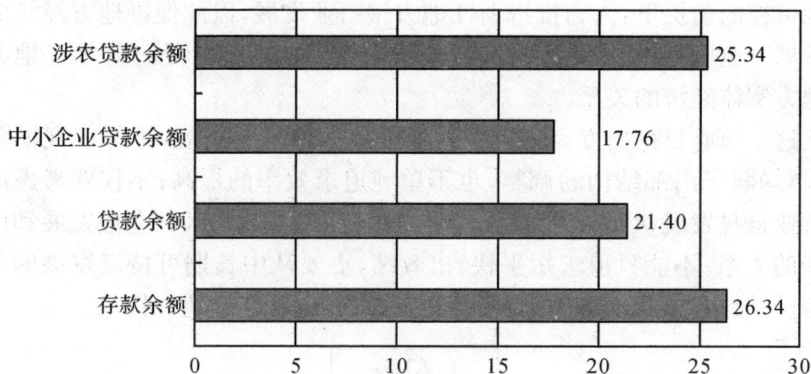

涉农贷款余额　25.34

中小企业贷款余额　17.76

贷款余额　21.40

存款余额　26.34

图 2　浙江地方银行支农支小占比情况(%)

二是浙江地方银行业自身发展层面上与省内其他机构相比并无显著优势。2011 年全年实现税后利润 297.52 亿元,占全省总额 1382.45 亿元的 21.52%,也与贷款余额占比基本相当。

二、浙江地方银行业发展的理论支持

我们认为,对浙江地方银行业发展进行战略思考需要有金融发展理论、区域金融理论、货币金融理论等相关的理论支持,才能对其发展的"一个目标、两个维度、三个层面"背后的内在逻辑阐释清楚。

(一)明确浙江地方银行业发展的一个目标

发展目标是发展战略研究的核心和基石,浙江地方银行业的发展目标到底应该如何确立? 由于发展目标本身就可以是一个复杂的体系(见图 3),我们首先需要明确的是其核心目标。

浙江地方银行业的目标从指标考核的角度可以包括总量目标、结构目标、效率目标,从经济系统结构角度可以包括其自身发展目标以及与金融发展目标、经济发展目标关系,从时间角度可以分为短期发展目标、中期发展目标和长期发展目标,从空间角度可以分为全省一般性的共同目标、省内区域目标和县市发展目标。

从金融发展理论的角度来看,浙江地方银行业发展的核心目标可以归纳为在风险可控的前提下,大力推进浙江地方银行业发展,以此促进地方经济的持续健康发展。也就是说,地方银行业发展的根本目的还在于处理好浙江地方银行业与地方实体经济的关系。

从这个核心目标出发,我们认为,浙江地方银行业发展,不等于规模总量的扩张,不局限于内部结构的调整,也不单纯追求效率的提高;不仅要考虑浙江地方银行业自身发展状况,还要站在全局的高度,思考其与区域金融发展和区域经济发展的关系;不能只追求短平快、出政绩,更要从中长期可持续发展的角度进行思考;同时在空间布局上既要统筹全省大局,也要尊重地方特色。

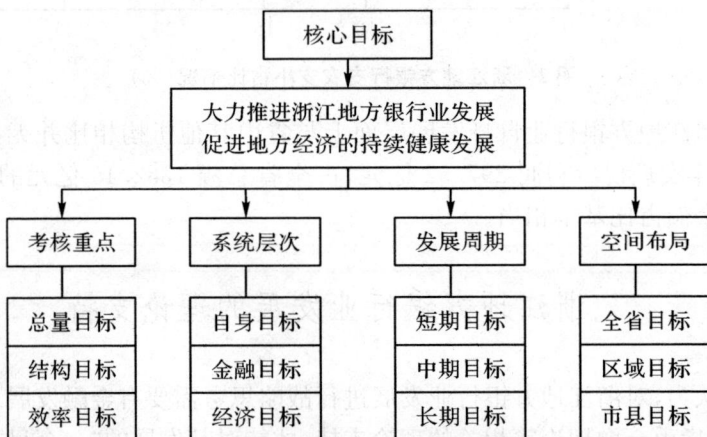

图3 浙江地方银行业发展目标体系

(二)拓展浙江地方银行业发展的两个维度

要深刻理解浙江地方银行业发展的核心目标,还需要对"金融发展"本身的内涵进行全面认识。金融发展理论发轫于金融结构理论,从某种程度上说,金融发展理论从一开始就关注了金融发展的内部结构,而不仅仅关注金融发展的数量和规模。随着金融发展理论的演进,对于什么是金融发展的认识也日益深刻,不仅关注金融发展的数量,而且关注金融发展的结构;不仅关注金融发展的效率,而且关注金融发展的公平性;不仅关注金融发展自身,而且研究影响金融发展的因素;不仅关注金融发展的影响,而且研究金融发展影响经济发展的内在机理。同样,在区域层面,要深入理解金融发展,就要全面把握区域金融总量、结构、效率、公平、影响、机理等维度的内在逻辑。

由于受我国所处的特定发展阶段和对经济增长速度的追求,长期以来,对何为金融发展的理解也存在一定程度的偏差。我们认为,金融深度和金融宽度是金融发展的两个重要维度,缺一不可。所谓金融深度,一般衡量的是金融总量和规模,往往用金融资产规模总量和 GDP 的比值即金融相关率指标衡量。而金融宽度概念既是对过去金融发展内涵在可得性、丰富度和覆盖面等视角内在含义的重新梳理和整合,也是拓展了新的视野,是研究金融发展的新的视角。

从金融宽度的视角看,在区域层面,金融发展的具体表现形式是各具特色的。只有深入调查区域金融形形色色的具体表现形式,才能对什么是真正的金融发展有直观的认识和现实基础,而不仅仅是流于空洞的概念。

(三)构建浙江地方银行业发展的三个层面

要深刻理解浙江地方银行业发展的核心目标,还要从国际、国家和地方三个层面及其相互关系和联系、影响机制入手,把握浙江地方银行业的发展战略。

不同的金融政策往往存在各种现实的冲突,如何对不同目标的金融政策进行协调一直是理论界和实务界关注和研究的焦点。Mundell(1960)的经典论文用简洁的模型和优雅的数学证明了宏观政策组合理论,即政策工具之个数必须等于政策目标之个数。后人把它的丰富内涵概括为"不可能三角"或者"蒙代尔不相容三位一体"(Incompatible Trinity)(向松祚,2006)。其基本含义是,一个国家不可能同时实现资本流动自由、货币政策的独立性和汇率的稳定性。也就是说,一个国家只能拥有其中两项,而不能同时拥有三项。因此,浙江地方银行业发展就不能仅仅停留在自身的发展上,还要站在全球经济发展的战略高度,并扎实做好以下这些工作:

第一,整理可供运用的金融政策工具箱。从国际、国家和地方三个层面,从历史发展的脉络,对已有的金融政策进行系统化的梳理,借鉴国内外的经验,对金融政策的运行状况及其效果做出综述性评价。

第二,阐述国际、国家和地方金融政策的三性特征。剖析现代金融政策的一般特征与层次性特征及其相互关系,包括国际金融政策的关联性与国际金融体系改革、国家金融政策的统一性与宏观调控,以及地方金融政策的主体性与地方金融发展。

第三,以三性特征为基础研究协调机制。从理论上对国际、国家和地方三个层次金融政策"三性特征"协调机制进行研究,包括金融发展与国际金融体系改革协调机制研究、国家宏观调控与国内外金融格局协调机制研究、地方金融发展与国内外金融格局协调机制研究。

三、浙江地方银行业发展的战略布局

我们认为,浙江地方银行业发展的战略布局立意要高远,眼光要放长远,思考要求深远。浙江地方银行业发展具体要处理好追求效率和促进公平之间的关系、自身目标与全局目标之间的关系、短期目标和中长期目标的关系、整体统筹和区域特色之间的关系。

(一)要处理好追求效率和促进公平之间的关系

一要全面认识效率。一味追求规模扩张,不顾或者弱化风险管理固然不是效率的提高,单纯盈利水平的提升也不等于效率的提高。因此,效率的提高要从全局和可持续的角度重新审视。二要大力倡导公平。之所以要强调从金融深度和金融宽度两个维度全面认识金融发展,就是要进一步提高金融服务的可得性、丰富度和覆盖面,使得地方银行业成为普惠制金融体系的重要组成部分。三要权衡效率公平。浙江地方银行业效率的提高和公平的推进也不能仅仅算其自身发展这笔小账,还要放到区域金融发展和区域经济发展这个更大的系统内进行考察。

(二)要处理好自身目标与全局目标之间的关系

地方银行业的根本目标到底是什么?一般认为,金融发展理论主要研究的是金融发展与经济增长的关系,即研究金融体系在经济发展中所发挥的作用,研究如何建立有效的金融中介、金融市场、金融体系,制定有效的金融政策组合,合理利用金融资源,以最大限度地促进经济增长,实现金融的可持续发展并最终实现经济的可持续发展。那么这里面的地方银行业发展其实有两个层面,即地方银行业自身发展和促进经济、社会发展。要让浙江地方银行业发展真正成为推动整个区域经济可持续发展的积极动力。

（三）要处理好短期目标和中长期目标之间的关系

对浙江地方银行业发展的直接作用可能并不存在太大争议，就是推动地区经济增长，具体而言，以拉动地方 GDP 增长作为指标。这个阶段的浙江地方银行业发展，主要表现为地方银行业资产集聚，地方银行业规模增长很快，金融相关率指标也节节攀升。此时往往对于金融宽度的理解和重视不够。但是，随着经济改革发展的深入，拓展金融宽度的理念将会逐渐深入人心，其可能的原因和机制是复杂的，包括经济社会的推动、贫富差距的倒逼以及金融内部的竞争等。浙江地方银行业的目标将逐步由短期目标向着更加可持续的中长期目标演进。

（四）要处理好整体统筹和区域特色之间的关系

地方银行业发展目标具有层次性特征，既要有总体上的发展，也要在各个具体层面和特定区域发展。既要在整体上贯彻浙江地方银行业发展的核心目标，也要在不同的区域依据各地特色进行差异化发展。文章开头提及的五项国家战略虽然都在浙江试点推行，但是改革的立意和举措都各有特色，因此各地银行业需要依据区域特点有针对性地制定发展规划。

四、浙江地方银行业发展的重点举措

推动浙江地方银行业发展是一项系统化工程，涉及浙江经济生活的方方面面，需要统筹兼顾，但更需要大力推进重点举措，具体包括强化浙江地方金融政策的主体地位、大力推进浙江金融"双中心"建设、探索构建浙江地方银行业发展指数。

（一）强化浙江地方金融政策的主体地位

一是地方政府需要积极建立以资金扶持为主的正向激励机制，增强助推地方金融发展的财税金融政策扶持力度，包括完善信贷投放激励机制、税收优惠激励机制和财政补贴激励机制。

二是地方政府需要积极协调沟通，搭建各个相关系统、各个相关部门的交流协作平台,推动地方金融发展,处理好区域金融发展与区域金融创新、区域金融风险防范、金融政策协调等的关系。

(二)大力推进浙江金融"双中心"建设

一是推动民间投资管理中心建设。打造民间投资管理中心,反映了浙江经济社会发展的要求,也是对浙江金融发展潜在优势和能力的提升。从功能范式分析,"民间投资管理中心"的建设需要浙江地方银行业在提供信贷资金支持的基础上,在财富管理机构聚集、民企总部金融服务、创业产业投资管理、财富管理服务创新等功能维度上大力推进,有所突破,并在全国范围内处于领先地位,在国内具有相应地位的影响力。

二是推动中小企业金融中心建设。打造中小企业金融中心,既是浙江经济社会发展的要求,也是对浙江金融发展特色和优势的提升。从功能范式分析,打造中小企业金融中心需要浙江地方银行业在提供信贷资金支持的基础上,在中小企业融资功能、中小企业投资功能、中小金融总部集聚功能、中小企业金融创新功能等子功能维度上大胆探索,形成特色。

(三)探索构建浙江地方银行业发展指数

一是考察地方银行业发展指数构建的影响因素。由于金融制度和所有制结构上的差异,宏观金融政策在不同地区产生的效应不同。因此,区域金融的运行状况不仅要考察区域金融内在关键性指标,还要考察区域外在影响指标。有效的地方银行业风险预警系统必须对区域内综合微观审慎指标、宏观审慎指标和市场指标全面监测;而外在影响性指标则应主要考虑非本地区所能控制,却会对本地区经济、金融产生重大影响的一些全局性指标,如货币危机、汇率危机、资本市场危机、全国性经济衰退等因素。

二是明确构建地方银行业发展指数的基本思路。考察地方金融业发展的重点在于考察流动性与区域经济增长是否匹配。从逻辑上说,这种不匹配至少包括以下几种情况:第一,区域流动性受到冲击,脱离实际经济增长的需要,具体可表现为受宏观调控等因素的影响,区域货币信贷资金增长率的大幅波动;第二,在区域流动性基本平稳的情况下,区域经济增长受到冲击,具体可表现为区域经济增长率较大幅度波动;第三,区域流动性和区域经济增长同时波动,但波动的方向、幅度存在较大差异。从金融宽度的意义上看,这种区域性匹配性不足的情况往往正是区域金融宽度不够"宽"的表现。

(四)促进各项重点举措之间的协调配合

强化浙江地方金融政策的主体地位是要加强激励、协调关系。实施主体是政府相关部门,但政策是否到位,需要有相应的理论做支撑,更要在实践中不断检验完善。

大力推进浙江金融"双中心"建设是要依托平台、利用资源。实施主体是行业金融机构,但效果是否理想,需要政府的政策支持和高校的智力支持。

探索构建浙江地方银行业发展指数是要持续跟踪、积极反馈。实施主体是高校和监管部门,但是研究成果是否有助于实践,需要政府的采纳和行业的认可。

因此,大力推进浙江地方银行业发展离不开政府、行业和高校各自的努力,也需要政府、行业和高校联动协作。

五、浙江地方银行业发展战略的实施步骤

科学设计浙江地方银行业发展战略的实施步骤,关键在于分清各项举措的轻重缓急,研究各项政策前后衔接的逻辑内涵,控制推进地方银行发展的步调节奏,需要从加强风险管理、提升盈利质量和推进体系构建等视角,有序实施战略布局意图,最终实现浙江地方银行业发展的核心目标(见表1)。

(一)短期立足加强风险管理,把好发展的内控关

从短期来看,未来1到3年,浙江地方银行业发展的核心任务在于完善风险管理机制,狠抓金融机构内控机制建设。与之相对应的重点举措是亟待政府出台相关政策,一方面加强地方金融风险管理,初步建立预警指标体系,另一方面鼓励金融机构自觉做好内控管理工作,提升防范和抵御风险事件冲击的能力。

(二)中期立足提升盈利质量,把好发展的创新关

从中期来看,未来3到5年,浙江地方银行业发展的核心任务在于稳步推进金融创新,积极创新金融服务和产品,拓展金融宽度。与之相对应的重点举措是金融行业加强行业自律,加强行业合作交流,鼓励行业性金融创新,积极推进浙江省金融业"十二五"规划中"双中心"建设的各项事业,使得浙江地方银行业的

盈利能力和盈利质量整体上有一个提升。

(三)长期立足推进体系构建,把好发展的平衡关

从长期来看,未来5到10年,浙江地方银行业发展的核心任务在于积极构建金融体系,以更加平衡的方式,实现浙江地方银行业质的飞跃。与之相对应的重点举措是完善浙江地方银行业发展指数,在整体上促进浙江地方银行业自身发展和区域金融、区域经济发展的对接和优化,系统推进浙江地方银行业发展的各项目标,最终实现浙江地方银行业发展的核心目标。

表1　浙江地方银行业发展战略的实施步骤

战略步骤	周期	重点举措	考核侧重点	关键词	立足点
短期	1—3年	政策出台	风险管理	内控	机构(微观)
中期	3—5年	"双中心"建设	盈利质量	创新	行业(中观)
长期	5—10年	对接优化	体系构建	平衡	整体(宏观)

六、浙江地方银行业发展的保障措施

浙江地方银行业的持续健康发展需要一系列配套保障措施保驾护航,包括重视专业人才培养、重视信用体系构建和重视金融生态提升。

(一)重视专业人才,形成区域金融人才培养梯度

对浙江地方银行业而言,引进高端人才固然重要,但重点还在于强化自身的人才培养机制。一是以造就一批熟悉国际国内金融市场、推动金融业转型升级的金融家为目标,探索金融高端人才的培养机制;二是以培养能够在多项金融业务中独当一面的金融企业中层领导和部门主管为目标,改革一般金融管理人才的培养体制;三是以培养操作熟练的应用型金融人才,成为金融企业的一线业务骨干为目标,完善一线业务人才的培养模式。

(二)重视信用体系,丰富区域信用体系参与主体

对浙江地方银行业而言,自身信用系统的构建固然重要,但更要扩大信用体系的覆盖和受益范围。一要扩大信用主体的参与面,积极培育政府、企业、个人

三大信用主体,构建信用政策法规体系、信用服务体系、信用文化体系、信用监管与奖惩体系、区域联动体系这五大体系。二要重点把金融业信用信息加以扩展和完备。要以信贷征信体系建设为切入点,进一步健全证券业、保险业及外汇管理的信用管理系统,实现联合征信数据库与企业信贷征信系统之间的对接共享。三要逐步扩大征信范围,可以个体工商户、重点人群等为切入点,逐步征集政府行政部门、行业协会、公用事业单位所掌握的个人信用信息。

(三)重视金融生态,搭建区域金融信息公共平台

对浙江地方银行业而言,加强内部风险管理固然重要,但离不开一个良好的金融生态环境。一是加快推进省级公共的联合征信数据平台与地方共建、共享、共用工作。加强金融部门的协调和合作,逐步建立区域金融业统一征信平台,促进区域金融信用信息整合和共享。二是建立与现代金融服务体系相适应的信用违规违法惩治机制。大力维护金融债权,打击恶意拖欠借款、逃废债、恶意骗保骗赔等行为。三是加强廉政文化建设,严肃查处商业贿赂案件,坚决纠正在经营活动中违反商业道德和市场规则、影响公平的不正当竞争行为。

存贷比：浙江的情形与对策[①]

一、浙江银行业存贷比基本情况

(一)浙江存贷比发展情况

改革开放以来，浙江存贷比一直处于相对高位。从 1978 年到 2011 年，存贷比平均值为 0.95，大致又可以分为 3 个阶段。第一个阶段是 1978 年到 1988 年，基本上存贷比维持在 1 以上，平均值在 1.17。第二个阶段为 1989 年到 2001 年，存贷比震荡向下，一路走低，其中 1996 年开始，跌落到 0.8 以下，但因为前期较高，平均值仍然在 0.83。第三阶段是从 2002 年开始，基本稳定在 0.8 左右，均值为 0.84。

一个值得关注的现象是，浙江近年来存贷比超过全国平均水平，并维持在高位。从全国的情况来看，在 1998 年之前，浙江存贷比与全国存贷比走势高度吻合，都整体呈现震荡向下的趋势，但是在 1998 年之后，两者走势出现了分岔，全国的存贷比继续震荡下行，而浙江的存贷比则出现稳中有升的局面，两者差距迅速缩小，并从 2003 年开始，浙江的存贷比开始高于全国平均水平，并长期维持在 0.8 以上(见图 1)。

---

① 原文发表于《浙江金融》2013 年第 7 期，作者周建松、姚星垣、陶永诚。

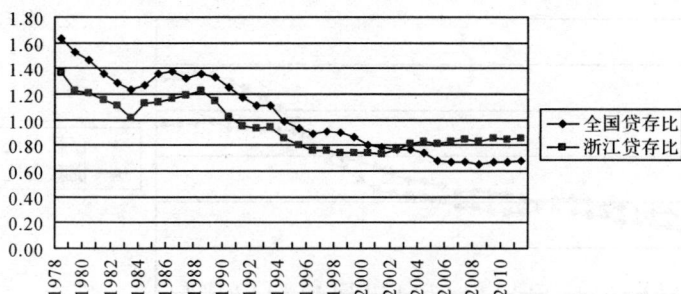

图1　浙江省与全国人民币存贷比比较(1978—2011)

来源:历年《中国统计年鉴》《浙江统计年鉴》

(二)浙江存贷比较高的直接原因

贷款余额的增速大大快于存款余额的增速是浙江存贷比较高的直接原因。

从绝对水平看,浙江贷款余额增速明显快于存款余额增速。改革开放以来,浙江金融业经历了长足的发展。近年来,浙江金融业的规模和效益在全国均处于领先地位,尤其是银行业存贷款规模快速增加。从1998年到2011年,浙江年均贷款余额增长约21.5%,超过存款余额年均18.9%的增幅约2.6个百分点。

从相对水平看,贷款余额占全国的份额也大大超过存款余额所占份额。浙江省金融机构人民币存款余额占全国的比重由1978年的3.10%增加到2011年的7.38%,所占份额提高了4.28个百分点,增长了1.38倍;贷款余额增长更为迅猛,占全国的比重由1978年的2.59%增加到2011年的9.36%,所占份额提高了6.77个百分点,增长了2.62倍。2003年以来,存款余额占比基本稳定,而贷款余额占比仍然高速增长,在2003年超过存款余额后仍然不断攀升,在2008年达到9.54%的高点(见图2)。

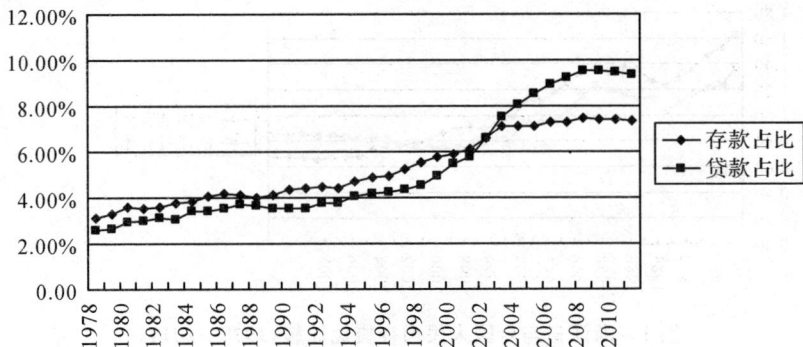

图 2　浙江存贷款余额占全国比重(1978—2011)

来源:历年《中国统计年鉴》《浙江统计年鉴》

(三)贷存比高可能带来的不利影响

第一,存贷比高企是银行效益与压力并存的体现。

从银行盈利的角度讲,存贷比越高越好,因为贷款是获得收益的主要渠道,而存款是要支付成本的。较高的存贷比是当前我国银行有较高效益的基础。但是在当前存贷比监管的环境下,高企的存贷比已经成为银行进一步拓展业务的红线,日益成为一种经营压力。

第二,存贷比高企隐含银行业金融风险集聚。

从银行个体角度来看,存贷比往往与较高的收益相联系,但是从银行业整体角度来看,高企的存贷比说明当地经济对资金的需求十分旺盛,可能意味着银行业金融风险的集聚。尤其是受国内外经济的冲击和周期性宏观调控的影响,这些潜在的金融风险因素有可能集中爆发。

第三,存贷比高企可能引致金融结构持续扭曲。

从金融业整体角度看,存贷比高企有可能是金融发展存在约束、金融结构欠合理的一种表现。因此,从金融发展的角度来看,过高的存贷比不利于非银行金融业的发展,在路径依赖的作用下,可能对金融结构的优化调整形成阻碍。

二、浙江存贷比高的深层次原因分析

过高的存贷比可能带来不利的影响,那么,究竟是哪些因素导致浙江存贷比持续高企？我们认为,浙江存贷比较高是多种因素综合作用的结果,大致可以从两个角度进行分析:一是为何浙江信贷需求一直旺盛;二是为何浙江存款增长相对平稳。

沿着前一条思路,我们认为深层次原因包括浙江金融化水平较高、直接融资渠道较少、产业结构快速调整、民营经济比重较大、企业规模偏小、外向型经济特征显著、浙商大量省外投资以及银行机构竞争激烈;沿着后一条思路,深层次原因包括存款结构发生变化以及居民理财意识提高等。

(一)浙江金融化程度较高,近年来远超全国平均水平

这是浙江存贷比较高的经济金融大背景。

浙江金融业发展有悠久的历史和肥沃的文化土壤。改革开放以来,随着浙江经济的崛起,浙江金融业发展经历了新的历史阶段。存贷款余额之和与GDP之比快速增长,并且自2000年后开始加速增长,于2003年超过全国平均水平(见图3)。

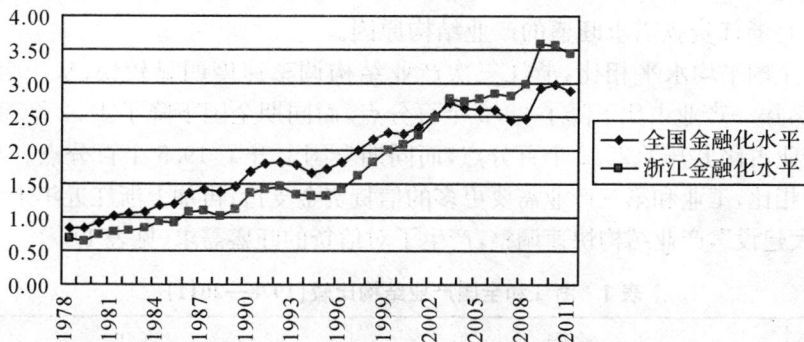

图3　浙江金融化水平与全国比较(存贷款余额/GDP,1978—2011)

来源:历年《中国统计年鉴》《浙江统计年鉴》

(二)直接融资渠道少,间接融资比重高

这是浙江存贷比较高的金融约束条件。

浙江金融业发达,主要表现为银行业规模和效益的优势,但直接融资发展相对滞后。与北京、江苏等经济发达省市相比较,浙江直接融资规模并无优势,客观上加大了对贷款的依赖(见图4)。

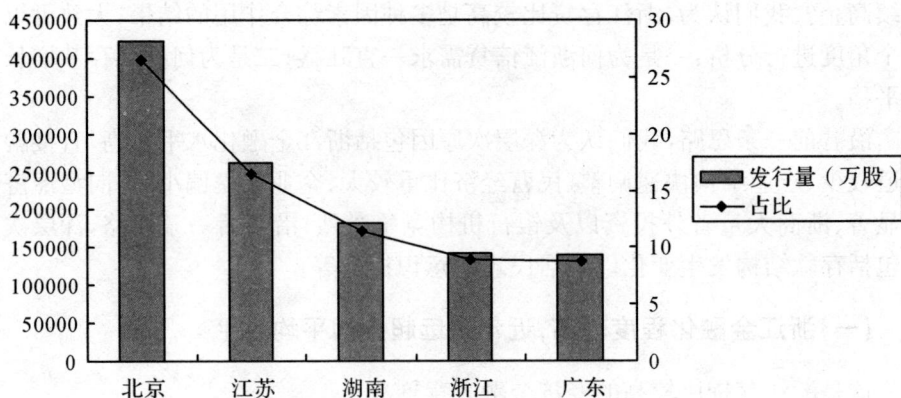

图 4　A 股 IPO 发行量居前的省市比较(2011)

来源:2012 年《中国证券期货年鉴》

(三)产业结构快速调整,需要大量资金支持

这是浙江贷款需求旺盛的产业结构原因。

与全国平均水平相比,浙江三次产业结构调整速度明显较快,从 1978 年到 2011 年,第一产业占比下降了 33.2 个百分点,而同期全国下降了 18.2 个百分点;第三产业占比上升了 25.2 个百分点,而同期全国上升了 19.5 个百分点。与传统的农业相比,工业和第三产业需要更多的信贷资金支持;再加上浙江近年来大力推动"四大建设",产业结构快速调整,产生了对信贷的旺盛需求(见表 1)。

表 1　浙江和全国产业结构比较(1978—2011)

年份	全国				浙江			
	第一产业	第二产业	其中:工业	第三产业	第一产业	第二产业	其中:工业	第三产业
1978	28.2	47.9	44.1	23.9	38.1	43.3	38.0	18.7
1980	30.2	48.2	43.9	21.6	35.9	46.7	41.0	17.4
1990	27.1	41.3	36.7	31.5	24.9	45.1	40.2	30.0
2000	15.1	45.9	40.4	39.0	10.3	53.3	48.0	36.4
2010	10.1	46.7	40.0	43.2	4.9	51.6	45.7	43.5
2011	10.0	46.6	39.9	43.4	4.9	51.2	45.4	43.9

来源:历年《中国统计年鉴》《浙江统计年鉴》

(四)民营经济比重大,短期融资需求大

这是浙江贷款需求旺盛的所有制原因。

浙江经济以民营经济为主体,民营经济中又以制造业和商贸业为主体,这种经济和产业结构对信贷,尤其是经营性短期信贷的依赖性较强,表现为各项贷款中短期贷款占比较高。近年来,浙江贷款总额占全国的比重接近十分之一,其中,短期贷款的比重则接近六分之一(见图5)。

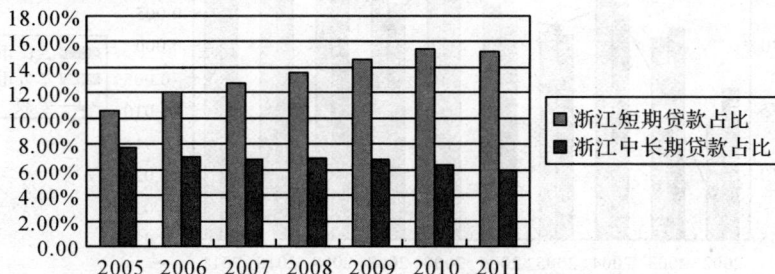

图5 浙江短期和中长期贷款占全国份额比较(2005—2011)

来源:历年《中国统计年鉴》《浙江统计年鉴》

(五)企业规模偏小,中小企业数量巨大

这是浙江贷款需求旺盛的企业规模原因。

浙江民营经济占主体地位的经济结构,决定了中小制造业、商贸业企业数量巨大,这一庞大的市场主体对经营性短期信贷的依赖性较强(见表2)。

表2 浙江规模以下企业主要指标

指 标	2010 年	2011 年
企业数(万家)	14.92	17.33
年末从业人数(万人)	232.43	379.05
工业总产值(亿元)	4768.88	9475.71

来源:2012年《浙江统计年鉴》

(六)外向型经济特征明显,外币贷款增长迅速

这是浙江贷款需求旺盛的外向型经济原因。

　　近年来一个值得注意的动向是,从 2004 年开始浙江本外币存贷比超过了人民币口径,而且这种差额呈现出稳步上升的趋势。这一方面体现了我省外向型经济的特征,另一方面也说明我省经济对于信贷的需求是十分旺盛的,受国家宏观调控的影响,人民币贷款规模受到控制,因而有部分经济主体转向了外币贷款(见图 6)。

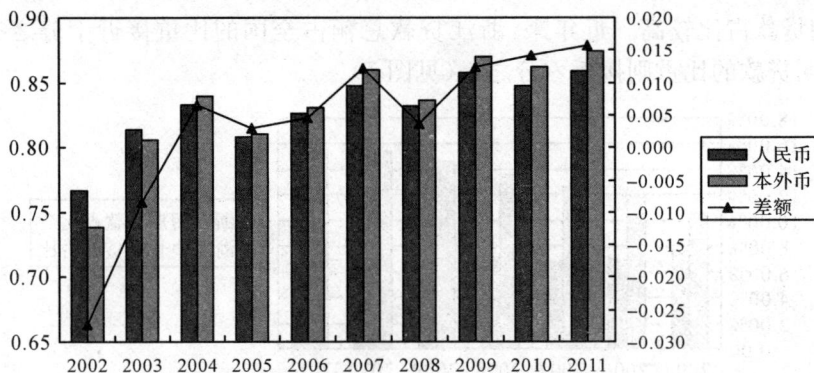

图 6　浙江省本外币贷款比(2002—2011)

来源:历年《浙江统计年鉴》

(七)浙商总部经济突出,对省外投资量大

这是浙江贷款需求旺盛的总部经济原因。

改革开放以来,浙商的足迹遍布全国各地,乃至世界各地,对省外、国外的投资总量规模巨大。但由于不少浙商仍然把总部设在浙江省内,依托地缘和人脉关系,形成融资在省内、投资在省外的局面。

2010 年 11 月,由浙江省委政研室、浙江省政府经济合作交流办公室联合组成的调查组发布了《关于促进省外浙江人经济与浙江经济互动发展的调查报告》。报告显示,省外浙江人数量达到 600 余万人,占浙江总人口 5000 万的 10%多;浙商省外投资总规模超过 3 万亿元。省外浙商的投资以东部沿海发达地区为多,在北京、天津、山东、上海、广东、江苏、福建、海南等 8 个省市,省外浙商累计投资约 1.1 万亿元,占总额的 52%。

(八)银行业金融机构多,行业竞争十分激烈

这是浙江贷款需求旺盛的行业内部原因。

　　浙江银行业整体效益好，不良率低，是国有银行和全国性股份制银行的"必争之地"。同时，近年来，浙江的地方性银行业金融机构数量增加和业务扩张的势头也十分强劲。在多数银行亮丽的业绩背后，也意味着激烈的业内竞争，争抢优质客户，多家机构同时授信甚至过度授信的情况也时有发生。

（九）政府存款占比增大，增加存款扩张压力

　　这是浙江存款增速相对平稳的存款供给结构原因。

　　从近年的情况看，各类存款中政府存款的比重有所上升，储蓄存款和企业存款的比例有所波动，但基本稳定。鉴于政府负债规模已经较大，政府存款继续大幅增长的可能性较小，因此存款大幅增加的可能性也较小（见图7）。

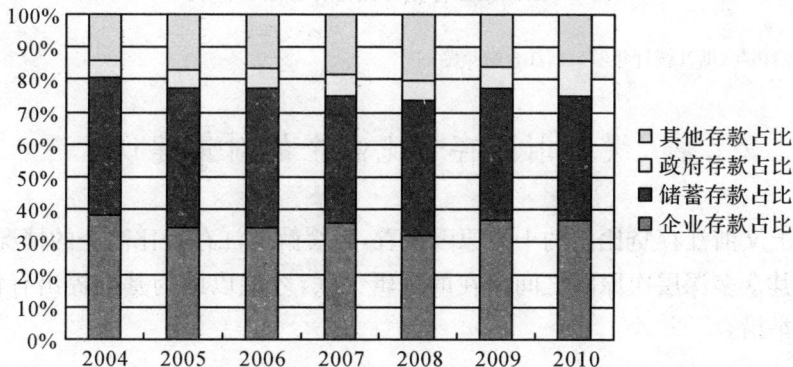

图7　浙江各类存款结构（2004—2010）

来源：历年《浙江统计年鉴》《浙江金融年鉴》

（十）居民理财意识较强，家庭资产配置渐趋多元化

　　这是浙江存款增速相对平稳的居民理财原因。

　　2000年以来，居民储蓄存款占比有所下降（见图8），对于藏富于民的浙江而言，并不意味着居民财富的减少，反而说明浙江居民投资理财的观念比较领先，保值增值、对抗通胀的意识不断加强，出现储蓄搬家，购买理财产品，进行房地产、股票债券、黄金珠宝投资等情况。

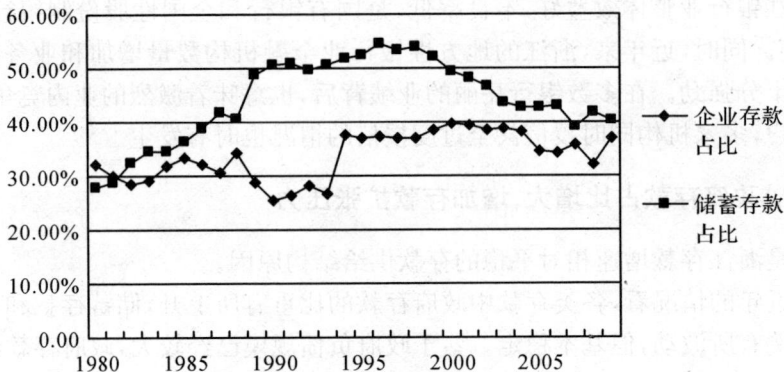

图8　浙江企业存款与储蓄存款所占比例

来源:历年《浙江统计年鉴》《浙江金融年鉴》

三、缓解浙江存贷比高企的对策建议

从上文浙江存贷比高的十大原因来看,要缓解浙江存贷比高企的情况,首先要梳理其众多深层次原因之间内在的逻辑关联,才能以此为基础提出有针对性的具体举措。

(一)缓解浙江存贷比高企的内在逻辑

从造成浙江存贷比高企的直接原因和十大深层原因来看,浙江自身的经济结构是造成目前存贷比高企的外在根源,浙江金融转型的相对滞后是内在根源,两者相互作用,形成了高度倚重银行信贷的路径依赖,合力形成了近年来浙江存贷比一直高企的局面。

一方面,浙江经济结构对银行信贷高度依赖。具体而言,在改革开放的大背景下,三次产业结构迅速调整,最鲜明的特点是制造业快速崛起,外向型企业多,小微企业多。由于大量外向型中小企业和小微企业主要集中在传统制造业上,科技含量相对不高,对短期周转资金的需求最大,因此与银行信贷所提供的金融服务正好匹配。

另一方面,浙江金融创新发展不平衡。客观地说,近年来浙江金融业在不少领域积极探索创新,不少措施走在了全国前列,浙江经验值得赞赏。但是,再深入分析,我们发现,浙江金融创新的多数成果主要还是立足于如何帮助中小企业、小微企业获得银行信贷资金,而对于如何发展直接融资,发挥资本市场的作用的创新则相对薄弱。随着浙江经济的转型升级,浙江企业越来越与高科技结合,立足于较高金融风险管理的各种直接融资方式将获得长足发展。

也有学者对两者的相互关系做了经验研究,例如刘恩猛、汪波(2011)的经验研究表明,存贷比的波动可以很好地反映区域经济基本面状况。这也佐证了要解决存贷比高企的问题,不能仅仅局限在金融层面,更要从经济与金融关系的角度考察,才能从深层次上找到应对举措。

(二)应对浙江存贷比高企的具体举措

从上述原因的逻辑梳理中我们可以看到,要应对浙江存贷比高企,需要标本兼治、内外兼修,大致可以从推进浙江经济转型、逐渐消除金融约束、改善浙江金融生态、积极探索金融创新等4个方面着手,实施系统化的应对举措。

1. 推进浙江经济转型

一是继续优化产业结构。优先发展战略型新兴产业,有助于逐步摆脱对传统银行信贷的过度依赖。由于新兴产业科技含量较高,但同时行业发展的不确定性也较高,传统的银行信贷难以满足这样的金融需求,因此,与传统行业相比,发展新兴产业客观上有助于减少对贷款的依赖。

二是合理提升企业规模。研究表明,企业的融资方式与企业规模有比较密切的关联。随着企业规模的提升,可以通过公开上市、发行企业债券、获得风险投资等更多渠道获取资金,逐步摆脱对银行信贷的单一依赖。

三是鼓励省外浙商回归。在省外甚至国外的浙商数量巨大,拥有雄厚的资金实力。鼓励浙商回归,可通过直接投资、战略合作、兼并重组等方式为浙江中小微企业转型升级和取得新的跨越式发展提供资金,方式更加灵活有效。

2. 逐渐消除金融约束

一是大力发展直接融资。大力发展直接融资的着眼点在于构建区域性多层次资本市场体系。区域性多层次资本市场既要体现"区域性",即服务对象主要立足于区域经济和本地企业,也要体现"层次性",即要满足不同企业的直接融资需求,关键是要构建合理运作机制,真正能为企业提供有效的金融服务。

二是鼓励发展私募股权。鼓励发展私募股权的立足点在于做好技术与资金的无缝对接。私募股权对经济的催化剂作用体现在其与技术,尤其是高新技术的结合上,甚至在一定程度上体现了未来经济的发展趋势。因此,大力发展私募股权,既可降低对信贷的依赖,又可从市场自身发展的角度,发掘经济新增长点,值得鼓励发展。

三是合规发展民间金融。合规发展民间金融的关键点在于民间金融的"阳光化""规范化"。一方面,大量中小微企业对短期资金,主要是银行信贷的依赖性较强;另一方面,浙江有大量民间资金难以找到出路。因此如何进一步发展民间金融的积极作用,搭建资金供需双方的桥梁,将是缓解浙江企业资金饥渴,降低银行存贷比的良方。

3. 改善浙江金融生态

一是合理布局地方银行业体系。从银行业内部来说,要处理好国有银行、股份制银行在浙分支机构和地方银行发展之间的关系。鼓励、引导地方银行在战略谋划、市场定位、空间布局、业务特色等方面进行差异化发展,在各银行间形成良性竞争。

二是优化区域金融结构。从整个地方金融体系角度来看,要处理好间接融资与直接融资之间的关系,逐步拓宽中小企业、小微企业的融资渠道。鼓励、扶植优质企业海内外上市,积极为私募股权、风险投资、产权交易搭建平台。

三是实施各项配套保障措施。从地方金融发展的外部环境来看,需要各项制度改革配套。包括探索构建符合实际、具有较强针对性的地方金融监管体系,可对不同地区、不同类型的银行机构甚至不同的信贷业务制定差异化的存贷比监管指标。对于政策性、普惠性的"支农支小"的信贷可以通过相应的财税政策予以支持。同时,需要加强金融教育,尤其加强对应用型金融人才的培养力度,为地方金融发展提供智力支持。

4. 积极探索金融创新

一是金融业务创新。从微观层面看,商业银行需要通过业务创新,优化资产负债结构和盈利结构。如果单纯从存贷比指标的国际比较上来看,我国、我省的数值似乎并不高。2009 年世界银行业平均存贷比为 87.4%,其中东欧为 114.58%,西欧为 98.38%,北美为 79.45%,亚洲为 77.61%,2008 年以前银行业平均存贷比更高(陈涤非、孙小光,2013)。但是,需要指出的是,发达国家商业银行的资产负债结构与我国存在较大差异,其存款占负债的比重偏低,其他资金来源渠道广泛。这就需要在强化风险管理能力的基础上,通过商业银行负债业务创新来优化。

二是金融市场创新。从中观层面看,金融市场发达的经济体对信贷资金的依赖性较弱。盛松成(2006)认为,国内外存贷比有较大差异的深层原因在于金融市场发展、金融工具创新等方面的差距。随着金融市场尤其是区域性金融市场逐步构建和完善,一方面各类经济主体对信贷资金的依赖也会随之降低,可以从更加多元的渠道获取资金;另一方面也为商业银行的负债业务提供更加顺畅的融资渠道。

三是金融体制创新。从宏观层面来看,存贷比主要是商业银行流动性风险的监管指标,但随着区域性金融机构体系的构建,非银行业金融机构的迅速发展以及"影子银行"的影响力日益扩大,存贷比指标作为区域性金融风险的一个重要测度指标的覆盖面有所下降。但短期内取消存贷比监管的条件还不成熟,可采取相应措施适当缓解存贷比监管的不利影响(陈涤非、孙小光,2013);或者根据经济形势构建逆周期的存贷比监管框架(李冀申,2012),这就需要在构建和完善地方金融监管体制方面探索创新。

农村信用社十年:改革回顾、成效与前瞻[①]

——以浙江省为例

改革开放以来,农村信用社先后经历了数次改革。1979 年中国农业银行恢复后,农村信用社成为其下设机构。1993 年国务院下发了《国务院关于金融体制改革的决定》,农业银行、农村信用社开始各自独立办公。1996 年国务院出台的《关于农村金融体制改革的决定》(国发〔1996〕33 号),标志着农村信用社完成了与中国农业银行的正式脱钩,并开始由中国人民银行托管。1996 年至 2003 年,国有商业银行逐渐退出农村领域,农村信用社成为农村金融的主力军,并被赋予"支农"的政策性职能。但是由于当时的农村信用社削弱了政府控制,合作成员合作激励逐渐丧失以及其运行机制日趋商业化,1996 年改革方案以及后来的一些主张没有实施(何广文,2006)。

2003 年 6 月 27 日,国务院印发《深化农村信用社改革试点方案》(国发〔2003〕15 号文件),由此拉开了新一轮农村信用社改革试点,并于当年下半年率先开启江苏、山东、浙江等 8 省农信社改革试点工作。3 年后,农信社改革在全国范围内全面推开。

截至 2012 年末,全国农村信用系统资产总额达 15.5 万亿元,负债总额14.5 万亿元,分别为 2002 年末的 7 倍和 6 倍多,资产、负债总额占全部银行业的比例分别达到 11.8% 和 11.1%;所有者权益为 4017.73 亿元,是 2004 年的5.92 倍。2004 年至 2012 年,农村信用社所有者权益年均增长率达到 26.26%。

作为全国首批农村信用社改革试点省份之一,浙江在改革之初放弃农村商业银行而选择农村合作银行。《浙江省深化农村信用改革试点实施方案》认为,在一个省范围内统一实行一种产权制度,有利于改革的整体推进,平稳实施,并在改革试点的最初两年内就已取得初步完成产权制度改革,建立起法人治理结构框架、以省联社成立为标志的行业管理体系等阶段性成果(祝晓平,2005)。下

---

① 原文发表于《浙江金融》2014 年第 1 期,作者周建松、姚星垣、吴胜。

面就以浙江农信系统为例,回顾和梳理这十年来农信系统所取得的成绩和仍然存在的矛盾,并分析农信系统进一步改革发展的机遇和挑战。

一、浙江农村信用系统改革的成绩

(一)规模做大了

截至 2012 年末,浙江农信系统各项存款余额达到 10196.19 亿元,2002 年到 2012 年年均增速为 18.6%,是浙江省首个突破万亿元大关的金融机构;各项贷款余额 7270.71 亿元,2002 年到 2012 年年均增速为 18.4%(见图 1)。

在各项贷款中,涉农贷款和小微企业贷款占比较高。其中涉农贷款余额 5055.79 亿元,小微企业贷款余额 2926.25 亿元,贷款户数 190.72 万户,户均贷款 37.99 万元,农户和小微企业贷款总量跃居全国各省农信系统第一[①]。

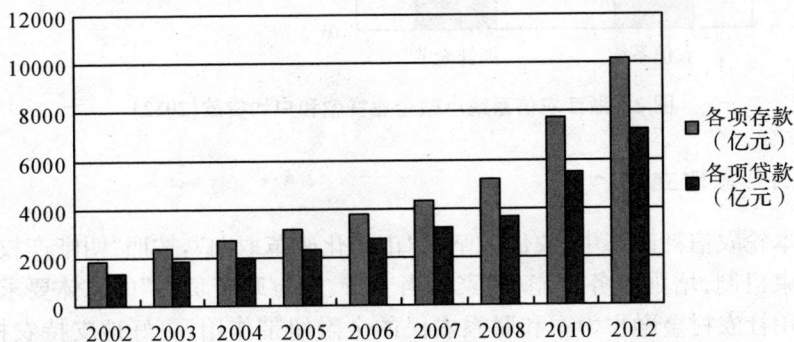

图 1　浙江农信系统存贷余额(2002—2012)

(二)地位提高了

从全国范围横向比较看,浙江省农信系统的整体管理水平较高,资产质量较好,经营绩效优良,可以说是全国农信系统的标兵。从"优质类农村信用社占比"统计指标看,浙江省优质类农村信用社占 98.77%,在全国排名第一(周小川,2012)。

---

① 数据来源于中国银监会网站,年均增速是根据历年《浙江金融年鉴》数据计算所得。

从对省内的贡献看,浙江省农信系统始终坚持"支农支小"的方向,切实加大对"三农"和小微企业信贷投放力度,户均贷款余额不到全省银行业平均水平的一半,金融新增农户和小微企业贷款分别约占全省银行业的 1/2 和 1/5,涉农贷款增量占比 82.26%,同比提高 7.04 个百分点,对浙江经济社会发展做出了积极贡献①(见图 2)。

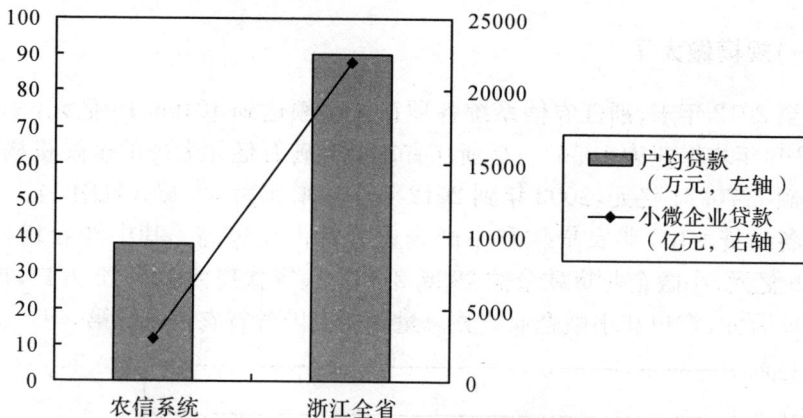

图 2　浙江农信系统小微企业贷款和户均贷款(2012)

(三)形象树立了

在本轮农信社改革中,农信社坚持"市场化改革取向",按照"明晰产权关系、强化约束机制、增强服务功能、国家适当支持、地方政府负责"的总体要求,充分发挥信用社农村金融主力军和联系农民的金融纽带作用,更好地支持农村经济结构调整,帮助农民增加收入,促进城乡经济协调发展,农信社作为服务"三农"主力军的地位得到进一步明确。

一方面,浙江农信系统通过理顺治理关系和完善业务管理,逐步树立了自身良好的形象。与其他省份一样,在农信社管理体制的选择上,浙江也采取了省联社的体制。祝晓平(2005)认为,省联社体制的出现在很大程度上是通过行业管理来约束内部人控制和屏蔽外部人干预的重要制度安排。

另一方面,农信系统业务创新能力不断提升。在浙江省银行业协会组织评选的浙江银行业首届服务小微企业和服务"三农"双十佳活动中,浙江农信系统

---

①　数据来源:中国银监会网站。

有8项产品获评"服务三农十佳金融产品",占了8席。

(四)效益改善了

要改善农信社整体效益,首先要加强风控管理能力,减少损失。从全国范围看,10年间,农村信用社系统性风险得到根本缓解,彻底扭转了改革前技术性破产的局面。截至2012年末,农村信用社历年亏损挂账比改革前下降997亿元,92.1%的机构已全部消化历年挂账亏损。不良贷款率为4.7%,比改革前下降32.2个百分点;资本充足率则由2002年末的－8.29%提升到2012年末的11.8%。[①]

在加强风控的基础上,浙江农信系统一方面坚持服务"三农"、支农支小,另一方面注重稳健经营,不盲目扩张。从贷存比指标看,10年来基本呈现稳中有降趋势,总体保持在0.7到0.75之间小幅波动,而浙江金融机构总体的贷存比则在2006年以后一直维持在0.8以上高位运行(见图3)。

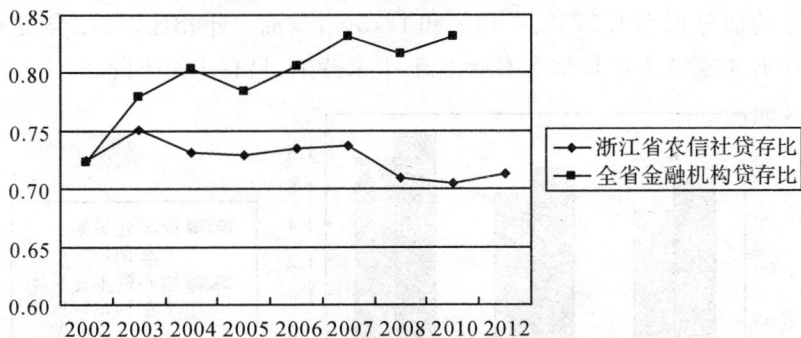

图3 浙江农信系统贷存比(2002—2012)

在注重经济效益的同时,浙江省农信系统也十分重视社会效益。浙江省农信联社凭借在助推浙江经济社会平稳较快发展、支持"三农"和小微企业发展等方面的出色表现受到了省政府的表彰,荣获"2012年度金融机构支持浙江经济社会发展一等奖",连续两年获得该项荣誉。

---

① 数据来源:根据2013年7月14日《21世纪经济报道》内容整理。

二、浙江农村信用系统存在的矛盾

(一)隐性风险显露了

所谓的隐性风险,主要体现在两个层面:一是外部监管,主要表现在主要风险监管指标的反弹;二是内部治理,主要表现为农信系统整个管理体制和公司治理层面潜在的风险。

从风险指标上看,有喜有忧。喜的是从资本充足率和核心资本充足率指标上看,浙江农信系统抵御风险的能力有所增强(见图4)。以在网络公布相关数据的6家农信机构①为例,2010年到2012年资本充足率和核心资本充足率呈平稳上升趋势,平均值分别为 11.39%、11.89%、13.28% 以及 10.23%、10.94%、12.25%。忧的是,直接反映风险状况的不良贷款率指标又有所抬头,近3年平均值分别为1.77%、1.43%和1.75%;与前一年相比,2012年度6家农信机构中有4家的不良贷款率有所上升,1家持平,只有1家下降。

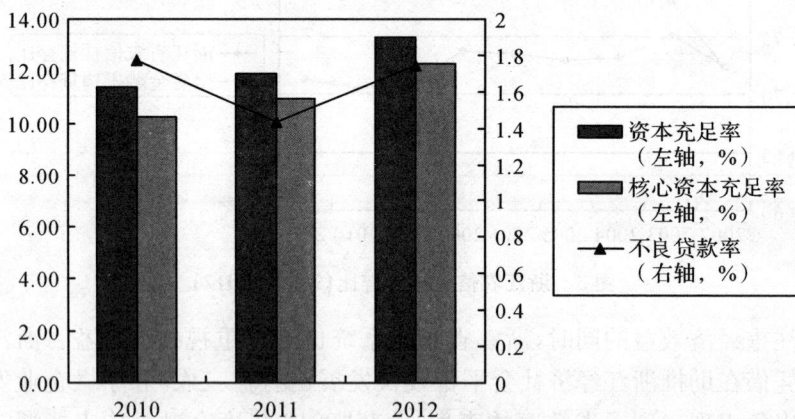

图4　浙江农信系统样本机构主要风险监管指标

从治理体制上看,现行省联社模式存在政企不分、产权与控制权冲突的问

---

① 这6家农信机构为瑞丰农商银行、临海农商银行、椒江农村合作银行、温岭农村合作银行、萧山农村合作银行、临安市农信合作联社,下同。

题。一是省联社政企不分,法律地位不明。一方面,省联社由县级农信社入股组成,具有独立企业法人资格,是一个市场主体;另一方面,省政府承担对全省农信社的管理和风险处置责任,授权省联社进行管理、指导、协调和服务,是一个行政主体。可以说省联社不经营具体金融业务,因此不是金融机构;不在政府机关,不是事业单位,因此也不是行政机关。二是省联社产权与控制权不一致,双重冲突。按照现代产权理论的基本框架要求分析,省联社存在着产权与控制权的双重冲突。省政府以行政权力替代了所有者权力,省政府不是产权所有者却拥有省联社的实际控制权,形成了行政权力对所有者权力的"替代"。三是省联社与县级农信社产权与控制权反向配置。县级农信社是自下而上入股省联社,是省联社的股东,但省联社拥有对县级农信社的控制权,信用社的管理层实际上最终对上负责。这种制度安排不符合市场经济条件下"产权与控制权匹配"的要求(周建松,2009)。

(二)经营压力加大了

从经营情况看,农信系统在经历较快增长之后,下一步将面临较大压力。一是营业收入增长率放缓。以在网络公布近期自身经营状况的 6 家农信机构为例,2011 年和 2012 年平均营业收入总额分别为 12.9 亿元和 17.7 亿元,年平均增长率为 28.88% 和 20.37%,增长率放缓约 8 个百分点。二是利润总额增长率要低于营业收入增长率,2012 年平均利润增长率要低于营业收入增长率约 4.1 个百分点。三是从两者的关系看,营业收入越大,利润总额也越大,但是这种相关关系比较弱,相关系数只有 0.19,说明单纯扩张规模并不一定带来经营业绩的显著增加,要进一步改善经营的难度较大(见图 5)。

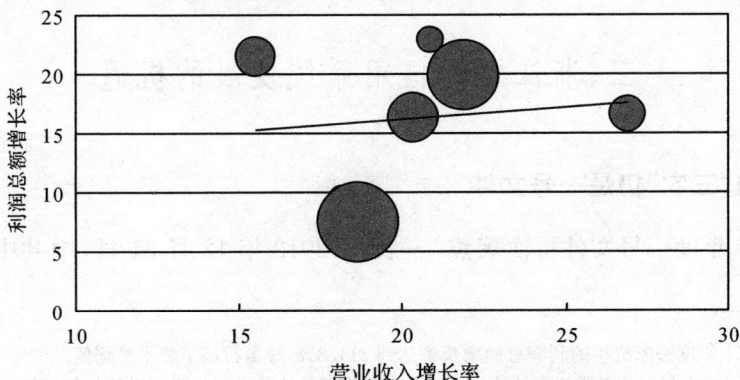

图 5　浙江农信系统样本机构经营状况

（三）利润空间压缩了

经过改革,浙江农信机构的盈利状况总体上大为改善,但是在 2008 年全球金融危机之后,在国际形势和宏观政策双重冲击下,农信系统的盈利状况出现了较大的波动,在一轮扩张之后,随着市场化改革的深入和自身资产规模的扩大,竞争日益激烈,利润空间有所压缩。根据在网络公布近期自身经营状况的 6 家农信机构为例,2011 年、2012 年平均利润总额分别是 5.7 亿元和 6.5 亿元。利润总额增长率分别为 57.7%和 16.3%[1],加权平均的利润总额增长率[2]分别为33.2%和 15.2%,均出现较大幅度的下降。加权平均的利润总额增长率小于利润总额增长率,说明总体上利润总额较高的机构,利率增长率相对较低(见图6)。

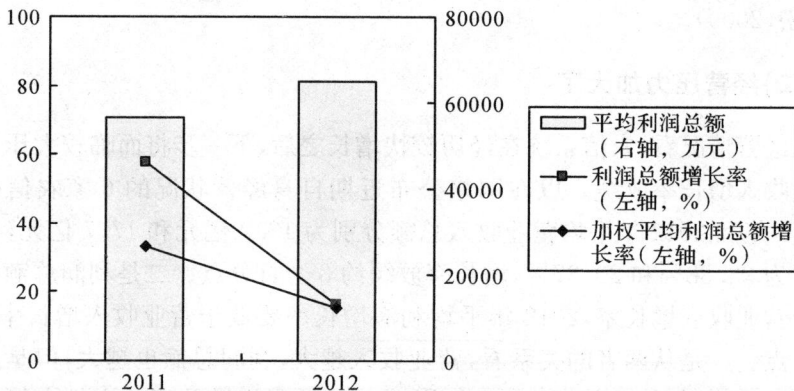

图 6   浙江农信机构盈利状况

三、浙江农村信用系统发展的机遇

（一）"三农"仍是一号文件

2013 年度一号文件再次聚焦"三农"。2012 年 12 月 31 日,中共中央、国务

---

① 2011 年度一家机构的利润总额增长率达到 214.8%,显著拉高了算术平均值。

② 加权平均利润总额增长率的计算方法是以利润总额为权重对增长率进行加权平均。

院发布了 2013 年度一号文件《关于加快发展现代农业进一步增强农村发展活力的若干意见》，中央持续支持"三农"发展，为农信社服务"三农"的战略定位提供有力支撑。在可以预见的将来，"三农"问题将会一直成为中央关注的重点问题，而"三农"问题的解决离不开金融的大力支持。作为"三农"金融服务的主力军，农信社的主体市场将有稳固的基础和广阔的业务拓展领域。

(二)城镇化建设加速

新型城镇化的推进将为农信社业务发展提供广阔的空间。伴随着新型城镇化的进程，城乡二元对立的格局将逐步消除，传统农业将向现代农业转型升级，部分农村地区将建设成为小城镇，部分农民完成身份转换，在这个过程中必然需要大量的资金支持。各类微观主体日益多元化的金融需求将是农信社重点开拓的市场。

(三)属地优势仍然存在

农信社自身的小法人优势仍将持续发挥重要的积极作用。与大型国有银行和股份制银行相比，农信社的小法人优势集中体现在经营机制灵活，决策链条较短，信息传递较为顺畅，对市场反应的灵敏度较高等方面。面对日新月异的市场，这种灵活的机制成为现代金融机构核心竞争力的重要组成部分。

四、浙江农村信用系统面临的挑战

(一)竞争对手更多了

在金融市场化大格局和城乡统筹发展的大背景下，农信系统的发展将面临越来越激烈的同业竞争。一是城市信用社发展改制成为城市商业银行后，竞争力大大加强，而且其开设分支机构的触角已经越来越向下延伸。二是村镇银行迅速崛起，其业务范围与农信系统高度重合，但其经营机制更加灵活，营业网点已经遍布县域主要乡镇。三是国有银行、股份制银行等金融机构的网点也有重新向经济发达县域乡镇延伸的趋势，依托其强大的规模优势和丰富的业务范围，对农信系统造成不小冲击。此外，小额贷款公司、农村资金互助社、典当、担保机构等新型农村金融机构和类金融机构也在不同的业务领域蚕食农村金融市场。

(二)竞争手法更活了

各类金融机构越来越多,随着各类金融创新的不断涌现,竞争手法更加灵活。一是通过金融产品创新提高竞争力。各类金融机构,尤其是城商行和村镇银行,甚至是国有大型银行都陆续推出了各种支农惠农的金融产品。二是通过金融服务创新提高覆盖面。大型金融机构相对具有资金、技术和人才的优势,近年来在金融服务技术和提高客服体验上投入了大量的资金,赢得了不少客户。

(三)竞争力度更大了

金融机构的延伸和金融业务的创新,使得农信系统面临整体竞争的压力也越来越大。一方面表现为原有在金融产品和服务上的优势逐渐丧失,另一方面在人才争夺的过程中也不具备优势,对农信系统的市场占有份额形成较大的挑战。

五、进一步深化农村信用社改革的政策建议

未来的十年,将是我国全面建成小康社会的关键十年,对金融系统而言,也将面临市场化、国际化的多重任务和挑战。农信系统要在日益复杂的国际国内形势下,在各领域竞争日趋激烈的环境下取得新的发展,就需要在整体上进行战略思考和布局。

(一)战略定位:全面服务三农

在 2013 年 6 月 27 日举行的十二届全国人大常委会上,银监会主席尚福林做了关于农村金融改革发展工作情况的报告,指出下一步农信社改革的总体思路是在保持县域法人地位不变的前提下,继续稳步推进农村信用社产权制度和组织形式改革,加快处置高风险机构,进一步提高对"三农"的服务能力。

为此,农信系统要进一步明确服务"三农"的战略定位,成为构建立体化农村金融体系的主力军。要通过技术改进和渠道拓展,增加农村金融服务的便捷性,帮助农民增收,支持农村小微企业转型升级。以浙江农信系统为例,省联社制定了普惠金融工程三年行动计划,指出在未来三年,将围绕"创业普惠、便捷普惠、阳光普惠"三大目标,积极开展"网络覆盖、基础强化、扶贫帮困、感恩回馈和创新

升级"五大行动,努力构建"基础金融不出村,综合金融不出镇"的服务体系。①

同时,农信系统也要抓住新型城镇化的历史机遇,形成城乡统筹发展的大局观,既要研究新农村建设中的金融需求,也要研究建设小城市、中心镇过程中的金融需求。尤其是要对在新型城镇化过程中,农村小微企业的转型升级和农户创业创新过程中的具体困难进行深入调研,对土地确权和有序流转、农民身份转变等过程中的潜在需求提前准备,通过金融创新和服务创新,提供更为周到的服务,全方位支持新型城镇化过程中的"三农"发展。

(二)治理结构:更加尊重市场

关于农信系统的治理结构,存在着相互关联的两个问题,一是目前省联社的存废问题,二是县级小法人机构的市场化方向问题。张杰(2006)指出,农信社作为政府外生供给的一种金融制度,既秉承着国家政策性农贷制度的传统思想,但又实行市场化的运营模式,始终游离于政策性与商业化之间,背负着双重的职能。

不可否认,在2003年启动的这一轮农信社改革中,省联社受政府委托,具体承担对各"小法人"的管理、指导、协调、服务职能,发挥了积极的作用。但是其自身存在产权和控制权不一致的矛盾,将制约农信社未来的发展。因此,需要认真研究确定省联社改革总体方向和基本模式,坚持淡出行政管理,强化服务功能,实施市场化、企业化改革。

而以深化产权改革为抓手的小法人机构的市场化方向则相对争议较少。以浙江省农信系统为例,自2011年1月5日成立杭州联合农村商业银行以来,农商行正式成为浙江农信系统新成员。目前农信系统已经形成农村商业银行—农村合作银行—农信社三级体系。下一步将继续深化农信系统的市场化改革力度,完善内部治理机构,分层次、有步骤地完成股份制改造。

(三)业务转型:实现立体经营

在战略定位上,未来农信系统将坚持为"三农"服务,在治理结构方面,农信系统将向更加市场化方向发展。传统观念认为,支持"三农"往往意味着合作制或政策性,与市场化方向似乎背道而驰,但实际上,这两者在当前形势下恰恰是兼容的。问题的核心在于,现代"三农"自身的转型和新型城镇化也将基于市场

---

① 根据浙江农信网站相关资料整理。

化原则。

张杰(2006)指出,农村金融改革的基础是农民收入的提高,而农民收入的提高又依赖于农地确权和流转。而这两者都依赖于市场化原则在"三农"问题上的真正实现。因此,在市场化这个大方向的前提下,需要根据未来"三农"发展的实际需要,系统梳理和逐步拓展涉农金融服务,实现扎根"三农"的立体化经营。

值得指出的是,与传统的侧重增加金融规模的金融深度指标不同,构建农信社立体经营体系需要拓展金融宽度。所谓金融宽度,是指一国或一个地区金融产品和服务的可得性(Accessibility)、丰富性(Variety)和覆盖面(Coverage)(姚星垣,2013)。对于农信社而言,一方面,重点在涉农贷款方面深入调研,根据"三农"的实际金融需要,通过金融创新丰富各类支农惠农产品,增加农户和农村小微企业获得金融产品和服务的可得性;另一方面,要通过增设机构网点(ATM)、便民服务点等传统方式,并依托网络金融等现代金融服务渠道,提高金融产品和服务的覆盖面,进一步更新服务理念,提高服务质量,真正实现立体化、多元化的服务体系。

维持体系稳定　强化县域功能　改善省级管理①

——关于浙江省农村信用社体制改革的思考

农村信用社作为我省地方金融的重要组成部分,其改革发展不仅得到国家金融管理部门的关心引导,更受到省委、省政府的高度重视。近几年来,我省信用社管理体制、内部机制建设和整个农村合作金融事业的发展,按照《国务院关于深化农村信用社改革试点方案》(国发〔2003〕15 号),在省政府的领导及人民银行、银监局、财政厅等各方面的支持下顺利推进,并取得巨大成绩。面对经济社会环境的发展变化,借鉴兄弟省市改革发展经验,如何深化农村信用社改革,亦成为摆在我们面前的重大课题之一,必须综合各方情况,进行分析思考,并寻求合理对策。本文对此略作思考,并提出自己的看法和建议。

一、充分肯定浙江农信社改革发展成绩

浙江作为全国农信社体制试点省份之一,县级农信社实行股份合作制的产权制度,并通过组建省联社对其进行管理和服务,构建起了以股份合作制为产权形式,以县域为基点,省县两级法人的组织体系,并严格按国务院要求落实了相关政策和扶植性措施,改革取得明显成效,发展取得显著成绩,主要表现在:

(一)产权改革基本完成

在 2003 年开始的新一轮农村信用社深化改革试点中,浙江省积极探索产权制度创新,在合作制的基础上,吸收股份制的机制,经过反复调研和论证,在全国率先实行了统一的股份合作制产权制度。到 2005 年末,全省农村信用社产权制度改革初步完成,26 家县级农村合作银行和 42 家县级统一法人联社全部开业,

①　原文发表于《浙江金融》2009 年第 12 期,作者周建松。

13 家暂时保留两级法人联社全部完成规范工作。目前深化组织形式改革工作正在进一步推进,截至 2009 年 7 月底,全省已完成改制和批复筹建合作银行 39 家,完成改制和批复筹建一级法人联社 42 家,原二级法人联社已经全部被批复组建合作银行或一级法人联社。

(二)管理体制初步理顺

为了落实管理责任,加强农村信用社的行业管理,根据国务院要求,省委、省政府于 2004 年 4 月 18 日成立了浙江省农信联社,省农信联社作为省级管理机构,具体承担对全省农村合作金融机构的管理、指导、协调、服务职能。成立后的浙江省农信联社,按照"精简高效"原则,设立了办公室、业务管理处、风险管理处等 11 个职能部门及 5 个直属服务中心,并在 11 个地级市设立了办事处,初步完成了履行行业管理职能的组织建设。2008 年底前后,为适应经济金融形势和基层行社业务发展的需要,省联社提出了构建服务型省级金融机构的要求,并在原先 11 个处室的基础上,增设了合规管理、政策研究、银行卡等职能部门,进一步健全完善了内部组织架构。

(三)法人治理逐步健全

新机构组建后,省农信联社积极指导和推动县级机构完善法人治理,明确"三会一层"职责划分和有效制衡;建立健全激励有效、约束严格、权责明晰、奖罚分明的内控制度;加强信贷财务管理,严格授权授信,切实控制费用;推行竞聘上岗制、目标考核制等,努力建立干部"能上能下"的机制;推行双向聘用制、末位淘汰制等,努力落实员工"能进能出"的机制;健全完善激励与约束机制,努力实现收入"能增能减"。通过努力,全省农村合作金融机构的内部管理日益强化,法人治理结构逐步完善,经营机制不断优化。

(四)扶持政策全部到位

在这一轮农村信用社改革中,制定、出台和落实政府扶持政策是推动改革的一项重要工作。地方主要是制定专项资金扶持政策,特别对农村信用社自身达不到发行和兑付票据条件的困难地区,各级政府安排专项资金或土地等资产,置换其不良资产。目前地方政府承诺扶持政策折合资金已全部到位。中央主要是发行专项央行票据,但票据兑付必须与农村信用社改革效果挂钩。对照专项央行票据的兑付标准,经过全省农村合作金融机构的艰苦努力,截至 2008 年 6 月末,全省 79 家行社、376433 万元专项央行票据已经全部兑付,成为全国首个实现专项央行票据全部兑付的省份。

(五)综合实力明显增强

体制机制改革为全省农村信用社各项业务发展提供了活力、奠定了基础。到 2009 年 6 月末,全系统各项存款余额 6283.11 亿元,比本轮改革前的 2003 年末增加 3887.02 亿元,增幅 156.90%;各项贷款余额 4370.55 亿元,比本轮改革前的 2003 年末增加 2567.59 亿元,增幅 131.38%;按四级分类口径不良贷款率为 1.6%,比本轮改革前的 2003 年末下降 6.74 个百分点。存款余额居全省银行业第一,其中新增额连续 4 年居全省银行业首位,存款市场份额占全省所有银行机构的 15.26%。贷款余额居全省银行业第二,贷款市场份额占全省所有银行机构的 12.61%。2004—2008 年分别实现税前利润 21.6 亿元、33.96 亿元、48 亿元、74 亿元、103 亿元,综合效益位居全国各省、区农村信用社系统前列。到目前为止,全系统共有从业人员约 4 万人,约 4000 家营业网点,遍布省内各县(市、区)、乡镇和较大的村,已经成为浙江省网点最多、服务面最广、支农力度最大的金融系统。

二、省县两级法人体制具有综合优势和效应

全国范围内,从农村信用社整个体系的具体情况出发,大多采用省县两级法人体制,浙江省从试点开始,就选择省县两级法人体制。实践证明,它有利于调动各方积极性,较好地适应了省情,具体表现在:

(一)省县两级法人有利于充分发挥浙江县域经济的特点

浙江经济是典型的县域经济、块状经济。县域经济是浙江经济的活力所在,生命力所在。只有充分利用县域经济的特点并与之相适应,才能更好地服务当地经济和"三农",同时信用社才能在当地经济发展中汲取营养发展壮大,从而更好地服务地方经济。省委、省政府正是因为看到这一点,所以在确定信用社管理模式的时候,毫不犹豫地选择了省县两级法人体制,在组建省联社的同时,明确必须保留县级机构的法人地位,充分发挥县级法人机构的能动性和积极性。因此,省县两级法人体制是浙江县域经济发展的必然选择,实践证明这与浙江经济

市场化发展阶段、与浙江政府管理经济的方式、与浙江省管县的财政管理体制是相适应的。

(二)省县两级法人有利于充分调动县级政府的积极性

以县为单位组建法人主体,同时明确党委关系归地方管理,有利于充分调动县级党委和县级政府的积极性。在浙江绝大部分县域,农村合作金融机构是当地唯一的、最大的法人银行业金融机构,为此各级县政府将农村合作金融机构视为自己当地的银行、农民身边的银行。而党委的属地管理,使得县级政府将县级法人机构作为自己的亲生小孩一样对待,在出台扶持政策时不遗余力。如在我省农信社改革初期,浙江省政府出台了《浙江省人民政府办公厅关于扶持农村信用社发展有关政策的通知》,主要提供了出台扶持政策的依据,具体扶持政策均由各县级政府负责出台并落实到位。据统计,除中央专项票据和国家税收减免等中央扶持政策之外,浙江省财政对 15 个困难县(市)(不含宁波)补助 6708 万元外,浙江各县级政府通过现金、土地和其他形式扶持政策实际到位 25.55 亿元,到位率 118.77%,其中现金到位 10.41 亿元。

(三)省县两级法人有利于落实责任并分散风险

在浙江农村信用社改革试点实施方案中,省政府注重发挥各级地方政府的积极性,要求县级政府协助省政府主要做好以下工作:指导信用社做好支农工作;帮助信用社打击逃废债和清收旧贷;维护农村金融秩序稳定,做好信用社的风险防范工作;采取政策扶持,支持信用社开展各项业务;协助做好信用社干部的推荐、考察,加强队伍建设等职责。从而理顺了省、县(市)的关系,分散了风险,落实了责任,也不将风险集中到省里。

(四)省县两级法人有利于更好地服务"三农"

农村合作金融机构作为金融服务"三农"的主体,其机构网点、服务对象、税收利润都在县里。因此明确县级法人机构的主体地位,有利于其更好地扎根农村,推动农业产业化,帮助农民转型创业,县级法人机构根据服务对象的需要发挥决策链条短、服务效率高的优势,从而真正服务"三农"。我省信用社深化改革以来,截至今年 6 月末各项贷款年均增长 18.92%,而小农业贷款年均增长 24.27%,高出 5.35 个百分点。且县级法人机构吸收资金在当地,资金运用也主要在当地,各县级法人机构历年平均存贷比均在 70%以上。相形之下,大型银行的县域分支机构,尽管吸收了大量资金,但贷款用于当地比例较低,一般只有50％左右,个别地区只有 30％。

三、县级法人机构治理状况有明显改善

在第一轮农信社改革过程中,除了对管理体制进行改革外,最主要的就是以县级法人为单位进行了产权制度改革,最终形成了以农村合作银行为主要组织形式,股份合作制为主要产权制度的改革结果。近几年来,我省农村合作金融机构改革的各项作用逐步发挥,初步建立了法人治理的框架。

(一)"四自"能力得到一定的培育

改革后,信用社"自主经营、自负盈亏、自我发展、自担风险"的"四自"能力建设得到了一定的培育。浙江省联社在履行行业管理职能时,对各县级法人机构的业务经营(贷款审批)和高管以下员工的聘任、管理等基本不干预,从而各县级法人机构能有效地融入当地经济,发挥县级法人机构决策链条短、人脉关系熟、熟悉当地经济等优势,各项经营业绩取得较好的成绩。这也从一个侧面证明了省县两级法人体制有利于更好地服务"三农"。实践证明,一家机构是否服务"三农",与产权制度、组织形式相关性较小,但与机构层级有很大的关系。无论是股份制的农村商业银行,还是股份合作制的农村合作银行,只要法人主体在县域、在基层,那么服务对象就在县域、在基层。而一旦以省为单位搞一级法人,资本的逐利性会导致服务对象上移、资金外流等问题,不仅违背了农信社改革的初衷,甚至会扭曲对县级法人机构经营成果与服务质量的评价标准,强化其对上负责的意识,弱化对属地经济和"三农"服务的意识。而且全省一级法人模式,还将造成风险责任认定的模糊化,使县级法人机构的风险集中到省级政府层面。同时就县域经济而言,我省并不缺乏大型银行,缺少的就是服务县域的社区性银行。

(二)公司治理正在从"形似"走向"神似"的过程之中

改革后,大部分县级农村合作金融机构都按照"三会一层"的组织架构,建立了股东(社员)大会、改组了董(理)事会、设立了监事会、聘任了高管层,建立了相应的专业委员会、制定了独立董事和外部监事制度,在形式上初步建立了公司治理的组织架构。尽管尚未进一步完善,但成绩应充分肯定。

(三)部分股东、董(理)事参与管理意识明显增强

在改革初期,由于大部分股东、董(理)事缺乏相关经济金融知识,对银行经营了解很少,加之信息获取渠道匮乏,缺少参与经营管理的时间、精力和动力,很少在意或根本没有意识到有责任去行使相关权利,履行相应义务,以维护自身及其他股东的权益。近年来,通过外部董(理)事培训并在银行经营管理透明度进一步增强的情况下,股东董(理)事、外部董(理)事参与经营管理的意识逐步觉醒,参与意识明显增强,逐渐开始就经营管理中存在的一些问题,尤其对董(理)事长的选举、高管层聘任、固定资产购建、对外债券投资比例限制等问题提出了异议和建设性意见。参与意识和参与能力明显增强。

(四)县级法人内部激励约束机制初步形成

县级法人机构改革后,有效地推进了激励约束机制建设。除董(理)事长和高管层外,各县级法人机构对中层及以下员工,均建立了薪酬与银行效益和个人业绩挂钩的激励约束机制,打破了以往大锅饭制度,有效激发了一线员工的工作积极性和能动性。而董(理)事长和高管层的薪酬、聘任等也有一定程度的改变。

(五)信息披露工作取得重大进展

改革后,我省农村合作金融机构区分农村合作银行、县级联社不同情况,逐步推进信息披露工作。按照《商业银行信息披露办法》,各县级法人机构通过股东代表大会、董(理)事会、银行柜面资料摆放、公开媒体发布和上网公布等方式,逐步向股东、董(理)事和社会公众公开银行经营、公司治理、财务状况等信息,信息披露工作取得重大进展。信息披露工作之所以能推进顺利,一是因为浙江农村合作金融机构总体经营状况在全国领先,无论是经营指标还是监管指标均表现不错,因此,相关机构也有信息公开的内在积极性;二是省联社对县级法人机构信息披露工作较支持,使信息披露工作进展较快。部分优秀的农村合作银行甚至做到了在网站公开发布相关资料,在全国性金融报纸上登载年报摘要等,信息披露工作已达到商业银行,甚至上市银行的要求。

四、当前我省农信社改革亦面临一定挑战

浙江省农村信用社近六年来的实践充分证明,将合作制与股份制相结合的股份合作制产权制度,总体上符合浙江省省情、农情、社情和农村信用社发展要求,但也应该看到,从经济运行市场化、法制化要求看,确实存在省联社政企不分、产权与控制权不协调等问题,县级联社(合作银行)也存在着管理上的矛盾,外部也有更多更好的改革模式可以观照,上级主管部门也有更大力度的改革政策要求。对改革进行分析和反思,也是十分必要的。

(一)从省联社角度的解剖

从管理体制上看,现行省联社模式存在政企不分、产权与控制权冲突的痼疾,随着经济市场化、社会法制化的进一步推进,其缺陷和弊端日益暴露。一是省联社政企不分,法律地位不明。一方面省联社由县级农信社入股组成,具有独立企业法人资格,是一个市场主体;另一方面省政府承担对全省农信社的管理和风险处置责任,授权省联社进行管理、指导、协调和服务,是一个行政主体。无疑,省联社一身担二职,是政企不分的特殊机构,既是运动员又是裁判员。但也可以说既不是金融机构也不是行政机关。因为,就前者来说它不经营具体金融业务;就后者来说,它既不是政府机关,也不是事业单位。二是省联社产权与控制权不一致,双重冲突。按照现代产权理论的基本框架来分析,省联社存在着产权与控制权的双重冲突。首先是省政府以行政权力替代了所有者权力。省联社不是省属国有企业,虽然省政府负有对农信社风险处置的职责,但仅作为"利益相关者",并不是省联社的"股东"或"所有者",在《公司法》的法律体系下不能在省联社的公司治理结构中发挥决定作用。而从运行情况看,虽然省联社的主要人事安排都由社员大会或理事会直接、间接产生,但实际上省联社的高管人员由省政府提名,省政府把省联社比照正厅级单位管理。因此,省政府不是产权所有者却拥有省联社的实际控制权,形成了行政权力对所有者权力的"替代"。其次,省联社与县级农信社产权与控制权反向配置。县级农信社是自下而上入股省联社,是省联社的股东,但省联社拥有对县级农信社的控制权,信用社的管理层实际上最终对上负责。这种制度安排不符合市场经济条件下产权与控制权匹配的要求。

(二)从县级联社(合作银行)角度的解剖

到目前为止,我省即将形成 39 家农村合作银行,42 家一级法人联社的格局,虽然农村合作银行、一级法人、二级法人并存的局面已有改观,但各地情况差异很大,发展很不平衡,当地党政部门对此认识和管理亦不尽相同,从规模上说,既有 400 多亿存款规模的超大社(行),也有不到 10 亿存款规模的超小社(行),其服务对象和要求也各不相同,甚至使用的语言也不一致。从内部治理角度看,由于强调县级法人自我管理,强调尊重自主权,各行(社)的内部机构设置、"三会一层"关系及协调运行机制也大有不同,没有规范和统一的模式,其资本金补充机制、分配模式、业务拓展模式、风险防控模式等也不太一致,全凭自觉和审批来确定。长此下去,担心其发展受到影响,风险难以有效防范,人为因素太大。

(三)从外部角度的解剖

从全省范围来看,无论从上情、外情、下情看,对改革农村信用社体制也有实践和呼唤,具体看:一是上情。银监会已提出进一步深化省级联社改革的初步意见。即按照中央关于"保持县(市)社的法人地位稳定"的精神,坚持政企分开、服务为主、稳定县域、因地制宜的原则,构建省级联社和农村信用社之间以资本为纽带、以股权为联结和以规则来约束的运行机制,将省级联社改制为农村商业银行、金融服务公司或其他模式。二是外情。宁夏、广西、新疆、江苏等省区已开展了省级联社深化改革的探索和实践。按照股份制产权制度,2008 年 12 月宁夏区联社和银川市农信社合作组建"宁夏黄河农村商业银行",成为全国第一家由省级联社整体改制的银行,根据国务院的批复,黄河农商行将对区内县级社实施10%—20%的参股。广西、新疆两省区政府已就省联社改革向国务院上报了方案,方案与宁夏类似。5 月中旬,江苏省政府领导已向银监会做了省联社改革的汇报,改革的主要内容是在省联社的基础上,吸收南京市农信社,组建江苏联合银行,江苏联合银行将对省内县级农信社参股。三是下情。根据 2007 年底对全省 81 家县级社和所在地政府问卷调查的反馈结果,79%的县市政府和 91%的县级社要求将省联社改制为省级银行,由省级银行向县级社参股,以增强全省农信社系统的整体优势。

五、对我省农村信用社改革发展的基本思考

综合分析我省农村信用社改革的现状、取得的成绩、存在的问题及外部环境变化发展的情况。我们认为,有必要对我省农村信用社体制机制提出深化改革的要求,具体思考是:

(一)必须坚持的几项原则

1. 必须坚持服务"三农"的原则。即农村信用社作为服务农业、农民、农村的主渠道、主阵地、主功能地位不能因改革而受到影响和削弱,否则,无异于失败。

2. 必须坚持适应市场化、商业化的原则。即必须适应我省农村经济日趋市场化、部分现代化和一定领域国际化的要求,以更好地适应和推动农村经济改革发展的需要。

3. 必须坚持渐进改革、稳步推进的原则。要保持系统管理、统分结合、两级法人体制的优势和积极性,要维持大稳定格局,不因改革而使农村金融事业受到伤害和折腾,以渐进式、小调整为方略。

4. 必须坚持因地制宜、形式多样的原则。其着力点是放在强化县域,提高资本充足率、风险防控能力、业务发展能力,增强市场竞争力,具体产权形式和组织形式视各地实际而选择。

(二)必须注意改革的协调配套

1. 产权制度要与农村信用社服务对象相适应。农村信用社作为一个以"三农"为服务对象的金融机构,选择正确的产权形式十分重要,但产权形式的选择千万不可贪大求洋,不符实际,必须从我省大部分农村地区正在从温饱型向致富型方向转型的特点出发,着力在服务农户、个体工商户上下功夫,股份制可以试,但不能急,更不宜大面积推开。

2. 省联社行业管理要与金融机构市场退出机制相配套。在我国,存款保险制度虽呼吁和论证多年,但没有正式建立,农村信用社作为服务"三农"的机构也不可能完全按市场化原则进入和退出。正因为这样,中央把农村小法人机构风险管理放到省政府,省政府必须负起这个责任,实施行业管理,绝对不能失职、不尽职乃至下放职权。

3.法人体制的确立要与农村金融机构的市场地位相一致。农村金融机构面临的情况是服务机构少和小法人机构少。因此,以县作为法人产权体制是切实可行的,也适合浙江省整个体制的要求,不宜也不必要再搞法人体制上移和升级。

4.省联社改革模式要以增强基层机构活力,提升基层竞争力为目标。这实际上就是说,省联社的职能是宏观管理和强化服务,能够在产品研发、IT技术开发推广、品牌建设上下功夫,在分类指导、分类管理、适当调节上出成效,其目的是支持县级联社改进管理,提升竞争力,从而推动和促进全省农村金融事业的发展。

总而言之,对农村信用社体制改革,要清醒地看到成绩,正视发展变化环境,积极稳妥地推进改革,力求取得更大成效。

(三)必须确立改革的指导思想

综合前文分析,我们认为,我省农信社体制改革下一步的基本指导思想是:

1.继续保持股份合作型产权基础,即在合作基础上引入股份制,纯粹资本为纽带虽好,股份制虽先进,但不一定适应农村合作金融机构,弄不好会走偏道路。

2.继续保持省县二级法人及管理体制,省联社主要是行业管理和强化服务,县级主要是经营功能强化,至于地市一级肯定不必设法人组织,办事处的职能根据情况而厘定。

3.继续保持服务"三农"的方向和宗旨,正确定位,安于其位,在农业农村经济发展中做贡献,在帮助农民增收致富中显作为,不与其他商业银行搞攀比。

4.继续鼓励探索和创新,允许个别地区、部分机构进行其他产权形式的改革,允许个别机构超越本土适当扩展,创造条件把省农信社改名为联合银行。

六、对推进我省农村信用社改革发展的具体设计

根据上面确立的原则和指导思想,笔者以为,我省农村信用社改革下一步的总体定位是:维持稳定体系,巩固县域功能,改善省级管理,以稳定求发展,以创新求成长,以和谐求繁荣,具体来说:

(一)县域法人推进"三化"

这就是说,改革的基本立足点是巩固和强化两级法人体制,做强做大县域。

具体到县域而言,一要深化服务"三农"的认识和行为,确保县联社(合行银行)作为服务农民、农村、农业的最大基本金融机构,必须坚持服务"三农"不动摇、不偏离、无私心、无杂念,不断深化对服务"三农"、支持"三农"、发展"三农"的认识。二要强化内部管理体制,要按照现代企业制度的要求,不断完善"三会一层"关系,健全内部运行机制、发展机制、决策机制和监控机制,促进法人机制在健全体制机制基础上更好发展,建议省联社会同有关部门出台一个《关于县级农村合作金融组织法人治理结构指导意见》。三要优化员工队伍,要采取积极稳妥的办法,适当加大改革力度,打破大锅饭和终身制,坚持职位能上能下,薪酬能高能低,必要时要采取能进能出的办法,来调整激励机制,建立淘汰机制,特别是要严格把准入关,加强培训力。

(二)省级联社强调"三坚"

虽然我们的改革必须坚持以强化县域、服务县域、增强县域作为出发点,但我们也必须明确,国务院确实把农村信用社的风险管控职能交给省级人民政府,省级人民政府必须承担这个责任。要承担好这个责任,一定要有一个机构来行使行业管理。正因为这样,省联社作为管理机构要大胆勇敢地坚持"三坚":一是坚守为"三农"服务的主阵地,以支持浙江农村经济,发展浙江农业产业,扶持浙江农民致富为目标,千方百计拟措施,千言万语争政策,千家万户抓落实;二是坚定行业管理的职能,自觉认真地履行对全省 81 个农村小法人机构及其投资衍生机构的行业管理,增强控制和约束能力,在保持稳定和防范风险前提下,促进全省各机构自主发展;三是坚持省联社对县级法人组织的领导和管理,从人、财、物、资产风险等方面实施全程、全面领导,增强系统功能,凝聚行业文化,锻造农信品牌。

(三)全省整体强调"三创"

从全省农村合作金融事业整体发展和外部环境变化情况看,必须在适应发展上下功夫,努力在基本稳定前提下有新的创新创造,共同创造伟大的事业。具体地说:一是推动创新,省级联社根据新情况可更名为浙江农村联合银行,一则更加名副其实,二则也有利于品牌建设(当然保持现名也未尝不可),省级联社可以创新开发出更多服务县域和全省的产品和功能,进一步服务全省大发展。个别经济市场化程度特别高、"三农"比重极低的城区,也可按照分类指导原则,建设成为农村商业银行等。二是鼓励创业。全省农村金融系统,要通过各种载体、途径,与农村经济部门、乡镇政府合作,通过建立各类奖惩和激励机制,形成千万员工竞相创业的大好局面。三是弘扬创造,推动全省农信机构的各级班子和全体员工,以推动农村金融事业大发展为目标,以贯彻落实中央关于农村工作1号文件为抓手,努力把中央和各级政府的支农惠农政策落到实处,以金融创新支持经济发展,以金融创业支持人民创造。

(作者特别说明,本文并非完全个人成果,是在参考省咨询委、人民银行、银监局、省信用联社、省金融办等五家单位工作材料基础上的综合思考,是在吸纳陈国平、盛益军、姚世新、袁亚敏、朱文剑等五位领导工作观点前提下分析形成,是在吸收傅祖蓓、顾益康、郑家祥、蒋志华、应宜逊等五位专家学术思想后研究所作。当然,文责由作者自负。)

浙江金融业与海洋经济协调发展战略研究[①]

一、两个规划，一致目标：加速浙江经济转型升级

在浙江经济转型升级的关键时期,《浙江海洋经济发展示范区规划》(以下简称《海洋经济规划》)和《浙江省"十二五"金融业发展规划》(以下简称《金融规划》)相继出台。虽然这两个规划属于不同层面和不同领域,但作为浙江经济未来发展动力的两个关键词,即"金融"和"海洋经济",它们的先后出台标志着加速推动浙江经济转型升级大幕已经拉开。

《金融规划》指出:"浙江省'十二五'发展的关键和难点是结构转型,而无论是经济社会转型,还是产业结构升级,都离不开金融的支持和推动。金融是转型升级的推进器,只有通过金融业的创新来促进经济社会的转型,通过金融产业的结构优化来促进经济的结构优化和转型升级,才有可能完成浙江经济社会转型发展的历史性任务。"因此,《金融规划》把金融发展提高到影响浙江省转型升级大局成败的高度。

《海洋经济规划》指出:"大力发展海洋经济,建设浙江海洋经济发展示范区,对于推动浙江加快转变经济发展方式、促进全国区域协调发展、维护国家海洋权益具有重要意义。"可以说大力发展海洋经济战略的提出,对于浙江经济在新时期实现新的跨越式发展的意义再怎么强调也不为过。

值得关注的是,《金融规划》的着眼点主要是浙江省内经济金融发展,而《海洋经济规划》更是把大力发展海洋经济作为推动我国经济转型升级的一个重要突破口,而浙江作为海洋经济发展示范区,其作用和地位就更显得突出。因此,浙江金融业的发展已不仅仅是作为推动地方经济转型升级的核心力量,更已经

① 原文发表于《浙江工商职业技术学院学报》2012 年第 4 期,作者姚星垣、周建松。

上升到国家层面,很可能成为金融创新发展支持国家战略实施的示范。

二、环环相扣、时空衔接:推动浙江实现跨越式发展

(一)浙江金融发展与海洋经济发展的目标举措有交点

首先从总量目标上看,2009 年年底,浙江金融业增加值和海洋经济生产总值分别为 1920 亿元和 3002 亿元,到 2015 年,浙江金融业增加值和海洋经济生产总值目标分别为 4000 亿元和 7000 亿元,年均增长速度分别为 13.0% 和 15.1%,内在增长目标接近(见图 1)。

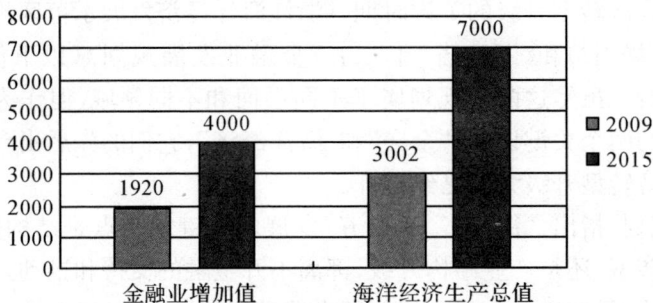

图 1　海洋经济生产总值与金融业增加值 2015 年目标比较(单位:亿元)

来源:根据《金融规划》和《海洋经济规划》相关资料整理

《金融规划》中提出浙江在"十二五"期间要着力打造具有全国影响力的中小企业金融中心和民间投资管理中心,进一步推进"金融强省"建设。"在中小企业金融支持力度、投融资信息和渠道、中小金融机构覆盖、金融创新和市场化程度等方面确立全国领先的功能定位。""在社会财富管理机构集中度、民间资本转化能力、财富管理工具创新、社会投资政策优惠等方面确立全国领先的功能定位。"

《海洋经济规划》中指出,要"着力构建大宗商品交易平台、海陆联动集输运网络、金融和信息支撑系统'三位一体'的港航物流服务体系"。其中大宗商品交易平台的建设意味着需要物流金融、现货即期交易、期货期权交易等业务的大力发展。而"金融和信息支撑系统"建设更是对地方金融的发展提出了更高的要求,需要在加强航运金融服务创新和扩大投融资业务和渠道等方面的建设。

金融要发挥其优化资源配置、进行风险管理等核心功能,关键要解决资金的

流动性问题,具体而言就是要搭建平台,理顺关系,畅通渠道,合理疏导资金的来源和去向。《金融规划》中"双中心"的打造,发挥金融资源集聚功能,侧重于资金的来源层面,而《海洋经济规划》预示着海洋经济建设需要大量资金,解决了资金的去向问题。两者合力对接,就是要构筑浙江大量资本,尤其是民间资金向海洋经济倾斜的渠道和路径。这种发展举措上的交点为浙江金融业支持海洋经济发展提供了切实的切入点和突破口。

(二)浙江金融发展与海洋经济发展的时间相一致

"十二五"时期是浙江经济实现转型升级的关键时期,人均地区生产总值有望突破 1 万美元大关。届时,浙江经济社会发展将迎来全面转型和跨越式发展的新阶段。

《金融规划》明确指出,其规划的时间范围是"十二五"期间,其总体目标、具体目标的节点都在"十二五"末,战略任务的时间范围也定格于"十二五"期间。而《海洋经济规划》指出,"规划期为 2011—2020 年,重点为'十二五'时期",具体表现为在发展目标层面,重点规划的是到 2015 年主要发展目标,包括海洋经济综合实力明显增强、港航服务水平大幅提高、海洋经济转型升级成效显著、海洋科教文化全国领先以及海洋生态环境明显改善等方面,涉及具体量化指标多达11 个,而 2020 年的量化指标仅为 3 个。

由此可见,两个规划总体上在时间维度是衔接一致的,而这一时间又与浙江经济总体上转型的关键时期相一致。这种时间上的一致性为浙江地方金融支持海洋经济发展在政策支持和引导以及金融业总量调控和结构优化在动态最优和统筹管理上提出了较高的要求。

(三)浙江金融发展与海洋经济发展的空间有叠合

《金融规划》明确指出,战略重点是"两个中心,三极空间,六大平台",其中"三极空间"具体是指构建起以杭州、宁波、温州三个区域性金融中心城市为增长极,打造以台州、绍兴、嘉兴和义乌等若干金融特色城市为亮点,以重点培育一批金融创新示范县(区)为支撑,推进其他地区加快发展的浙江省多层次金融空间布局。

《海洋经济规划》明确指出要构建"一核两翼三圈九区多岛"的海洋经济总体发展格局,即要加快宁波—舟山港海域、海岛及其依托城市的核心区建设,尽快提升环杭州湾产业带及其近岸海域为北翼和以温州、台州沿海产业带及其近岸海域为南翼的两翼发展水平,并做强杭州、宁波、温州这三大沿海都市圈。同时还将在整合提升现有沿海和海岛产业园区基础上,重点建设杭州、宁波、嘉兴、绍兴、舟山、台州、温州等九大产业集聚区,并重点推进舟山本岛、岱山、泗礁、玉环、洞头、梅山等重要海岛的开发利用与保护。

杭州、宁波、温州作为"三极空间"或"三大沿海都市圈"完全一致,嘉兴、绍兴、台州作为重要城市在两个规划里也都被提及。除了内部区域叠合,两个规划还在接轨"长三角"等外部对接区域也有共同的触点。可见,两个规划在空间布局上有相当比例的重合交会,这就为浙江金融业支持海洋经济发展在金融资源的空间集聚层面提供了平台和基础(见表1)。

表1 浙江金融发展与海洋经济发展的空间布局比较

	金融规划	海洋经济规划
核心区	杭州、宁波、温州	杭州、宁波、温州
重要城市(岛)	台州、绍兴、嘉兴和义乌等区域金融特色城市	嘉兴、绍兴、舟山、台州等产业集聚区以及重要海岛
对接区域	接轨上海国际金融中心建设和长三角金融一体化进程	北翼加强与上海国际金融中心和国际航运中心对接;南翼加强与海峡西岸经济区对接

来源:根据《金融规划》和《海洋经济规划》整理

三、五大举措、三大保障:护航经济金融协调发展

(一)浙江金融业与海洋经济协调发展战略措施

1.金融支持海洋经济发展总量要适应

海洋经济的发展需要在一定时期内持续大量的资金投入,离不开地方金融的大力支持。尤其是在大力实施发展海洋经济战略过程中的"大平台、大产业、大项目、大企业"建设,更是需要资金支持。但是,值得注意的是,在一定经济社会发展条件约束下,资金总量的投入并不是越大越好,尤其是信贷规模总量的投入需要有一个统观全局的规划。为此,要统筹规划,合理调控社会融资规模总量,支持浙江海洋经济持续科学发展。

2.金融支持海洋经济发展结构要优化

浙江地方金融发展的一个显著特点就是间接融资规模大、效益好,直接融资相对弱势;银行业发展强势,非银行业,尤其是小金融机构、类金融机构发展相对滞后。因此,抓住海洋经济发展的契机,切合海洋经济的特点,鼓励直接融资和非银行业尤其是创新型中小金融机构的发展,优化浙江金融业整体的结构。为此,要加强研究,区分海洋金融与大陆金融的差异性,利用发展海洋经济的契机,优化浙江金融结构,提升金融发展水平。

3.金融支持海洋经济发展业务要创新

在发达经济体中,与海洋经济相关的金融业务十分广泛,因此需要在学习借鉴的基础上,因地制宜,积极发展船舶融资、航运融资、物流金融、海上保险、航运保险与再保险、航运资金汇兑与结算等航运金融服务。为此,要大胆创新,尤其是要创新非银行业务,构建海洋金融、航运金融和与临港大工业配套的口岸金融服务等现代海洋金融服务体系。

4.金融支持海洋经济发展风险要监控

海洋经济的发展具有投资规模较大、不确定性高的特点。一方面,资金投入量十分巨大,对区域流动性管理提出了新的挑战;另一方面,伴随着金融创新,资金集聚和流动方式、渠道可能与以往有较大程度的差异,可能会在特定试点和局部区域集聚金融风险,这对浙江区域金融监管提出了新的挑战。为此要协调监管,建立政府监管当局、行业自律和内部风控三位一体的监管体系,同时也要创新监管方式,及时预警金融风险。

5.金融支持海洋经济发展资源要整合

在经典的经济金融互动关系中,金融的发展有两种基本动力,一种是需求拉动,一种是供给推动。一方面,海洋经济的发展显然对浙江地方金融的发展提出了新的更高的要求,这体现了需求拉动;另一方面,在发展海洋经济战略的过程中,地方政府扮演了积极引导和推动的角色,在金融支持领域也积极推动。因此,地方金融与海洋经济协调发展需要需求拉动和供给推动两种力量合力的推动。为此,要整合金融资源,发挥市场的基础作用,同时也要加大政府引导力度,合力推进海洋经济发展。

（二）浙江金融业与海洋经济协调发展的保障体系

1. 金融与海洋经济协调发展需要政策大力支持

一是在宏观层面的统筹发展上需要政府协调兼顾，在保证资金支持的同时，也要防止一哄而上，重复建设；二是在总体的优惠政策的制定、实施层面，通过制定相关实施细则，对金融支持海洋经济建设要有倾斜；三是在具体的业务层面加大支持力度，例如对设立海洋经济产业基金、政策性海洋保险等予以积极的财政税收支持。

2. 金融与海洋经济协调发展需要体制不断创新

一是创新金融准入和管理体制，进一步发挥市场在要素配置上的作用，适当放宽民间资本准入的条件，引导民间资本支持海洋经济建设；二是创新金融业务监管体制，监管部门对于适应海洋经济发展的新型金融业务要密切跟踪，同时也要借鉴西方发达经济体的监管经验；三是创新金融运行体制，尤其是现代金融在业务多元化、国际化的趋势下，通过搭建信息平台和综合服务平台，提高金融运行效率。

3. 金融与海洋经济协调发展需要人才培养、引进

一是建立立体化的金融人才培养体系，包括高端人才，一般管理人才和应用型人才，大力构建系统性、国际化的金融管理和专业人才培养机制；二是健全金融人才的引进、培养和使用机制，创新金融人才引进政策和模式，大力引进各类金融高端人才服务于浙江金融业；三是搭建金融人才合作交流平台，尤其是要与海洋经济和海洋金融高端的国家和地区加强合作交流，培养和引进既懂金融又懂海洋经济的复合型人才。

第四篇

农村金融改革与探索

"三农"问题的金融政策支持机理和经验[①]

解决好农业、农民、农村的"三农"问题,是我国工业化、城镇化进程中重大而艰巨的任务,也是中国全面建设小康社会和推进社会主义和谐社会建设的重要且带有基础性的环节。"三农"问题,涉及面广,影响力大,更乃几千年积淀,如何实施财政、金融等一篮子政策对其予以支持,事关全局,更需统筹。从金融角度看,完善农村金融体系,发展农村金融事业,加大支持扶植力度意义重大,任重道远。

一、"三农"问题的基本概念和范畴

农业、农民和农村问题(简称"三农"问题)是我国现代化进程中的一个关键问题。从已经实现现代化国家的发展历史看,一个国家要实现现代化,一般都是从农业和农村取得原始积累,开办工业企业,发展城市;与此同时,农村的劳动力大批进入工厂。这样,城市的商业、服务业发展起来,城市也逐步发展起来了。因此,工业化、城市化的过程不仅是人类生产方式由农业转向工业的过程,也是农业人口转移为城市人口的过程,两者是同时进行的。等工业化、城市化发展到一定的程度,工业反哺农业,用现代化的农业生产资料武装农业,使农业现代化;国家财政积累多了,城市再反哺农村,对农村进行道路、水利、电力、电信等方面的基础设施建设,促进农村现代化,最终实现城乡一体化。但是,由于我国的特殊国情,虽然农业总产值现在占国民总产值的比重于 2008 年底已经降到了11.3%,但是我国的农业、农民和农村问题并没有从根本上解决好,主要体现在:

---

① 原文发表于《浙江金融》2010 年第 2 期,作者周建松。

(一)农业问题

现阶段的农业问题主要表现为:农业投入不足、基础脆弱的面貌并没有改变;粮食增产、农民增收的长效机制并没有建立;制约农业和农村发展的深层次矛盾并没有消除。就粮食生产来讲,一方面,粮食生产受市场的约束,粮食主产区农民收入低于全国平均水平。许多纯农户的收入持续徘徊甚至下降,城乡居民收入差距仍在不断扩大。农民收入长期上不去,不仅影响农民生活水平提高,而且影响粮食生产和农产品供给。另一方面,受耕地资源和水资源短缺的约束,粮食增产难度越来越大,特别是市场的约束使得包括资金等生产要素离开了粮食生产,离开了农村。所以,从一定意义上说,资金供给是包括粮食生产在内的农业进一步发展的关键环节。

(二)农民问题

"三农"问题的核心是农民收入增长问题。与城镇居民收入相比,农户收入增长缓慢。制约农民收入增长的因素很多,可从农业收入和非农业收入来源方面来分析。从农业方面来讲,因为我国人多地少,农民人均土地也少,农业产量有限,制约了农民收入水平的进一步增长。而且,农村的人口远远超过城市的人口,造成农产品市场小,农产品价格上不去,农民的收入增长放缓。从非农方面来讲,农民收入增长的另一个来源是从事工业和服务业。随着工业化和城市化进程的加快,这成为农民增加收入的主要来源。但由于农民的文化素质较低以及户籍管理制度和就业社会保障制度不合理等因素的制约,农民的非农业收入也较低。从总体上来看,无论农民收入增长的绝对量还是增长率,都低于城镇居民,且两者的收入差距一直在扩大。

要提高农民的收入增长水平,有两条基本的思路:第一是做好农产品深加工,延长农产品加工链,提高农产品的附加值;第二是发展中小企业,解决农民的就业问题,从而解决农民的收入问题。然而,要实现这两条发展思路,就要求有为农产品加工企业和其他中小企业发展提供金融服务的金融机构。从实践中看,农村信用社在这方面大有可为。

(三)农村问题

我国农村问题是一个经济社会发展中的系统性问题。从工业化角度看,现阶段我国农村的经济社会发展滞后于城市发展。解决这一问题的关键就是在加速推进现代化的过程中妥善处理好工农、城乡关系问题。当前,农业和农村发展仍然处在艰难的爬坡阶段,农业基础脆弱,农村教育卫生事业等社会事业发展落后,农民收入增长相对较慢。因此,要加快建立以工促农、以城带乡的长效机制,这种长效机制不仅包括国家财政反哺农村,也包括真正促进农村经济发展的市场机制。在这个市场机制中,农村金融市场的健康发展非常重要。

二、"三农"问题产生的金融原因分析

"三农"问题之所以产生和存在,其原因是错综复杂的,甚至是根深蒂固的,从不同的角度可以做出不同的分析,从金融角度进行分析,我们认为主要原因是我国农村金融市场的发展水平严重脱节,农民的金融需求很难得到满足或满足程度很低。当前我国农村金融资源缺乏主要表现在以下三方面。

(一)资金缺失

农村经济的全面发展,一靠政策,二靠科技,三靠资金投入。在实施了支农政策,农业科技水平得到提高之后,资金就是最关键的要素。在我国现阶段,国家优先支持基础工业行业,农村哺育城市,农村的大部分资金需求被大量调往城市,用于支持城市和工业发展。国有商业银行大量资金上存和邮政储蓄的"吸储器"作用,加剧了农村资金的外流。据统计,2007年底农业银行虽有涉农贷款余额高达1.36万亿元,但仍有1万亿元左右的资金从农村流向城市;邮政储蓄机构2007年底存款余额1.6万亿元,其中超过一半的资金来自农村,但回流农村的资金却微乎其微。商业性银行利润最大化的经营目的决定其定位在城市,而非农村中分散的农户和小规模的乡村集体经济组织。2008年我国农业增加值占GDP的比重是11.3%,但农业在整个金融机构中占用贷款余额只有5%左右。加上农村政策性银行机构改革和业务调整,以及农村直接融资渠道少,造成支农资金供不应求的局面,"三农"面临资金紧缺的现状在我国农村还将长期存在。

(二)机构缺失

随着金融体制改革的不断深入,农村金融机构日趋缩减。1997年中央金融工作会议确定各国有商业银行收缩县及县以下机构和发展中小金融机构的基本

策略,其后国有商业银行日渐收缩县及县以下机构。1999年农村合作基金会被国务院清理取缔后,农村信用社在农村信贷市场上占据了准垄断地位,成为农村正规金融机构中向农村和农业经济提供金融服务的核心力量。2008年年末,全国农村信用社的各项贷款为3.7万亿元,其中农业贷款为1.7万亿元,农村信用社农业贷款余额占全部金融机构农业贷款余额的比重超过90%。农村地区金融机构单一化、金融市场垄断化的趋势日益明显。

(三)服务方式缺失

首先是信贷服务缺失。近几年,随着农发行农业综合开发、扶贫和粮棉加工企业等农业信贷职能的剥离和农业银行经营战略的调整转移,农村金融机构的农业贷款增长速度放慢,有的年度甚至呈现负增长。在农村中,银行和农村信用社提供的贷款约占农村资金需求25%,70%左右的资金需求不能得到满足,或者是只能通过非法的民间金融渠道得以满足。其次是金融产品简单,只有传统的存贷款业务,没有可供广大农户选择的新型金融产品。

三、金融在解决"三农"问题中的重要性理论

农村金融政策理论主要有三大代表性理论:农业融资理论、农村金融市场论以及不完全竞争市场论。

(一)农业融资理论

20世纪80年代以前,农业融资或信贷补贴论是处于主导地位的农村金融理论,强调政府对农业的支持。农业融资论主张通过从农村外部注入政策性资金,增加农业生产和缓解农村贫困,并建立非营利性的专门金融机构来进行资金分配。政府控制农业融资利率较其他产业低,以缩小农业与其他产业之间的结构性收入差距。然而实践表明,这种过分依赖外部资金的农村金融政策,引发了资金回收率低、使用效率低下等一系列矛盾,加之对农村金融市场机制的忽视,致使农村金融循环发展的长效机制难以建立。这主要表现在:

一是可以持续得到政策性低息资金以及利率上限的持续存在,使得专门的农业信贷机构和正规的贷款者无法获取农村储蓄以建立起自己的资金来源,无法成为储户和借款人之间有力的金融中介(Avishay, Huppi,1991)。

二是低息资金的主要受益人并非农村贫困居民,低息贷款的补贴被集中并转移至进行大笔贷款的较富有的农户身上。低息贷款利率不反映资本的真实成本,导致信用需求的夸大,对非目标受益人形成贷款的激励,从而信贷计划的初衷无法得到实现。

三是农村信贷机构监督机制和可持续发展能力的缺乏。Gulli(1998)认为,对消除贫困贡献最大的既不是贷款也不是储蓄,而是可持续发展的金融机制的建立。首先,政府支持存在的道德风险使得农村信贷机构缺乏有效监督其借款者投资决策和偿债行为的能力,补贴性的农村信贷体系中大都伴随着较高的拖欠率。其次,农业信贷补贴政策缺乏可持续发展的金融机制。

(二)农村金融市场论

20世纪80年代以来,农业融资理论的不足促使农村金融市场理论发展。农村金融市场理论实际上是金融抑制理论和金融深化理论在农村金融领域的发展。金融抑制和金融深化理论认为,人为地压低利率和汇率,将使两者不能真实地反映资金和外汇的供求,而政府又不能有效地控制通货膨胀,会造成金融和经济发展的恶性循环;金融制度的落后阻碍经济发展,而经济停滞或落后又制约着金融制度的发展。

要解除"金融抑制",就必须"金融深化",减少政府对金融的过度干预,利用市场调动人们的储蓄与投资积极性。其途径是放松对利率和汇率的管制,放宽对金融体系和市场的限制,使民间金融机构能够适应对金融服务需求的增长和发展,促使金融和经济发展之间形成良性循环。以此为基础的农村金融市场理论认为,农村金融资金的缺乏,并不是因为农民没有储蓄能力,而是由于农村金融体系中不合理的金融安排(如政府管制、利率控制等)抑制了其发展。农村居民是拥有储蓄能力的。对各类发展中国家的农村地区的研究表明,只要提供存款的机会,即使贫困地区的小农户也可以储蓄相当大数量的存款(Adams,Brunner和Raymond,2002)。

市场金融论主张完全依赖市场机制,极力反对政策性金融对市场的干预和扭曲,特别强调利率的市场化。该理论认为农业贷款的利率自由化可以使农村金融中介机构能够补偿它们的经营成本,这样就可以要求它们像金融实体那样运行,承担适当的利润限额;实行市场利率可以鼓励金融中介机构有效地吸收农村储蓄,降低其对外部资金来源的依赖感,同时使它们有责任去管理自己的资金;实行市场利率可以减少发放人情贷款和随意做出决策的情况发生,并由此有助于改进补贴信贷计划的资金不能有效利用的特点（Avishay，Huppi，1991）。其主要政策主张有：发挥金融市场作用，减少政府干预，实现利率市场化，实现农村储蓄和资金供求的平衡；取消专项特定目标贷款制度，适当发展非正规金融市场，等等。但是，这种完全放弃政府介入和干预的利率自由化也受到质疑，如利率自由化能否使小农户充分地得到正式金融市场的贷款。自由化的利率可能会减少对信贷的总需求，从而可以在一定程度上改善小农户获得资金的状况。但是，高成本和缺少附属担保品，可能仍会使他们借到他们所期望的那么多的资金，所以，仍然需要政府的介入以照顾小农户的利益。因此，完全依靠市场机制可能无法真正培育出一个社会所需要的有效的金融市场。

（三）不完全竞争市场论

20世纪90年代，人们认识到为培育有效率的金融市场，仍需要非市场的要素提供支持。斯蒂格利茨的不完全竞争市场论就是其中之一。不完全竞争市场理论为农村金融的研究提供了新的视角。由于农村金融市场不是一个完全竞争的市场，尤其是金融机构对于借款人的情况没有办法充分掌握，很难控制农村系统风险，即存在不完全信息，正如农村金融市场理论的缺陷意味着完全依靠市场这只"看不见"的手可能无法培育出一个社会所需要的金融市场。因此，如果完全按照市场机制就可能难以培育农村所需的金融市场。为此，要弥补市场的失效，就有必要采用诸如政府适当介入以及借款人的组织化等非市场措施（Stigliz，Weiss，1981；Stigliz，1989）。不完全竞争市场理论强调，借款人的组织化等非市场要素组织形式对解决农村金融的重要性。斯蒂格利茨（Stigliz）等人在不完全竞争市场、信息不对称问题方面的研究成果具有非常大的原创性，研究所采用的信息经济学分析工具也成为金融市场分析中的重要工具。具体而言，不完全竞争市场理论的主要政策建议有：

①金融市场发展的前提条件是低通货膨胀及宏观经济的稳定。②在金融市场发育到一定程度之前，相比利率自由化，更应当注意将实际存款利率保持在正数范围内，并同时抑制存款利率的增长，若因此而产生信用分配和过度信用需求问题，可由政府在不损害金融机构储蓄激励的同时从外部提供资金。③在不损害银行最基本利益的范围内，政策性金融（面向特定部门的低息融资）是有效的。④政府应鼓励并利用借款人联保小组以及组织借款人互助合作形式，以避免农村金融市场存在的不完全信息所导致的贷款回收率低下的问题。⑤利用担保融资、使用权担保以及互助储金会等手段，改善信息的非对称性。⑥融资与实物买

卖(如肥料、作物等)相结合,以确保贷款的回收。⑦促进金融机构的发展,给予其一定的特殊政策,如限制新参与者等保护措施。

不完全竞争市场理论为政府介入农村金融市场提供了理论基础。它认为,尽管农村金融市场可能存在的市场缺陷要求政府和提供贷款机构介入其中,但必须认识到,任何形式的介入,如果要有效地克服由于市场缺陷所带来的问题,都必须要求具有完善的体制结构。因此,对发展中国家农村金融市场的非市场要素介入,首先应该关注改革和加强农村金融机构,排除阻碍农村金融市场有效运行的障碍。这包括消除获得政府优惠贷款方面的垄断局面,随着逐步取消补贴而越来越使优惠贷款集中面向小农户,以及放开利率后使农村金融机构可以完全补偿成本。尽管外部资金对于改革金融机构并帮助其起步是必需的,但政府和提供贷款的单位所提供的资金首先应用于机构建设的目的,这包括培训管理人员、监督人员和贷款人员,以及建立完善的会计、审计和管理信息系统。不完全竞争市场理论强调,借款人的组织化等非市场要素对解决农村金融问题是相当重要的,为小额信贷模式提供了理论基础。

四、金融支持"三农"发展的作用机理

一般而言,金融对农业和农村经济发展的作用主要有以下方面:

(一)资本积累

随着农村经济的发展,农村金融组织会逐渐增加对资本市场的依赖程度,农村金融发展的市场化程度也会大大提高。农村金融组织能够提供农村生产的流动资本,相应提高农村企业和个人固定资本利用率。一般认为,农村固定资本与流动资本之间总是保持固定的比例关系,但由于固定资本投资在技术上的不可分割性,因而在农村经济中一般总存在着未被使用的固定资本。在农村固定资本一定时,它的利用程度就取决于农村流动资本的供给。因此,农村生产企业能获得多少流动资本,是决定产出水平的关键性因素。农村流动资本的重置部分可能由农村企业内部筹集,也可能通过农村金融机构借款筹集,而农村流动资本的净投资则一般大部分通过农村金融机构借款筹集。因此,农村金融组织成了农村企业和个人向外部筹集流动资本和积累资本的主要来源。

（二）储蓄向投资的转移

农村金融资源的有效配置和开发可以提高农民的储蓄率，由于存在谨慎性和投机性的货币需求，在既定国民收入水平下，农村消费与储蓄之间存在着一个待币的弹性区间，弹性区间使真实的消费储蓄比例会因多种原因而改变。农村金融资源的存在和有效开发配置可以使该弹性区间变小，农村储蓄份额增大，这就促进了农村社会储蓄率的上升，为农村投资的增长提供了来源。

农村金融组织使农村储蓄转化为农村投资，从根本上来说，农村资本来源于农村居民储蓄，但在动员众多分散的农村居民将储蓄转化为农村投资的过程中，农村金融体系需要吸收一部分资源，这包括从分散的个体农民那里集中储蓄时发生的交易成本和为克服信息不对称使储户放心地放弃对其储蓄的控制权而支付的信息成本。农村金融体系吸收了部分储蓄资源，一方面与农村金融体系提供了金融服务又收取了相应报酬有关；另一方面与农村金融体系的市场效率有关，一个高效率的农村金融安排能够大大减少在动员储蓄过程中的交易成本和信息成本。

（三）农村经济增长

农村经济增长与农村金融组织的活动直接相关，且资本是经济增长的必要（或决定性）条件。由于资本与经济增长的重要作用，以至于在经济学发展的最初阶段人们认为，经济发展过程就是一个"搬掉资本障碍的过程"。

发展中国家普遍具有二元经济结构的特点，城乡金融发展水平差距很大。比较而言，金融二元结构的特点更为突出，城乡金融发展极不协调且呈逐步加剧之势，农村金融抵制现象十分严重。20 世纪 70 年代初，以爱德华·肖（E. S. Shaw）和罗纳德·麦金农（R. I. Mckinnon）为代表的经济学家以广大发展中国家为研究样本，在对金融与经济发展之间关系进行潜心研究的基础上提出了"金融市场抑制与金融深化"理论。所谓金融抑制，是指一国的金融体系不完善，金融市场机制不健全，金融运行中存在过多的金融管制措施，金融与经济发展之间处于互相掣肘、双落后的恶性循环状态。他们认为，造成金融抑制的最主要原因是经济的分割性。在众多的发展中国家，资金、技术、土地、劳动力等生产要素分散于零散的经济单位之中，国内市场也处在割裂状态，无法发挥其合理配置要素的功能。这种分割性经济的存在客观上就决定了金融体制的割裂与脆弱。主要表现：一是金融市场不健全。在政府规定的低利率水平下，资金很难通过统一的金融市场来流通,有限金融机构不能充分发挥"导管"作用。在资金严重短缺的情况下,得到资金的往往是某些"特殊部门和行业",而急需资金的中小工商业者和农民的资金需要很难得到满足,造成资金使用效益下降。二是金融工具单调。即银行等储蓄机构仅仅开办存贷款业务,而且期限单一,利率僵硬,无法满足储蓄和借贷双方对金融资产流动性、安全性、效益性的需要。要解决发展的问题,必须依靠金融的强力支持,实施"金融深化"战略,这不仅是因为金融对经济具有反作用,更由于农村经济基础较为薄弱,对金融具有广泛的需求和较强的依赖性。主要思路是:对农村政策金融、商业金融、合作金融的功能进行重新定位和调整,强化政策性金融职能,发挥利率和市场机制的作用,改革农村正规金融机制,引导和开放农村非正规金融市场,提升农村金融体系的整体功能。

五、金融支持"三农"发展的国际经验

国外农村金融已有近 200 年的发展历史,它在提高农民组织化程度、保护农民利益、增加农民收入、促进农业发展、加速农业现代化进程等方面起着举足轻重的作用。

(一)发达国家农村金融发展与经验

1. 美国农业发展的金融支持

美国农业金融机构在 20 世纪初才开始建立。经过几十年的发展,已形成了比较完备的农业金融体系,它主要由政府农业信贷机构、农场主合作金融的农业信贷系统、商业金融机构及私人信贷组成。这些金融机构分工协作,互相配合,共同为美国农业的发展提供资金支持及其他服务。政府农业信贷机构由政府所有,专门为农业发展服务,如农民家计局、商品信贷公司、小企业管理局、农村电气化管理局等。农民家计局的贷款以中长期为主,利率明显低于市场利率,因此,大部分贷款均有贴息。农民家计局的资金主要用于贷款、担保和向农村公益性项目提供资金支持,它不直接向农民发放贷款。商品信贷公司的任务是对农产品进行价格支持或对农业生产给予经济补贴,其资金主要是提供贷款和支持补贴,主要包括向执行休耕计划的农场提供农产品抵押贷款,这是一种"无追索权贷款"。另外,它还对遭受洪水、干旱等自然灾害而造成种植面积减少或较大减少给予灾害补贴,对市场价格低于目标价格的差价给予差价补贴,为购买仓储、干燥和其他处理设备提供贷款等。农村电气化管理局主要对农村电业合作社和农场等借款人发放贷款,用于组建农村电网、购买发电设备等。小企业管理局是 1953 年为了针对小企业提供贷款而设,其主要职能是向那些不能从私人信贷机构获得贷款的小企业提供贷款。

美国的合作金融是在 20 世纪初经济大萧条时期由政府倡导建立的,它主要包括联邦中期信贷银行、合作社银行、联邦土地银行,由农业信用管理局管理。联邦土地银行的贷款业务经过联邦土地银行合作社直接面向借款人。借款人要想向土地银行借款,必须向联邦土地银行合社认购至少相当于本人贷款额 5％的有投票权的股票,成为合作社社员,取得一人一票权。偿还全部借款后,社员自愿决定是否退回股金。而合作社必须认购同等数额的股票,成为该区联邦土地银行的股东。联邦土地银行的资金主要是提供长期不动产抵押贷款,其贷款对象主要是本地区的农场主、农业生产者、与农业有关的借款人。联邦中期信贷银行的建立在于沟通都市商业金融与农村的农业金融,以吸取都市资金用于农村。因此它主要是提供中短期的动产农业抵押贷款,但它不是直接贷款给农户,而是贷给农民的合作社及其他各种农民的营业组织,以贷给生产信用社为主,以促进农牧业的生产与经营。合作社银行的资金主要用于贷款,目的是帮助合作社扩大农产品销售、储存、包装、加工农产品,保证农业生产资料供应和其他与农业有关的活动。合作社银行主要提供三种贷款:一是设备贷款,二是经营贷款,三是商品贷款。除这三种贷款外,合作社银行还开展国际银行业务,为农业合作社农产品出口提供便利。美国的农业保险体系是经过不断摸索、发展而形成的。自 1938 年《联邦农作物保险法》颁布以来,美国农业保险经过近 70 年的发展,形成了比较完备的农作物保险业务,保障水平和农民参与率不断提高,对稳定农业生产、提高国民福利水平起到了重要作用。早期美国农业保险是由私营保险公司提供的,但由于农业保险的风险巨大,其经营的农作物保险均以失败告终。为了帮助农民对付农业生产面临的风险,美国政府积极参与了农作物保险计划。现行的美国农业保险完全由商业保险公司经营和代理,政府在经营管理费和保险费补贴等方面给予了有力支持。美国农作物保险的运行主要分三个层次:第一层为联邦农作物保险公司(风险管理局),主要负责全国性险种条款的制定、风险的控制和向私营保险公司提供再保险支持等;第二层为有经营农险资格的私营保险公司,它们与风险管理局签订协议,并承诺执行风险管理局的各项规定;第三层是农作物保险的代理人和查勘核损人,美国农作物保险主要通过代理人销售,他们负责具体业务的实施。

2.日本农业发展的金融支持

在日本,既有政府办的政策性金融,又有强大的合作金融来支持农业的发展,还有一部分其他金融机构,这对第二次世界大战后日本农业的发展起到了极为重要的作用。也正因为如此,虽然日本人多地少,自然环境又比较差,但是它的农业生产和农业现代化却得到了很好的发展。日本支持农业发展的政策性金融机构是农林渔业金融公库(简称农林公库)。它建立的目的是在农林渔业者向中央金库和其他金融机构筹资发生困难时,给他们提供利率较低、偿还期较长的资金。农林渔业金融公库主要是把资金用于土地改良、造林、建设渔港等基础设施的融资,同时用于农业现代化投资、农业改良资金的融资,对国内大型农产品批发市场及交易市场提供市场设施贷款等。农林公库的贷款一般不直接办理,而是委托农协组织代办,并会给一定的委托费。农林公库的贷款利率虽会因贷款种类和工程性质有不同的规定,但总的来说,要比民间金融机构优惠,而且贷款的偿还期限为 10—45 年不等。

日本支持农业发展的合作金融主要是农协系统。农协系统是按照农民自愿、自主的原则登记成立的。它主要由三级组成。最基层的是农业协同组合,为市町村一级,直接与农户发生信贷关系,不以营利为目的,它可以为农户办理吸收存款、贷款和结算性贷款。这也是基层农协的主要任务。除此之外,农协还兼营保险、供销等其他业务。中间层是信用农业协同组合联合会,简称信农联,为都道府县一级,帮助基层农协进行资金管理,并在全县范围内组织农业资金的结算、调剂和运用。信农联作为农协系统的中层机构,在基层农协和农林中央金库之间起桥梁和纽带作用。以它的会员即基层农协为服务对象,吸收基层农协的剩余资金,并在基层农协需要时提供融资服务。信农联的资金首先应该用于支持辖区内部的基层农协的资金需求,其次才能用于支持其他的贷款、农业企业的发展所需资金等。信农联不能兼营保险、营销等业务。最高层的是农林中央金库,为中央一级,是各级农协内部以及农协组织与其他金融机构融通资金的渠道。农林中央金库是农协系统的最高机构,它在全国范围内对系统内资金进行融通、调剂、清算,并按国家法令营运资金。同时,它还指导信农联的工作,并为它提供咨询。农林中央金库可对会员办理存款、放款、汇兑业务,并且可代理农林渔业金库的委托放款和粮食收购款,后又增加了外汇业务。它的资金主要用于信农联,同时也贷款给关联的大型企业。农林中央金库除了向基层和中间机构提供服务、发行农林债券外,还从事资金划拨周转、部分证券投资业务等。

另外，日本于 1966 年建立了全国性的农业信用保险协会，各都道府县一级的农业信用基金协会是其会员，农业信用基金协会是都道府县一级的债务保证的专门机构。

（二）发展中国家农村金融探索与实践

发展中国家以印度为典型代表。印度独立初期，高利贷占印度农村信贷总额的一半以上，其他信贷规模比较小。印度从 20 世纪 60 年代开始，实施"绿色革命"，以各种措施来支持农业的发展。其措施以推行现代农业技术为中心，辅之以农业信贷、财政补贴、价格支持等。随着这些措施的实行，印度支持农业发展的金融体系逐渐发展和完善，从而高利贷活动所占份额也大为减少。现在印度既有合作性质的农业信贷机构，又有政策性金融机构以及商业银行等来支持农业的发展。

印度的合作性质的信贷机构分为两类：一类是提供短、中期贷款的合作机构，主要是信贷合作社；另一类是提供长期信贷的合作机构，主要是土地开发银行。

信贷合作社是向农民提供廉价信贷的来源，它有三个层次：一是初级农业信用社。它是农村信贷合作社的基层机构，主要向社员提供短、中期贷款，期限一般是一年，利率比较低。除提供贷款外，它还向社员提供生产资料供应、安排剩余农产品销售等服务。二是中心合作银行。它是中层信贷合作机构。其经营活动限于某一特定区域，主要是向由农民组成的初级农业信用社发放贷款，以解决其成员即初级农业信用社资金不足的困难。它在初级农业信用社和邦合作银行之间起中介作用。三是邦合作银行。邦合作银行是合作信贷机构的最高形式，其成员为邦内所有的中心合作银行。它的资金主要来源于从印度储备银行取得的短、中期贷款，还吸收一部分个人存款及中心合作银行的储备，然后再向其成员提供资金，以满足它们的信贷需求。

土地开发银行是为了适应长期信贷的需要而设的，主要是为农民购买价值较高的农业设备、改良土壤、偿还国债和为赎回抵押土地提供信贷。它也分两级，即每邦的中心土地开发银行和基层的初级土地开发银行。初级土地开发银行提供资金，是连接初级土地开发银行与其他金融机构的纽带。

印度支持农业发展的政策性金融机构主要是地区农业银行及国家农业和农村开发银行。地区农业银行设立的目的是满足农村地区被忽视的农民、手工业者等的专门需要，发展农村经济，从而促进印度落后地区经济的发展，缩小与发达地区的差距。地区农业银行不以营利为目的，主要向生产急需的贫穷农民提供贷款，并且贷款利率不高于当地信用社的贷款利率。除了与农业直接有关的贷款外，还提供贫穷农民经常需要的消费贷款。目前，地区农业银行已日益成为不发达地区贫穷农民直接得到信贷资金的主要渠道。

国家农业和农村开发银行是印度当前最高一级的农业金融机构。它有权监督和检查农村信贷合作机构、地区农业银行的工作，并资助商业银行的农村信贷活动，它可以全面满足农村地区各种信贷需要，为农业的发展提供短、中、长期贷款。

中国农村金融服务的进展、问题与对策[①]

　　金融机构服务"三农"充满巨大的挑战和困难，从历史来看，中国农村金融历经发展、调整、徘徊和改革等艰难曲折的演变过程，近年来，又进入一个新的大发展时期。尤其是 2006 年以来，大发展阶段的特征非常明显，它对中国经济社会的和谐发展和推进社会主义新农村建设意义十分重大，作用也非常明显。当然，从更高的层面和要求看，它仍然有待于进一步改进和提高。

一、近年来中国农村金融服务体系建设的新进展与新成绩

　　中国总体上已进入以工促农、以城带乡的发展阶段，进入加快改造传统农业，走中国特色农业现代化道路的关键时刻，进入着力破除城乡二元结构，形成城乡经济社会发展一体化新格局的重要时期，金融作为现代经济的核心，在这一变革中起着十分重大的作用，"十一五"以来，尤其是 2008 年以来，中国金融服务"三农"的进展是非常明显的，表现在：

（一）农业发展银行不断拓展服务领域，全力支持"三农"

　　农业发展银行是中国唯一一家经国务院批准的农业政策性银行，按照国家的法律、法规和方针、政策，以国家信用为基础，筹集资金承办农业政策性金融业务，代理财政支农资金的拨付。近年来，在积极发放粮棉油收购贷款，促进粮棉油市场稳定，支持农业产业化经营方面做出了有益的贡献，与此同时，农业发展银行加大农村基础设施建设的力度，大力支持抗震救灾和灾后重建，也发挥了政策性金融机构的作用。经过改革，农发银行已经形成了以农业产业化龙头企业贷款和新农村建设中长期贷款业务为两翼，中间业务为补充的多方位、宽领域的

---

　　① 原文发表于《浙江金融》2010 年第 4 期，作者周建松。

支农格局。

(二)农业银行成立"三农"金融事业部,专门服务"三农"

十七届三中全会确定了商业金融、合作金融和政策金融并举的农村金融发展思路,中国农村金融改革的重点开始由农村信用社单一主体转向农村信用社和农业银行共同承担。农业银行作为中国四大国有商业银行之一,同时也是中国农村金融体系的重要组成部分,继完成股份制改革,确立了面向"三农"、商业化运作的原则后,专门成立了"三农"金融事业部,开始逐步发挥其在"三农"领域的金融主渠道作用。尤其是在增强"三农"的信贷支持,强化"三农"金融产品的研发等方面,其力度明显加强,也为其自身发展找到了新的盈利增长点和新的盈利空间。

(三)农村信用社深化产权制度改革,强化服务"三农"

继 2003 年国务院国发 15 号文件实施农村信用社产权制度改革,授权省级人民政府实施行业管理以来,我国农村合作金融事业有了蓬勃发展。进入 2008年以后,农村信用社第二轮产权制度改革掀起,新一轮改革在推进股份制改造,改革省联社体制和机制,实施农村合作金融机构跨区域经营等方面都在积极推进,从而激活了农村信用社的活力,大大增强了其支持、服务"三农"的力度。

(四)邮政储蓄银行资金回流农村成效显著,有力支持"三农"

2007 年成立的中国邮政储蓄银行是中国邮政集团总公司依据邮政网络成立组建的,承继国家邮政局、中国邮政公司经营的邮政金融业务及因此而形成的资金和负债的金融机构。其成立后,邮政储蓄银行业务取得了快速的进展。"三农"服务功能有了新的加强,主要表现在:第一,向农村地区金融机构提供批发性资金;第二,以小额信贷为突破口,加强农村信贷服务;第三,改善基层网点服务能力,为农村居民提供全面的金融服务,尤其是它彻底改变了"只存不贷"的历史,有利于农村资金回流,缓解农村金融市场的金融服务供需矛盾,有利于完善城乡金融服务功能,为城市社区和广大农村社区提供基础金融服务,从而促进农村金融市场的有效竞争,提高了农村金融服务的覆盖面和满足度。

(五)新型农村金融机构获得快速发展,增加服务"三农"

2006 年以来,银监会、财政部、人民银行会同有关部门出台了多项政策措施,确认和巩固了新型农村金融机构的合法地位,允许国际资本和民间资本进入农村金融市场,并通过以奖代补,定向费用补贴,降低存款准备金比率等优惠政策,拓宽了资金回流农村服务"三农"的渠道,为新型农村金融机构提高可持续发展能力,应对国际金融负担提供了强有力的支持。这些新型金融机构包括:①村镇银行,据银监会工作安排,将在 2009—2011 年达到 1027 家;②小额信贷公司,数量更多,仅浙江省已经有 100 余家;③贷款公司,主要是由商业银行或农村合作银行设立在农村地区的非银行金融机构;④农村资金互助社,具体有工商登记、银监会批准等多种形式。

(六)农业保险呈现出良好发展势头,支持服务"三农"

在前几年总结试点的基础上,财政部、银监会围绕扩大农业保险覆盖面,扩大保费补贴落实、发放等一系列政策措施,极大地促进了农业保障长效机制的建立,农业保险有了良好的发展态势。尤其是表现在:农业保险业务规模迅速扩大,农业保险功能作用逐步发挥,农业保险覆盖区域不断扩大,服务领域进一步拓宽,从而有力地推进了农业和农村相关产业的发展。

二、当前农村金融改革发展过程中存在的主要问题

应该说,当前我国农村金融改革取得了重大进展,成效也十分明显,在服务支持"三农"方面发挥了积极的作用;但应该看到,由于历史、现实的种种因素,当前农村金融改革发展过程中存在的问题仍相当突出,主要表现在:

(一)农业政策性金融制度不完善

总体而言,中国的农业政策性金融发展仍然滞后于农业发展的需要,农业政策性金融机构的功能还没有得到充分发挥。一方面,政策性金融机构尚未立法,一定程度上制约了农业政策性金融的发展;另一方面,农业政策性金融的业务规模太小,无法满足政策性金融的需求,而且政策性金融与商业性金融的边界比较模糊,农业银行、农村信用社也承担了一部分政策性金融业务。总体而言,农业政策性金融作为农村金融改革发展的重要组成部分,必须明确和加强。

(二)农村资金外流的问题尚未得到有效解决

农村资金外流是我国农村改革发展面临的重大问题,这几年虽在努力改进,

但问题远没有解决,无论是财政渠道、金融渠道、价格渠道,还是投资渠道都出现了外流情况。就金融渠道而言,至少有如下几方面:一是农村信用社,其在农村吸收的存款相当一部分流入县域甚至城市;二是农村邮政储蓄也分流了一部分资金,其存与贷的比例远远达不到应有的水平;三是国有商业银行也成为外流渠道之一,近几年发展过程中新增加的股份制商业银行的县城及以下机构更存在"抽水"现象,这个问题需要想办法有效解决。

(三)新型农村金融机构的作用力还没有充分发挥

从政策层面看,这几年国家有关部门千方百计想办法增加新农村金融机构,村镇银行、小额信贷公司、资金互助社等机构有了一定的发展,这是良好的开端。然而,存在的两个问题不容忽视,一是新型金融机构数量少,规模更小,其在我国金融体系中的占比甚至不到 1%,根本难以改变我国农村金融服务弱而无力的状况;二是这些名为农村金融服务机构,大多数设在县城甚至更上一级行政区域,村镇银行根本没有到村镇,对于一些银行而言,只不过增设了一个异地分支机构而已。因此,对这些机构的作用力,不仅需要时间,还需要继续考量。

(四)民间资本回流渠道仍然缺乏

一方面是我国的农村金融服务需求还得不到充分满足,另一方面农村也存在着大量的比较充裕的资金,难以纳入比较正规化的运作轨道。尽管 2006 年以后,我国农村金融市场有所开放,但开放力度还不够大,民间资本只能通过入股贷款公司、新型农村金融机构等方式进入农村资金循环。从目前情况看,出资人还是以大企业居多,真正的民间资金还很少,至于私人借贷、合会、互助基金会等在内的非正规金融形式在中国仍受到限制。大量资金缺乏回流农村的渠道,大多数农户和企业的借贷需求得不到满足,导致全社会资金配置效率低下,也不利于"三农"健康发展。

(五)农村金融活动运行中也存在一些技术问题

由于农村和农业的特点,使得金融活动在运行过程中,也存在一些技术性的问题,尤其表现在:一是农户联保贷款手续烦琐、门槛较高,而且具有排弱性;二是担保贷款数额较大、期限也较长,能够满足部分农户和农村企业的大额贷款需求,但农村目前缺乏有效的抵押担保物,导致抵押担保的进展缓慢;三是一些抵押贷款创新模式(如林权抵押、土地承包经营权抵押、收益权抵押等)尚处于试点阶段,缺乏可推广性。正因为这样,目前农村金融服务和信贷支持尚存在困难,从一些地区调查和反映出来的问题看,"三农"贷款风险也有上升走势,很值得人们忧虑和担心,再加上农村商业性保险的不健全,更带来了问题和矛盾。

三、进一步完善农村金融服务体系、支持"三农"的对策

农村金融服务体系是一国宏观金融体系的重要组成部分,当然目前尚难下一个统一的定义,但它作为一定制度背景下,农村金融交易主体、金融工具、金融市场和农村金融调控与监管等方面相互联系而形成的有机整体,由于其服务于具有弱质性及公共产品属性的农业,这就决定了该体系既有金融体系的共性,又有自身特点。

(一)农村金融服务体系的主要特征

我们认为,农村金融服务体系应该具有如下特征:一是政策性金融起主导作用,政策性金融机构应该成为农村金融服务的主要提供者之一,政府应当向政策性金融机构提供大部分资本及必要的起始运营资金,并为其发行债券融资提供支持。与此同时,应通过适当的政策扶持,引导商业性金融机构和合作金融机构为"三农"提供相应的服务,也即政府通过向这些机构提供优惠政策来鼓励和支持其为"三农"服务。当然,还应当为农村的公益事业提供投资,并通过各种补助来促进农村金融事业的发展。二是农村正规与非正规金融并存,正规金融由政策性金融、商业性金融和合作性金融三大力量组成,分工明确、各司其职。非正规金融主要有民间金融,提供短期、临时性融资。三是农村金融应具有差异性、动态性、多元性、多层次性,即充分考虑区域经济、社会特点和需求,建设多元化农村金融体系,对于一些落后地区和一些领域,还应有扶贫性金融系统。

(二)当前促进农村金融改革发展、支持服务"三农"的建议

构建农村金融体系,需要总体统筹,协调进行,也需要因地制宜,鼓励试点。从当前来说,我们应当着力抓好以下工作。

1.加大对"三农"支持的力度

这应当成为推进新农村建设、构建和谐社会的主要内容。它既包括通过加大对"三农"的支持力度,积极破解民生性金融难题,满足广大农民基本的生活和

生产需要,也包括加大对农业产业化经营的财政和金融支持,保护农民生产积极性,稳定农业发展,促进农民增收,维护农村稳定。

2. 加快建立"三农"金融服务的补偿机制

鉴于农村金融市场具有分散、分割和高风险特征,而相应补偿机制的缺乏,导致追求利润最大化的金融机构缺乏发放涉农贷款的积极性。因此,构建补偿机制十分必要,建议对"三农"金融服务给予普惠制政策支持,如直接按涉农贷款总额给予相关金融机构一定的财政补贴,农业贷款占一定比例的商业性金融机构可以在税收方面享受优惠等。与此同时,要研究完善农业保险的政策支持体系,在完善农业保险制度的基础上,研究推动中央财政支持下的农业巨灾风险分散机制,完善巨灾财政补贴机制,农业再保险体系、第三方担保机构等农业政策性保险体系,分担商业性金融的风险。

3. 完善农村信贷模式和担保业务模式

农村金融需求多元化已经成为农村金融需求的显著特征。因此,农村金融供给要有的放矢。应在继续大力推广农户小额信贷和农户担保贷款模式的情况下,加大农村信贷模式的创新力度。积极开发适合农村经济特点的信贷模式。如"公司＋农户""公司＋中介组织＋农户""公司＋专业市场＋农户"等促进农业产业化经营的信贷模式,充分发挥农业产业化经营的辐射拉动作用,推进优质、高效、特色农业加快发展。又如,创新贷款担保方式,扩大有效担保的范围,加快林权抵押、存单质押、应收账款质押、动产抵押、农产品抵押等新型质押、贷押方式的探索试点和推广,提高农村金融需求满足率。

4. 充分利用民间资本推进新型农村金融机构建设

要进一步大力发展村镇银行、小额信贷公司、农户互助信用社等新型农村金融组织。这样,既有利于缓解农村金融服务不足的矛盾,提高农村金融服务覆盖率,改进农村金融市场竞争状况,也有利于发挥各方参与金融的积极性。当然,这些机构一定要鼓励其设在乡镇、服务"三农"。

5. 鼓励金融机构向农户设立机构,延伸服务

要积极创造条件,制定政策,鼓励中国农业银行、农村合作金融机构和其他金融机构在完善县域机构网点的同时,积极向乡镇乃至村设立有形或无形的金融服务网点,延伸金融服务的广度和深度,形成更加完善的农村金融服务网络和体系,以强大的金融力量撬动农业和农村经济发展。

　　6.建立多管齐下的农村资金回笼激励机制

　　农村资金外流一直是"三农"发展的瓶颈,构建资金回流有效机制,这是保障对"三农"实施必要的扶持和保护的关键环节。应着力做好:一是建立资金回流农村的财政投入机制,不仅要增加财政支农资金总量,而且要提高财政支农资金在总支出中的比重,形成国家支农资金稳定增长的机制,加大对农村地区的"输血力度"。二是建立资金回流农村的杠杆激励机制,即综合利用税收、利率、存款准备率等优惠政策引导商业金融机构进入农村金融市场。如对涉贷款比例较高的农村金融机构制定更为优惠的存款准备金政策,更为灵活的利率政策,增加贷款等。三是鼓励各政策性、商业性、合作性金融机构优化资金配置机制,做大、做多、做强农村金融服务。

关于构建促进农村金融发展的财税政策的思考[①]

我国长期执行的城市和工业优先发展的工业化战略,决定了金融业事实上执行了牺牲农村金融保城市金融、抽调农村资金支持城市工业发展的政策。改革开放以来,特别是 20 世纪 90 年代以来,这种政策取向虽然有所变化,但金融机构对农村信贷资金投放不足的问题并未得到根本性改变。现代经济理论认为,金融对经济发展起着重要作用,是现代经济的核心,金融发展(包括金融工具的发展、金融市场的发展及金融制度的发展)在一定程度上矫正了信息不对称问题,降低交易费用,从而促进经济增长和社会发展。这一点对于农村金融也是如此。农村金融部门具有风险管理、信息揭示、资源配置、储蓄动员和便利交易等功能,可以降低交易成本和信息成本,促进资本积累和技术创新,进而推动农村经济的发展。

金融作为一个极为重要的杠杆,本身也有其规律,尤其是借贷机制的存在和本息因素的考虑,必须从建设社会主义新农村和社会主义和谐社会的高度加大政策扶植和支持力度。其中,财税政策支持就是极为重要的方面,应当积极推进。

一、农村金融发展的财税政策现状及分析

(一)财政支持农村金融发展的理论基础

政策性金融是世界各国普遍运用的基本符合 WTO 协议要求的重要支持手段,其本质是准财政,是财政与金融手段的有效结合。农业由于具有内在的弱质性和高风险性,世界各国普遍对其进行财政扶持政策。而且多数国家对农村的

① 原文发表于《浙江金融》2010 年第 5 期,作者周建松。

资金投入都进行了整合，并将其区分为国家必需的财政投入和国家予以补偿的财政投入。像农村的公共道路、重大的生态环境建设工程、农业的基础科学研究建设等可以由中央和地方财政无偿投入资金支持。

另外在以农户和农村中小企业为主要服务对象时，由于存在着收益成本、规模经济、贷款风险等问题，任何金融机构的效率都要低于以城市工商业为服务对象的商业银行所具有的效率。因此各国的普遍做法是，政府对涉农金融机构，包括政策性银行、农村信用社，也包括商业性金融机构，提供贴息资金和呆账损失的弥补，用财政贴息、担保以及税式支出等形式鼓励和引导资金流向农村和农业。世界各国的实践已经证明，上述的各项财税政策对于农村金融的发展起到很好的引导和促进作用。

（二）支持农村金融发展的财税政策现状

1. 对农村金融机构的财税政策

从 2003 年 1 月 1 日起到 2005 年底，对西部地区试点的信用社一律暂免征收企业所得税，对其他地区试点的信用社一律按其应纳税额减半征收企业所得税。从 2003 年 1 月 1 日起，对试点地区所有信用社的营业税按 3% 的税率征收。2006 年，财政部、国家税务总局又下发《关于延长试点地区农村信用社有关税收政策期限的通知》（财税〔2006〕46 号），给予和进一步扩大试点地区农村信用社的企业所得税优惠政策，在执行到期后，再延长 3 年优惠期限，分别延至 2008 年底和 2009 年底。改革试点地区的农村信用社要将上述免税收入专项用于核销挂账亏损或增加拨备，不得用于分红。若改革试点地区的农村信用社已改制成农村商业银行，则不再享受该项税收优惠政策。据银监会统计，2005 年全年和 2006 年前 3 个月，先行试点的 8 个省市农村信用社共享营业减免 7.2 亿元，所得税减免 4.7 亿元。根据农行年报，农行 60% 的网点、51% 的员工分布在县城，截至 2006 年末，农行县域贷款和城商行管理的涉农款共计 1.7 万亿元，占全部贷款的 55%。农行金融结算网络不但为客户提供服务，还为其他商业性金融机构和政策性金融机构提供服务，具有一定的公共服务职能，国家财政理应对农业银行给予专项补贴，以减轻因涉农业务带来的成本增加。

2. 对涉农保险公司的财税优惠政策

保险公司承办农牧保险①取得的保费,现行税法给予免营业税的优惠政策。政府对农业保险的支持主要表现为免除营业税方面。从 1984 年起,对农业保险免除了营业税,假如统一按 8%(国家的营业税率曾做过调整)的税率计算,合计免除了 5.6 亿元的营业税负担。目前,除了免除营业税之外,对农业保险很少有经济上的支持。

3. 财政解决农村金融机构的历史遗留问题

无论是典型的市场经济国家还是转型国家,在商业银行不良资产比较严重时,政府都需积极介入并发挥重要的作用。如在泰国、马来西亚、印尼和韩国的银行不良资产处置中,银行的部分或全部损失都是由政府承担的,政府注资分别达到了 391 亿美元、123 亿美元、171 亿美元和 576 亿美元,分别占国内生产总值的 31%、17%、31% 和 19%。由于历史和现实的诸多因素,中国金融业累积了大量的不良资产。由于财政职能缺位和银行越位造成非国有独资商业银行因不良资产问题引发银行危机,国家财政最终也需出面予以解决,这是由银行体系的公共产品特性所决定的。由于财政等资金力量的扶持,截至 2005 年末,全国农村合作金融机构不良贷款余额 3255 亿元,比 2005 年初下降 1259 亿元,比改革前的 2002 年末下降 1892 亿元;不良贷款按以往同口径计算占比 14.8%,比年初下降 8.3 个百分点,比 2002 年末下降 22.1 个百分点。

(三)支持农村金融发展的财税政策存在的问题

尽管财政在财政补贴、税收减免等政策方面给农村金融提供了支持,但仍存在着如下的问题:

1. 金融支农的财政政策在金融方面的产业性不强

对农业银行一直未给予所得税、营业税等税收方面的政策支持。现有的农村金融税收优惠针对的不是金融产品、产业和市场,而是特定的农村金融机构,同行业其他金融机构的涉农业务就享受不到。另外,现有金融涉农的优惠政策,如对农村信用社实行贷款利率浮动上限和较低的准备金率,均未能使资金回流农村。

---

① 农牧保险是指保险公司为农、林、牧、水部门种植、养殖的动植物提供的保险。

2.财税政策缺乏绩效考核,不能真正发挥政策效应

由于国家受财力的限制,而且缺乏有效的补贴与绩效监督机制,使得对农村金融应给予支持和扶持的政策无法到位。同时,当前的政策补贴往往融化在金融机构的"软约束"中,失去了政策效应,导致资金使用效率低下。或者说,金融支农的政策补贴被挪为他用。

3.金融税制本身的问题致使农村金融体系的税负偏高

如前所述,金融企业事实上承担了所得税和营业税两种税收负担,税负较重。又如,按照规定,金融企业按照期末资产余额的1‰提取的呆账准备金可在所得税前扣除。因此,银行等金融机构贷款损失减税采取的是普通准备金法,但普通准备金是作为与其损失的备抵而存在的,并非实际发生的损失,对此允许作为成本开支并在税前扣除,不符合权责发生制原则。另外,我国规定,金融机构发放的贷款出现逾期,应收未收利息不超过90天的应计入当期应纳税所得额,但包括农行和农信社在内的金融机构资产质量普遍不高,不良贷款数量较大,滞收利息比较多,银行对大量应收未收利息垫付了税款,使实际实现的利息收入承担的税负比法定税率高。

二、促进农村金融发展的财税政策建议

(一)政府要积极完善公共财政体系,为农村金融的发展提供支持

由于农户的资金需求很大程度上属于生活性消费范畴,而其中子女教育、医疗等方面又是较大的支出项目,因而作为完善农村金融体系的一个重要基础和支撑是要加快建立、完善农村社会保障体系。农民的基本生活保障、住房、教育、卫生、医疗等金融需求,很大程度上属于公共产品,是公共财政体系所需要覆盖的,因此,此类资金需求应主要由财政投入解决,政策性金融予以辅助。解决了农户生活性消费的大头,就可以相对减少农户的资金需求,另外也可减少辨别生活性消费和生产性消费的信息成本。而且,一般而言,东部地区的农村经济较西部更为发达,因此政府可着重解决中西部落后地区的农村公共财政体系问题,这样也可缓解政府财力有限与它的矛盾。另外,政府应该提供农业气象、技术、市场等信息咨询服务,为农民提供培训机会,结合农村信用社等金融机构的信息优势,培育农村经济,从需求的角度提升农村金融水平。

(二)对涉农金融业务进行适当的税收政策调整,以体现支农思维

可以说,目前金融业的整体税负明显高于其他行业。就农业银行而言,营业税税收平均约占税前利润总额的 71.52%。重税政策虽然有利于筹集财政收入,但是由于金融业的准公共产品特点和内在的脆弱性,往往会导致金融业竞争能力和盈利能力不足,也扭曲了储蓄与投资之间的转化。因此,合理的税收负担及税收政策对于金融业的健康运行和发展,尤其是对于更具风险性、管理成本更大的农村金融领域而言,具有重要的意义。因此,笔者建议:

1.对涉农金融业务免征营业税,以体现支农政策

另外,按照目前农业银行贷款中农业贷款只占 10% 的比例,可以推算,对其免征营业税并不会对税收收入产生多大的影响。而且涉农贷款业务本身可获得财政贴息,在此基础上如果继续征收营业税,将抵消政策效果,而且增加了税务成本。

2.灵活运用各项税收政策,减轻涉农金融业务负担

从理论上说,金融企业的职工工资水平较高,如果对金融企业免企业所得税,由于现行的所得税法已无计税工资的规定,金融企业容易借此来规避职工个人所得税的缴纳,存在着逃税空间。因此不宜对金融企业免征企业所得税,但可以通过设置优惠税率、采取税收的财政返还等政策,引导包括保险机构在内的金融机构把一定比例的资金用于涉农领域,或者将涉农业务所征得的所得税成立专项基金,用作贷款损失拨备,冲销农贷损失。

3.其他金融税制方面的改革

允许将逾期应收未收利息作为坏财处理,如果以后得以收回,再按照实际收回的利息数额征收营业税。取消涉农金融机构按提取呆账准备资产期末余额计提呆账准备金的规定,准予涉农金融机构按照中国人民银行发布的《银行贷款损失准备计提指引》提取贷款损失准备,在企业所得税前扣除。

4.对农村新型的金融业务,在财税政策方面应给予鼓励和支持

如前所述,随着新农村建设的逐步深化,农村金融机构与农村经济的关系将更加紧密,在发展农村经济中将发挥重要的杠杆作用,可以预见城市金融业务也将扩展到农村金融当中。因此,为了鼓励农村金融和农村经济齐头并进,建议将具有投资性质的融资租赁视同固定资产投资,享受投资抵免税收优惠政策。另

外,如农产品期货交易等农村创新型金融衍生工具,可采取在一定时期内免税的形式鼓励其发展,因其可克服农业的信息不对称问题。

(三)创新财政资金运作方式,灵活运用财政资金,变"直接支农"为"间接支农"

地方很可能一直处于"地方财政收入不足,无筹资渠道进行农村基础设施建设,由于金融渠道对涉农贷款的信息不对称难题无法突破,因此难以获得金融支持,农村基础设施无法改善,农村市场范围无法进一步扩大,农村经济发展无法突破,市场资金更不想进入"的低水平循环发展阶段。政府应该积极探索 BOT、财政贴息、财政担保等先进的政府理财方式,并与金融资源搭桥引线,充分利用市场资金,大力改善农村基础设施的规模和质量,间接搭建起公共财政的框架,突破农村经济发展的低水平循环。另外,政府也可通过创新财政资金与金融资金的结合方式,发挥财政"四两拨千斤"的作用,组建农村产业扶持基金、信用担保基金、风险补偿基金等,形成财政与金融资金的良性互动,构建扶持农村金融服务的长效机制,促进农村经济发展。

1.完善农村担保体制和机制,解决农村融资担保缺位问题

现实中,由于农民和农村中小企业缺乏融资担保体系,而难以从体制内的金融机构获得必要的融资需求。因此国家有必要完善融资担保体系。比如,各级财政可在每年新增的支农资金中拿出一部分作为担保基金,以发展中小企业信用担保公司和农户融资担保公司,解决中小企业以及农户因经营规模较小、信用不易考察等信息不对称所造成的农业贷款难以获得的问题。担保公司为中小企业和农户提供担保,可有效增加农村金融需求,减少农村金融机构"惜贷"问题,促进农村金融的发展。

2.建立农村金融机构风险救助制度

在国家政策性的存款保险制度尚未建立之前,应建立类似存款保险机构的政策性农村金融机构救助机构或救助基金,以保证农民利益和投资者利益得到有效保护。政策性救助机构应主要由财政投入资金。另外,这里我们需要指出的是对金融机构进行财政贴息的前提是预算约束的硬化,以防金融机构将财政贴息资金用于其他领域,所以需要做好如何区分政策性业务和商业性业务的工作。

(四)财政对农村金融机构注资,以满足其资本充足率的要求

安永亚太金融服务集团执行总裁杰克·R.罗得曼在"2001不良资产处置国际论坛"上指出,既然(金融机构)不良资产的损失最终主要由纳税人承担,由政府来决定如何处理这些不良贷款是恰当的。由于政府和财政的介入,才使得银行不良资产的处置和重组得以成功。对于金融机构不良资产的处置,除了上述的由财政注入资本金之外,也可以采取资产证券化等形式进行,因此,鼓励金融机构资产证券化的财税政策成了一种需要。

(五)在农村金融的需求上,财政可采取涉农借款费用补贴等方式,有效刺激农村金融需求

对于国家认为应当给予政策扶持的农户、项目或市场,可以采取国家财政直接补贴方式,将涉农借款补贴资金直接发放到农户或借款机构的账户上,农户或借款机构不必通过金融机构发放的贴息贷款间接受益。这种涉农借款费用补贴有利于增加农业、农村和农民的有效信贷需求,缓解粮食增产和农民增收所面临的多重困难,如与相应的涉农金融机构营业税和所得税优惠政策结合,可以缓解资金从农村外流的趋势,提高涉农金融机构贷款农业的积极性。但这种补贴方式要谨防可能出现的"假贷款,真套利"的不正当行为,另外也仍然存在着金融机构对涉农领域信息不对称、管理成本高的难题。

区域金融创新与管理

第五篇

区域企业发展管理

区域金融创新的理论与实践:浙江经验[①]

一、区域金融创新的理论与内涵

一般认为,区域金融创新(Regiongal Financial Innovation)是金融创新在特定区域的运用和实践,是金融创新理论和区域金融理论的综合,是介于"宏观"和"微观"之间"中观"视角的金融研究。国内学者张本照、孙悦(2005)认为,区域金融创新是该区域内的金融要素按新的方式结合的金融产业变革,通常由该区域内的金融服务业较为发达的中心地区率先发起,创新效果向边缘地区逐级扩散,最终达到区域金融产业的最优组织。汪来喜(2009)指出,区域金融创新是为了迎合一个区域内经济发展的金融要求、创造更大的利润机会,通过将区域内的各种金融创新资源和要素加以重新组合,创造出一种新的更为有效的金融资源配置方式,以此提高区域金融竞争力,推动区域内的产业升级和经济发展。区域金融创新包含着区域金融与金融创新两个方面的含义。

(一)区域金融理论

西方关于区域金融的研究主要包括两个方面:一是从货币经济学的角度,研究货币政策的区域效应(货币主义模型和凯恩斯主义模型,例如 Fishkind,1977;Miller,1978)、公开市场操作的区域影响(Scott,1955)、区域货币乘数(Dow,1982;Moore,1985)、区域金融市场等(Keleher,1976);二是研究一体化金融市场内部区域金融发展差异的影响,例如 Luigi Guiso、Paola Sapienza(2002)和 Luigi Zingales(2002)、Strahan(1996)等。

国内学者张军洲(1995)认为,区域金融是指一个国家金融结构与运行在空

---

① 原文发表于《浙江金融》2010 年第 8 期,作者周建松、姚星垣。

间上的分布状况,在外延上表现为具有不同形态、不同层次、金融活动相对集中的若干金融区域。刘仁武(2002)通过区域金融结构和金融发展理论框架,运用实证的方法讨论了区域金融的均衡、区域金融调控、区域金融风险控制的问题。还有不少学者从区域金融对经济发展的影响和作用角度进行研究,例如:唐旭(1995)对区域经济发展引起的资金流动的原因、途径、趋势和效果进行研究,指出资金流量大的地区经济增长速度快、潜力大;胡鞍钢(2000)、魏后凯(2000)等人分别从政府转移支付、外商投资等角度对资本流动及其对区域经济发展的影响进行研究。

(二)金融创新理论

对金融创新的研究,主要集中在以下几个方面:

一是金融创新的概念和内涵。按照 J. A. Schumpeter(1912)的经典定义,创新是指建立一种新的生产函数,在经济生活中引入新的思想、方法以实现生产要素的重新组合。从 20 世纪 60 年代以来,金融领域出现了大规模和全方位的创新活动,冲击着传统的金融业务和制度。从广义而言,金融创新是创造金融工具、金融技术、金融机构和金融市场的活动,并使这些创新成果得以推广(Tufano,2002),而狭义的金融创新则主要是指金融产品和金融业务的创新。比较有代表性的观点有:Rogers(1983)认为,金融创新主要包括创造活动和新产品、服务、观念的扩散两方面;Liewellyn(1985)定义金融创新为各种金融工具的运用,新的金融市场以及提供金融服务方式的发展。

二是金融创新的原因。Silber(1983)认为,金融创新是微观金融组织为了寻求最大的利润,减轻外部对其产生的金融压制而采取的自卫行为,即约束诱导型金融创新理论。Kane(1984)则提出了规避型金融创新理论,认为金融机构为了规避既有的管制而进行金融创新。Hannan 和 McDowell(1984)则认为,新技术的出现及其在金融方面的应用是促成金融创新的主要成因,例如计算机和信息技术在金融业的应用,是金融创新的重大因素。

三是金融创新的效果和影响。在这个领域,20 世纪中后期以来涌现了大量的文献,包括货币政策及其传导机制(M. I. Pawley, 1992;Boeschoren, Hebbink,1996;Lahdenpera,2001;Bailey,2001;J. M. Berk,2002;等等)、经济社会福利(P. Tufano, 1995)、金融风险(A. Saundrs, 1987;Van Horne, 1985 等)。汪来喜(2008)则认为,我国各地区经济、文化、历史和制度差异决定了金融创新的供给和需求,金融创新的扩散效应具有明显的区域性。因此,以区域同质性为假设前提的金融创新供给政策和扩散措施在不同地区会有不同的效果,应结合各地区的金融地理特点,研究制定有针对性的金融创新政策,促进区域金融合作创新。

在实证研究方面,主要集中在对如何为客户提供优质服务和创新金融产品的使用者特点分析上,例如 ATM 的使用(T. H. Hannan,1984;J. M. McDowell,1987;Saloner, Shepherd,1995)、票据发行便利(NIF)的扩散(P. Molyneux, N. Shamroukh,1996)、网上银行服务(Sullivan,2000;Furst,Lang, Nolle,2002)等。

虽然区域金融理论和金融创新理论的相关文献较多,但是,专门针对这两者结合即区域金融创新的理论和经验研究的文献尚不多见,国内对此的研究更是尚处于起步阶段。我们认为,区域金融创新对于金融业在特定区域内自身的发展,对于金融支持地方经济发展,对于金融推动地方经济实现转型升级具有重要的意义。

二、区域金融创新的探索与实践:浙江经验

(一)通过机构创新,形成大中小并举的立体化金融服务体系

随着现代金融的发展,在以银行、证券公司、保险公司为代表的传统金融机构不断发展的同时,各种新型金融机构或者从事金融业务的"类金融机构"不断涌现,以其在特定领域经营灵活、业务独特、风险可控、盈利较高的比较优势,近年来取得了不俗的表现。这些新型金融机构或者类金融机构主要包括村镇银行、小额贷款公司、典当、担保公司等等,它们在服务中小企业、提供小额信贷、满足短期或极短期资金需求方面作为大中型金融机构的有益补充,和传统各类大中型金融机构一起,形成大中小并举的立体化金融体系。

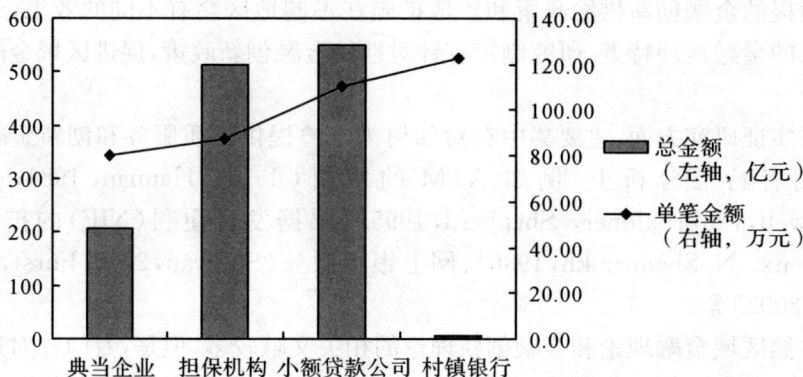

图1　浙江新型金融机构业务比较

来源:根据应宜逊(2009)和相关调研资料计算所得,其中典当、担保机构和小额贷款公司数据截至 2009 年末

从图 1 可以看到,这类新型金融机构所提供的金融服务总量上仍然较小,但是其"立足中小,服务中小"的特点还是比较鲜明的,它们金融业务的单笔金额在 100 万元左右,与股份制商业银行单笔信贷动辄几千万元、上亿元的规模比,确实属于"小额",满足了部分小企业、微小企业的资金需求。

(二)通过业务创新,形成覆盖城乡和"三产"的金融服务网络

在金融业务方面,由于受浙江自身经济结构的影响,区域金融创新集中体现在对中小企业融资和对农村提供金融服务两个方面。例如,台州市商业银行推出的"小本贷款",它以广大微小企业、个体工商户、农户为服务对象,以生产经营为主要用途,单笔贷款不超过 30 万元。又如,浙商银行推行和实践的桥隧模式、中国银行浙江省分行提出的"信贷工厂"等等。在区域金融创新对农村提供金融服务方面,包括农信社改革,邮储银行与邮政公司分设,村镇银行、小额贷款公司在乡镇积极布点等内容,逐步形成覆盖城乡和"三产"的金融服务网络,如表 1 所示。

表1　代表性金融业务创新

时间	创新项目	首推银行/代表性银行	核心做法
2001	专项信用贷款	绍兴银行	政府和银行按照 1:1 共同出资,银行以信用贷款方式为中小企业提供扶持贷款

续　表

时间	创新项目	首推银行/代表性银行	核心做法
2006	小本贷款	台州市商业银行	以广大微小企业、个体工商户、农户为服务对象，以生产经营为主要用途，单笔贷款不超过30万元
2006	租赁贷款	华融金融租赁公司	融资租赁，其中中小企业占总数的84.5%，金额占62.7%
2006	抱团增信	国开行浙江省分行中小企业局	信用担保合作，将多个担保机构的信用整合"抱团"成一个共同的担保体系，提升信用担保能力
2007	网络联保	建设银行浙江省分行阿里巴巴	以网络银行为平台，使那些缺乏信用记录和抵押品的中小企业可以凭网络交易记录和信用评级满足银行资信评估要求，依托网络交易关系组成的联合体向银行申请贷款
2007	桥隧模式	浙商银行	在担保贷款中引入第四方业界投资者，承诺当企业发生财务危机时，只要满足一定条件，由第四方购买企业股权，为企业注入现金流，偿还银行贷款
2008	中小企业成长信托基金	中投信托	由信托公司依照法律面向政府引导基金和机构投资者设立信托计划，以信托贷款形式投向中小企业
2009	信贷工厂	中国银行浙江省分行	把中小企业贷款作为"流水线"作业，实现业务流程高效运转，授信审批控制在5个工作日以内

来源：根据《浙江银行业创新白皮书》相关内容整理

（三）通过结构创新，形成功能完善的金融服务体系

所谓结构创新，从广义上说，既包括各类金融机构的结构及其所在比重的动态调整（见图2），也包括各类金融业务在金融服务中所占比重和重要性的动态调整，还包括金融服务的地区结构的调整和完善，即在空间维度在特定区域形成格局特色的金融资源集聚点，并对周围地区形成辐射和带动作用。换言之，我们既需要接轨长三角上海国际金融中心，同时浙江省内若干主要城市也要建立金融次中心。比如，杭州已经提出建设长三角南翼的金融中心，宁波主动对接上海"国际金融中心和国际航运中心"。此外，温台地区则可成为中小民营企业的金

融支持中心,积聚金融机构、金融要素和金融资源。

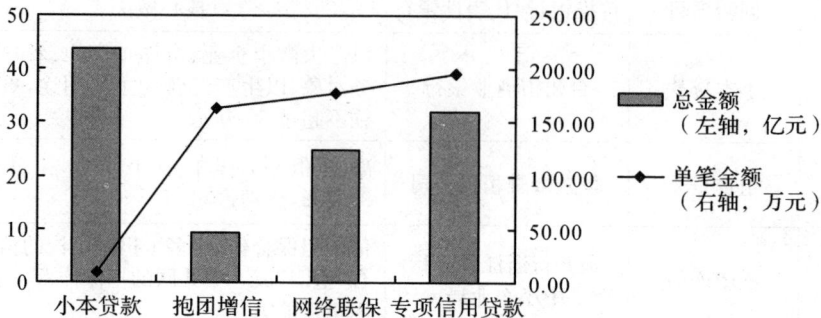

图 2　浙江部分金融创新业务比较

来源:根据《浙江银行业创新白皮书》相关内容计算整理

　　此外,浙江县域经济发达,形成了强大的县域金融基础。目前,县以下已建设大量的中小金融机构的服务网点,有代表性的是嘉兴提出"1640300"战略,即1个中心城市,6个县级单位,40个中心城镇要覆盖金融机构,300个中心村要加强金融服务,值得关注。

三、当前区域创新的动向和发展趋势

　　我们认为,由于区域金融创新具有局部性、特殊性的特征,是区域性和创新性的结合,所以说,区域金融创新是根据区域经济金融的特点,有针对性地进行金融创新,目的是更好地服务当地经济金融发展。

　　区域金融创新当前正面临着一系列的新动向和新问题。首先表现为区域金融创新主体的多元化和微小化并存,即大中小金融机构都有金融创新的动力和实际效果,但是相比而言,中小金融机构在创新的数量和时效上更为积极主动。其次,区域金融创新的特殊性和普遍性并存。一家机构的金融创新往往在短期内有较好的垄断性和经济效益,但是由于金融服务的同质性,这样的金融创新往往易被模仿,而且从金融创新到被模仿的时间间隔周期有变短的趋势。

　　从当前区域金融创新的动向来看,区域金融创新需要处理好局部发展与全局发展的关系、处理好经济发展与金融发展的关系。具体而言,在国际国内日益复杂的经济金融格局下,区域金融创新要处理好与国家宏观调控的关系、与地方经济转型升级的关系、与审慎金融监管的关系。

(一)处理好区域金融创新与宏观调控的关系

区域金融创新要符合国家宏观调控大局,尤其是当国家采取相关措施,对货币政策的松紧程度进行调整甚至转向时,要审慎评估原有或新诞生的金融创新产品受宏观调控政策的影响,以及分析其对宏观调控效果的影响。

从一般意义上讲,区域金融创新是为了更好地服务于当地经济增长和金融发展,因此大多数时候,它与宏观调控并不矛盾,但是,区域金融创新的结果有时可能有悖于国家整体的宏观调控政策的初衷。在此次次贷危机引发的金融危机中曾经大出风头,但是最终迅速崩溃的各种金融衍生产品就是典型的例子。

(二)处理好区域金融创新与地方经济转型升级的关系

在浙江经济转型升级的关键时期,我们需要着力研究转型升级中金融支持的机制、路径、方法和效果。经济结构要实现转型升级,离不开金融的支持。这种支持可以分成三个方面:一是金融功能的发挥对经济增长的支持作用;二是金融结构的调整对经济增长的支持作用;三是金融业作为现代服务业的重要组成部分,其自身的发展对经济增长的直接作用。这三个方面可以归纳为金融效率、金融结构和金融总量对经济总量的支持作用。而金融创新恰恰可以在提升金融效率,调整金融结构和增加金融总量方面发挥积极作用。

区域金融发展需要依据区域特征,鼓励进行区域金融创新,发挥资源配置、价格发现等作用,推动地方经济结构调整和产业升级,促进地方经济更健康地发展。我们既需要有大型的、国际化金融机构来支持、支撑大项目、集团化的融资需要,也需要中型金融机构来支持中心城市、县域中心等相关项目的建设,更需要大量中小、微小金融机构支持广泛的中小企业、乡镇经济和整合农业发展。

(三)处理好区域金融创新与区域金融风险的关系

从世界金融发展历程看,金融创新又具有普遍性、易被模仿的特征。无论是传统的银行信贷业务还是现代的衍生证券业务,只要被证明有利可图,往往就会在短时间内被大量复制和模仿,甚至是盲目模仿、扩张而不顾金融风险。次贷危机引发的主要在发达经济体中造成巨大震动的国际金融危机就是一个例证。

区域金融创新可能蕴含新的金融风险,因此需要保持清醒的认识。需要识别区域金融创新和金融风险之间是否存在相关关系,尤其是是否存在某种因果的关系。要正确认识建立金融风险预警机制的重要意义。要深化金融机构内部改革,防范金融风险;要明确地方政府职责,营造良好的金融生态环境。地方政府要明确定位、有所作为,制定风险防范机制;要完善中介机构职责,建立良好的金融生态环境;要创新监管模式,提高监管效率。

要正确认识和处理好金融创新、风险预警与金融监管之间的关系,做到既鼓励创新,提高金融效率,又严控金融风险,及时做出金融风险预警,构建区域金融风险预警体系。同时要进一步理顺金融监管体制,提高实施金融监管的效率。

基于流动性视角的区域金融领先指数研究①

一、引言

区域金融领先指数的构建,是维护区域金融安全和防范区域金融风险的有效举措。目前国内外对区域金融指数的研究主要集中在相互关联的两个方面,一是区域金融运行安全状况的测度,二是对区域金融预警指数的研究。前者侧重于评价区域金融的整体运行状态是否在"安全"的区域内;而后者侧重从区域金融风险识别的角度,防范区域金融风险的过度累积,引致区域金融危机。目前,用于金融预警方面的模型方法主要有 KLR 模型、FR 模型、STV 模型。此后,国内外学者从不同的角度对危机预警的方法做了补充和扩展,比如刘遵义主观概率法、Nag 和 Mitra 的人工神经网络(ANN)模型、Collins 的潜伏变量阈值模型等。

值得关注的是,由于金融制度和所有制结构上的差异,宏观金融政策在不同地区产生的效应不同。当宏观金融政策的紧缩使经济较发达地区经济从过热状态冷却下来时,也会使经济欠发达地区企业发生资金紧张,社会资金的正常流动受阻;而当宏观政策趋于放松时,又会出现经济较发达地区经济再度趋热及通货膨胀的进一步蔓延。因此,区域金融的运行状况不仅要考察区域金融内在关键性指标,还要考察区域外在影响指标。有效的区域金融风险预警系统必须对区域内综合微观审慎指标、宏观审慎指标和市场指标全面监测,而外在影响性指标则应主要考虑非本地区所能控制,却会对本地区经济、金融产生重大影响的一些全局性指标,如货币危机、汇率危机、资本市场危机、全国性经济衰退等因素。

总体而言,目前对区域金融安全或区域金融预警指标体系的定性研究较多,

① 原文发表于《华东经济管理》2012 年第 3 期,作者姚星垣、周建松。

定量研究较少,且缺乏区域金融领先指数的实证研究;定量研究时纯粹用数理统计或者经济计量的方法识别、构建金融预警指标及其体系的较多,能够结合一定的理论进行深入分析的较少。因此,本文在构建区域性金融领先指标体系方面重点将做两方面的尝试和探索:第一,基于流动性视角从逻辑上梳理引起金融风险的因素,以此作为筛选区域性经济金融领先指标的理论支撑;第二,通过定量分析,筛选区域金融领先指标体系,并构建区域金融领先指数。

二、基于流动性的区域金融领先指标删选

从流动性视角分析,区域金融风险的根源在于流动性与区域经济增长不匹配。从逻辑上说,这种不匹配至少包括以下几种情况:第一,区域流动性受到冲击,脱离实际经济增长的需要,具体可表现为受宏观调控等因素的影响,区域货币信贷资金增长率的大幅波动;第二,在区域流动性基本平稳的情况下,区域经济增长受到冲击,具体可表现为区域经济增长率较大幅度波动;第三,区域流动性和区域经济增长同时波动,但波动的方向、幅度存在较大差异。因此,我们定义基于流动性视角的区域金融领先指标的基准循环为区域流动性与区域经济增长之差,即区域超额流动性。

近年来浙江经济总量波动大于全国平均水平。由于第二产业中的工业与区域产出波动最为吻合,而且考虑到数据的可得性和出于样本数量的考虑,与大多数研究一致,我们选取工业增加值当月同比作为经济增长基准变量。浙江信贷发放的同比增速与全国平均水平也存在差异。我们采用本外币贷款的同比增速作为区域流动性增量的指标,因此得到区域金融领先指标基准循环(FS)等于本外币贷款的同比增速减去工业增加值之差。

区域经济可能受到的冲击大致可以分为供给冲击和需求冲击两类。供给冲击(Supply shocks)是指可能引起生产能力和成本变化的事件,主要来源于技术创新和生产成本的变动。需求冲击(Demand shocks)是指经济体中影响到产品和劳务需求的事件,主要来源于需求的变化,比如货币供应量的增加、减税、政府支出的增加或者对外出口需求的增加。产出的长期趋势是由供给因素决定的,而短期波动主要受供给冲击(新凯恩斯主义、实际经济周期理论)还是受需求冲击(凯恩斯主义、货币主义)的影响则没有一致的结论。因此,我们要对区域性经济金融备选指标从经济理论上加以梳理和归类。

区域流动性的冲击除了内生性因素外,还会受到宏观调控的影响。由于我国各个区域之间经济金融结构存在显著的差异,宏观调控,尤其是货币政策对不同区域的影响和效果也存在差异。我们认为,影响宏观调控的主要因素包括国内和国际经济金融形势两个方面。在国内方面,由于央行宏观调控的主要目标是"保持货币币值的稳定,并以此促进经济增长",因此需要关注物价、名义利率、实际利率等变量。另外,由于近年来国家投资拉动经济增长的特征比较显著,需要大量的货币资金投入,因此投资和货币资金这两方面的因素也需要重点关注。

另一方面,随着当今世界经济一体化的趋势日益增强,主要经济体经济金融形势的变化对其他国家的影响范围和程度日益加深,影响机制也日益复杂。尤其是此次发端于美国次贷危机的全球金融危机,对全球经济金融产生了巨大的冲击,其影响力至今尚未消除。我国在加入世贸组织以后,融入世界的步伐日益加快,我国总体上,尤其是东南沿海一带对外依存度较高,因此国际经济金融形势导致的国外需求的变化对宏观调控和区域金融稳定的影响不容忽视。备选指标列表如表1所示。

表 1 区域内在金融领先指标备选库

指标类别			备选指标			
区域内部	需求冲击	资金	本外币各项贷款	人民币各项贷款	本外币贷存比	人民币贷存比
			短期贷款	中长期贷款	城乡储蓄存款	证券交易总金额
		财政	一般预算收入	增值税	营业税	一般预算支出
		投资	固定资产投资完成额	固定资产新开工项目个数	房地产开发投资完成额	商品房销售额
		消费	社会消费品零售总额	CPI		产品销售率
		进出口	进出口总额	出口总额	进口总额	净出口总额
	供给冲击	成本	PPI	PPIRM	全社会用电量	工业用电量

指标类别		备选指标			
区域外部	宏观调控因素	利率	3个月存贷款利率	1年存贷款利率	银行间同业存款利率	
		物价	CPI	PPI	PPIRM	
		资金	本外币各项贷款	人民币各项贷款	新增贷款	M2
		投资综合	固定资产投资完成额	房地产开发投资完成额	消费者预期指数	宏观经济景气先行指数
	国际因素	汇率	人民币有效汇率	美元有效汇率	欧元有效汇率	日元有效汇率
			SDR对人民币	美元对人民币	欧元对人民币	日元对人民币
		国际经济	美国失业率	欧盟失业率	日本失业率	Libor美元利率
			美联邦基金利率	美商业票据利率	美消费信贷增长率	

本文中，主要货币的实际和名义有效汇率取自国际清算银行官方网站，各主要货币对人民币汇率取自中国人民银行网站。美国、欧盟、OECD等国家或地区的失业情况数据取自 OECD 官方网站，美国利率、美国消费信贷相关数据来自美联储网站，其余数据来源于 Wind 数据库，样本数据范围是 2003 年 1 月到 2010 年 5 月，所有数据均为月度数据。由于部分数据存在缺失和不完整性（比如 1 月免报和某些月份没有数据），在正式进行计算处理之前，采用线性插补的方法对原始时间序列的缺失数据进行了补全，并采用 X—12 季节调整方法进行时间序列数据的季节调整。

借鉴中国人民银行武汉分行的做法，首先通过 ADF 单位根检验对数据进行平稳性检验，得到基准变量 FS 为 I(1)。对其余备选变量进行平稳性检验，留下 I(1) 的变量进一步备选。然后构建 VAR 模型，通过格兰杰因果关系检验，去除统计上无法拒绝不存在格兰杰因果关系的变量，然后把脉冲响应的最大值所对应的时期数作为各个预警指标的领先期数。与一般研究一致，保留领先期数大于 3 的变量，得到表 2。

表 2　区域金融领先指标选取和领先期数确定

指标名称	同业存款	消费贷款	CPI	固定资产投资完成额	房地产投资完成额	出口金额	工业产品库存	财政预算预期	PPIRM
对应变量	CKTY	DKXF	CPI	TZGD	TZFDC	CK	GYKC	FI	PPIRM
领先期数	4	7	8	4	4	5	3	3	7

指标名称	消费者预期指数	宏观经济景气先行指数	国内同业存款利率	美元对人民币汇率平均值	美国 3 个月 CD 利率—联邦基金率
对应变量	XFYQ	XXZS	RTY	USD	RCDFR
领先期数	6	8	4	3	8

　　从筛选得到的领先指标来看,区域内部指标基本覆盖了属于需求冲击的投资、消费和进出口以及属于供给冲击的生产成本的各个主要方面。属于宏观调控的变量中,消费者预期指数、宏观经济景气先行指数都属于国家层面的综合领先指数,全国银行间同业存款利率反映了市场利率波动,其余两个变量则反映了国际方面因素的影响。总体上领先指标涵盖了区域内部和外部两方面的影响,代表性较好,与理论分析基本一致。

三、基于流动性视角的区域金融领先指数构建

　　构建领先指数的方法主要有扩散指数法、合成指数法和因子分析法多种。与国内研究多采用合成指数法不同,本文采用因子分析法,可以克服合成指数法对基年的依赖。因子分析法具有归类、降维等方面的优势,可以通过因子分析提取复杂变化中的重要共同因素,通过因子旋转等方法,进一步明晰各因子之间的关系,有助于分析关键因素。

表 3　区域内部金融领先指标特征值与方差贡献率

成分	初始方差提取结果			旋转后的方差提取结果		
	特征值	贡献率 %	累积 %	特征值	贡献率 %	累积 %
1	3.514	39.050	39.050	2.907	32.303	32.303
2	2.561	28.454	67.503	2.310	25.671	57.974
3	1.032	11.471	78.975	1.769	19.656	77.630

续　表

成分	初始方差提取结果			旋转后的方差提取结果		
	特征值	贡献率 %	累积 %	特征值	贡献率 %	累积 %
4	0.900	9.995	88.969	1.021	11.340	88.969

首先,我们对区域内部 9 个领先指标进行因子分析,共提取 4 个因子[①](见表 3),经过具有 Kaiser 标准化的正交旋转后,各个变量的载荷分布进一步清晰:其中 CPI 和 PPIRM、出口和工业产品库存在第一因子载荷较高,价格的上涨是吸收流动性的主要途径之一,出口的增加是外需旺盛的表现,工业库存属于投资,都是实际经济吸收流动性的途径,因此可以称为流动性吸收因子。同业存款和消费贷款在第二因子载荷较高,属于资金供给面的因素,可称为流动性释放因子。属于投资类的指标在第三因子载荷较高。由于我国投资拉动经济的特征比较明显,投资可以吸收流动性,但是另一方面投资又需要大量信贷支持,因此会释放新的流动性,故投资对流动性的影响不确定,可称为流动性综合因子。而财政预期收入在第四因子载荷较高,作为地方资金的主要来源,当流动性出现不足时可以及时补充,但流动性过剩导致金融风险积聚时,又可作为保障资金,因此可称其为流动性稳定因子(见表 4)。

表 4　区域内部金融领先指标因子载荷分析

区域内部领先指标	因子				区域内部领先指标	因子			
	1	2	3	4		1	2	3	4
CKTY	−0.109	0.963	0.075	0.033	TZGD	0.152	0.031	0.938	−0.007
DKXF	0.274	0.841	0.357	−0.040	TZFDC	0.262	0.398	0.762	0.142
CPI	0.913	0.191	0.002	0.008	CK	0.833	−0.182	0.246	0.094
PPIRM	0.886	0.022	0.328	−0.010	GYKC	0.645	−0.569	0.064	0.000
FI	0.042	0.007	0.059	0.994					

加入宏观调控和国际因素变量后再进行因子分析,因子数量保持不变,仍为 4 个。通过 Kaiser 标准化的正交旋转后,我们发现,区域内部各个变量在各个因

---

① 关于提取因子的数量,一般有两种方法:一种是特征值>1,另一种是累计方差贡献率>80%,我们综合运用两种方法,加入宏观调控和国际因素变量前后因子数量都取 4 个以便于比较。

子最大载荷的分布完全一致，说明区域内部因子分析的稳定性较好（见表5）。

表5　加入外部因素后金融领先指标特征值与方差贡献率

成分	初始方差提取结果			旋转后的方差提取结果		
	特征值	贡献率％	累积％	特征值	贡献率％	累积％
1	5.114	36.529	36.529	4.532	32.372	32.372
2	3.172	22.658	59.187	2.985	21.319	53.691
3	1.752	12.515	71.702	2.392	17.085	70.777
4	1.370	9.789	81.491	1.500	10.714	81.491

　　我们再来依次考察一下引入外部变量之后各个因子的经济含义。新增的5个宏观变量中有3个，即消费者预期指数、国内同业存款利率、美元利差其最大载荷落在第一因子，说明国际形势和宏观经济对区域经济以及区域流动性的影响较大，仍可称为流动性吸收因子。第二因子新增了美元对人民币汇率一个变量，说明以美元为主体的外汇占款对区域流动性造成了较大的正向冲击，仍可称为流动性释放因子。第三因子与之前的分析完全一致，仍可称为流动性综合因子。第四因子增加了宏观经济先行指数。由于先行指数对宏观调控决策的参考意义，我们对其流动性稳定因子的称呼不变（见表6）。

表6　加入外部因素后领先指标因子载荷分析

区域内部领先指标	因子				区域外部领先指标	因子			
	1	2	3	4		1	2	3	4
CKTY	−0.153	0.949	0.084	0.088	XFYQ	0.772	−0.183	−0.286	0.407
DKXF	0.198	0.827	0.416	−0.035	XXZS	0.005	0.616	−0.119	0.685
CPI	0.880	0.240	0.110	−0.084	RTY	0.909	−0.064	0.040	−0.146
PPIRM	0.782	0.054	0.446	−0.109	USD	0.264	−0.571	0.542	0.368
TZGD	0.067	0.015	0.946	−0.036	RCDFR	0.684	−0.066	0.074	0.295
TZFDC	0.203	0.408	0.749	0.130					
CKJYD	0.759	−0.170	0.360	0.128					
GYKC	0.709	−0.630	0.089	−0.052					
FI	0.019	−0.018	0.105	0.745					

我们计算各因子得分来分析关键因子对基准变量的经济含义,比较加入宏观调控和国际因素变量前后的情况,选取领先效果最佳的因子(分别为第一因子和第三因子)作为领先指数进行比较,如图1所示。

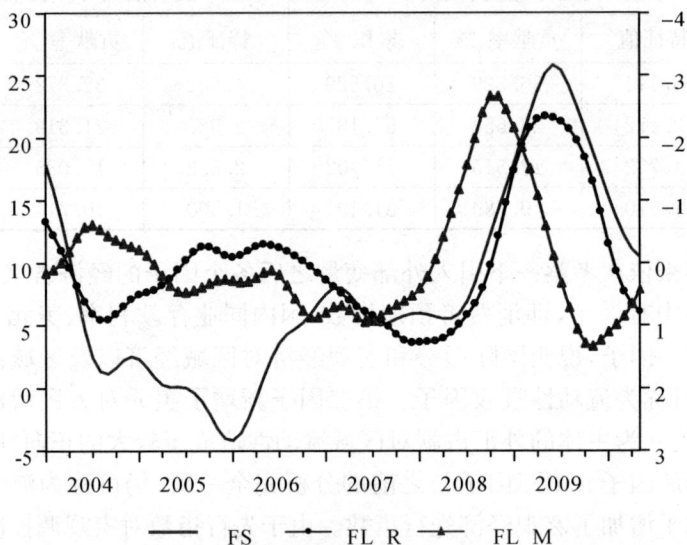

图 1　区域金融领先指数效果分析

注:FS 表示区域金融基准循环,FL_R 表示区域内部指标领先指数,FL_M 表示加入宏观调控和国际因素变量后的领先指数

从比较结果看,总体而言,两者的走势趋势一致,但是加入宏观调控变量后,区域金融领先指数的预测效果有较大程度的改善,如表7所示。具体表现在:第一,领先周期有所提前,平均领先周期由原来的 3.25 个月提前到 6.75 个月,体现了在宏观经济过热的环境下,区域经济运行对宏观调控预期的敏感性。第二,在国际国内经济形势波动较大、宏观调控力度加强的情况下,加入宏观调控和国际因素的区域金融领先指数的优势更加显著(见表7)。

表 7　加入宏观调控和国际因素变量前后区域金融领先指数预测效果比较

	谷	峰	谷	峰	谷
流动性指标	200601	200703	200804	200906	—
区域内部金融预警指数	200508	200605	200712	200905	—

	谷	峰	谷	峰	谷
领先期数	5	5	4	1	—
综合金融预警指数	200507	200606	200706	200811	200911
领先期数	6	4	10	7	—

四、结论

本文主要采用 ADF 单位根检验、格兰杰因果关系检验等方法来筛选区域金融领先指标,用脉冲响应函数方法确定领先期数,从区域流动性管理的视角,考察流动性与区域经济增长的匹配关系,检验宏观调控下区域性金融领先指标和基准循环之间的动态关系。本文的主要结论是:

第一,区域金融的安全运行需要构建一个符合地方实际的金融领先指标体系,并依据科学的方法编制区域金融领先指数,以防范区域金融风险,维护区域金融稳定。基于流动性视角的区域金融领先指数的构建需要关注可对区域流动性与经济增长造成冲击的各种因素的影响。

第二,要重视宏观调控以及国际因素对区域金融运行的外部冲击影响。经验研究表明,加入宏观调控和国际因素变量后,区域金融领先指数对区域金融运行状况预测的效果有较大程度的改善,具体表现为对区域金融运行状态的预测周期有所提前,在国际国内经济形势波动较大、宏观调控力度加强的情况下,这种优势更加显著。

我国金融中心建设支持经济转型的机制研究[①]

——基于 CDI 中国金融中心指数的 SEM 实证分析

一、引言

金融中心(Financial Centre),一般是指聚集了大量金融机构和相关服务产业,全面集中地开展资本借贷、债券发行、外汇交易、保险等金融服务业的城市或地区。在国际层面,由伦敦城市大学卡斯商学院发布的全球金融中心指数(GFCI)从 2007 年 3 月开始,对全球范围内金融中心进行评价,并于每年 3 月和 9 月定期更新以显示金融中心竞争力的变化。该指数着重关注各金融中心的市场灵活度、适应性以及发展潜力等方面,其评价体系涵盖人员、商业环境、市场准入、基础设施和一般性征例 5 大指标。在国内,较有影响力的是综合开发研究院(深圳)发布的中国金融中心指数(CDI CFCI)研究报告。2009 年 6 月发布首期"中国金融中心指数"以来,每年发布一次,以金融产业绩效、金融机构实力、金融市场规模、金融生态环境等指标体系为考量进行排名。值得指出的是,大部分 CDI CFCI 上榜城市均提出了构建不同层次的金融中心的构想和措施。[②]

那么,金融中心建设与经济转型之间有何关联? 一般认为,金融中心建设能够集中大量金融资本和其他生产要素,从而有力推动该城市及周边地区的经济发展。但是,需要注意的是,经济发展与经济转型是两个既有联系又有区别的概念。一般认为,经济发展是指一个国家或地区摆脱贫困落后状态,走向经济和社会生活现代化的过程;经济转型(Economic Transition)指一个国家或地区的经济结构和经济制度在一定时期内发生的根本变化,是一种经济运行状态转向另一种经济运行状态。从一般意义上看,不论是发展还是转型,都是一种存在变革

---

① 原文发表于《浙江金融》2013 年第 4 期,作者姚星垣。

② 具体参见 CDI CFCI 第三期、第四期研究报告。

的动态过程,存在着千丝万缕的联系,因此往往会有"转型发展"的表述。但同时,两者还存在不少区别。第一,从概念上看,经济发展与经济转型的含义存在交叉。经济发展包含了经济增长的含义,而这并不在经济转型的基本含义之内。第二,从动态角度看,经济发展侧重的是过程,是一种连续量变的渐变过程,而经济转型更加侧重的是在量变基础上的质变,是过程与结果的统一。第三,从条件上看,由于经济发展是一个渐变、相对缓慢的演进过程,其对初始条件的依赖性较低,而经济转型则对初始条件的依赖性较高,否则量变无法到达质变,甚至有可能出现恶化。因此,金融中心建设支持经济转型的内在机制可能与支持经济发展的机制存在区别。

那么,金融中心建设是否支持经济转型? 其内在的机制到底如何? 金融中心建设的不同方面,其对经济转型的内在作用机制及其相互影响的机理究竟如何? 这是本文研究的核心问题。

二、金融中心建设支持经济转型的理论探讨

尽管金融中心就其影响力而言具有明显层次性的特征,但一般认为,国内建设金融中心的目的在于更好地发挥金融在现代经济中的各项功能,增强在本区域的实力和影响力,以此促进本区域经济发展和经济转型。本质上,还是通过金融中心建设来强化金融发展对经济发展的正面影响。

关于金融发展与经济增长的关系,国内外学者的研究结论并不一致,除了各地所处的阶段和约束条件存在差异以外,使用怎样的指标测度金融发展,也是影响研究结论的重要因素。金融发展指标选择的思路大致而言可以分为两个层次,第一个层次是一国金融上层结构与经济基础结构之间的关系,最为经典的指标是由美国经济学家雷蒙德·W. 戈德史密斯(R. W. Goldsmith,1969)提出的金融相关率(Financial Interrelations Ratio,FIR),是指某一时点一国全部金融资产价值与该国经济活动总量的比值。第二个层次是金融内部各类金融机构和金融工具的比例关系,例如 Goldsmith 又把它细分为 7 个方面。

值得注意的是,在大量的经验研究中,尤其是对金融发展与经济增长等关系的研究中,往往用金融相关率(FIR)来测度金融发展,这样的简化实际上是对金融发展的片面理解。李猛(2008)就直接指出,以往对金融发展的研究,例如 McKinnon(1973) 和 Shaw(1973) 对金融抑制和金融深化的研究,主要论述的

其实是金融深度。常用的金融发展指标——M2/ GDP、金融资产/ GDP 、私营部门的国内信贷/ GDP 以及金融相关率等,都是用来衡量金融深度和规模的指标。

笔者认为,要全面衡量金融发展,除了金融深度,还需要考虑其他的维度,即金融宽度(Financial Width)。目前,国内外学者对于什么是金融宽度,尚没有严格的、广泛接受的定义。伍旭川(2005)认为,金融宽度是指金融媒介能够将居民储蓄的资金投入到国民经济各个方面的渠道宽度,它主要用于衡量金融业发展的程度,即一国金融产品的丰富程度、金融工具的创新力度等。例如,一个国家全部金融资产的结构指标,一国居民财产的结构指标等均可用于衡量一国的金融宽度。李猛(2008)认为,金融宽度是指人们在经济活动中能够使用更多更便捷的金融服务,即金融服务的可得性(access to finance)。耿颢(2009)则综合了上述两位学者的看法,认为金融宽度是指金融服务的可得性,即一国金融产品的丰富程度、金融工具的创新力度等。

我们认为,金融宽度是指一国或一个地区金融产品和服务的可得性(Accessibility)、丰富性(Variety)和覆盖面(Coverage)。作为金融中心,除了金融资源集聚的特性外,还要表现为金融产品和服务的可得性较高,金融产品和服务的种类多元化,金融产品和服务对企业和居民的覆盖面较广。当然,需要指出的是,金融深度与金融宽度之间并不是矛盾对立的,要拓展金融宽度,使得金融中心能够提供的金融服务更加全面,即具有较高的金融可得性、丰富性和覆盖面,必然需要有一定的金融规模作为基础。因此,我们认为,增加金融深度有助于拓展金融宽度。

经济转型需要大量的资金支持。无论是产业结构的调整,对环境的治理,以及对人力资本的投入,都离不开金融的支持,没有一定的金融规模投入是无法实现的。但同时,经济转型不仅需要"量"的支持,也需要更加多元的金融产品和服务的支持。经济转型是一项系统工程,涉及的范围极广,因此需要通过金融中心建设,逐步改变原来过度依赖资源和资金要素投入的低效状态,强化资源配置、风险管理等金融核心功能,为经济转型的各个领域和不同层面都提供金融产品和服务。因此,我们把金融中心建设对经济转型的作用机制概括为两个方面,金融中心建设一方面是通过做大金融规模,从金融深度的角度推进经济转型,另一方面金融中心建设往往伴随着金融产品和服务的可得性、丰富性和覆盖面的扩大,从拓展金融宽度层面推进经济转型。

此外,经济发展与经济转型之间也可能存在作用机制。一个经济体的演进,既要有相对平稳的发展,也要有关键时刻的转型。而且,转型往往是发展到一定阶段后的客观需要。此时,如果不进行转型,发展就可能停滞甚至倒退。事实上,转型国家大都面临着双重的经济任务,既面临着经济的转型,又面临着经济的深化和发展(李泽广,2003)。但同时,发展是转型的基础,没有一定的发展,就缺乏转型的根基。

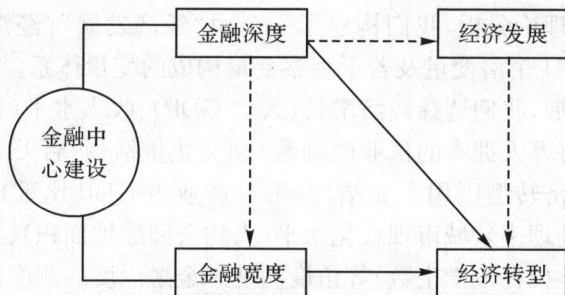

图1 金融中心建设支持经济转型的内在机制

根据上文的理论分析,我们把金融中心建设与经济转型的关键因素归纳提炼为"经济发展""经济转型""金融深度"和"金融宽度"4个方面,根据这4个关键因素之间的相互关系提出重点待验证假设 H1 和 H2(图1中实线箭头)。此外,鉴于金融深度、金融宽度与经济发展转型之间可能存在的复杂的相互关系,也验证假设 H3—H5(图1中虚线箭头),如表1所示。

表1 金融中心促进发展转型的路径与机制研究假设

序号	研究假设
1	H1:金融中心的金融宽度对经济转型有影响
2	H2:金融中心的金融深度对经济转型有影响
3	H3:金融中心经济发展对经济转型有影响
4	H4:金融中心的金融深度对金融宽度有影响
5	H5:金融中心的金融深度对经济发展有影响

三、金融中心建设支持经济发展转型的经验研究

(一)模型构建与数据处理

根据上文的理论分析,我们构建了一个由"经济发展""经济转型""金融深度"和"金融宽度"4个潜变量及若干观察变量构成的变量体系。

关于经济发展,我们选择经济增长(人均GDP)、收入水平(在岗职工平均工资)、生活质量(每万人拥有的执业医师数)和文化生活(每百万人群众艺术文化馆数)来衡量,经济转型则用产业结构(第三产业占GDP比重)、环境友好程度(城市生活污水处理率)、城市现代化水平(人均公园绿地面积)、经济增长的智力支持(普通高等学校在校学生数)等角度测度。金融深度的测度则包括金融资产规模(金融相关率)、金融产业发展(金融业增加值)、信贷规模(贷款余额)和直接融资发展(上市公司总数)测度。

我们的难点在于金融宽度的测度。Beck,Demirguc-Kuntand Peria(2005)列出了99个国家的8个衡量金融宽度(主要是银行服务)的指标值,包括每1000平方公里存在的自动取款机数量、每10万人拥有的自动取款机数量、每千人拥有的贷款账户数量、每个贷款账户的规模与人均GDP的比率、每千人拥有的存款账户数量等。Honohan(2006)运用45个国家的家庭调查和银行调查数据,用统计学方法合成了一个衡量162个国家的金融宽度的指标——拥有银行账户的家庭数目占总家庭数目的百分比。囿于数据的可得性,这些指标较难获得。我们认为,金融产品和服务的提供者在于金融机构,金融产品和服务的创新主体也是金融机构,因此,我们分别从银行业服务(商业银行支行数量)、证券业服务(证券营业部家数)、保险业服务(保险密度)以及金融服务国际化程度(外资银行在本地的营业性机构数量)等加以测度。各个指标及其符号如表2所示。

表2　结构方程模型指标

序号	一级潜在指标	符号	二级可测量指标	符号
1	经济发展	EcoDev	人均GDP	GDPpc
2			在岗职工平均工资	Wage
3			每万人拥有的执业医师数	Doc

续　表

序号	一级潜在指标	符号	二级可测量指标	符号
4			每百万人群众艺术文化馆数	Art
5	经济转型	EcoTran	第三产业占 GDP 比重	Third
6			城市生活污水处理率	Water
7			人均公园绿地面积	Green
8			普通高等学校在校学生数	Stud
9	金融深度	FinDep	金融相关比率	FIR
10			金融业增加值	FVal
11			贷款余额	Loan
12			上市公司总数	List
13	金融宽度	FinWid	商业银行支行数量	BNum
14			证券营业部家数	SNum
15			保险密度	IDen
16			外资银行在本地的营业性机构数量	FNum

本文的经验研究以 CDI 中国金融中心指数第三期和第四期所列城市为样本[①],总共 60 个样本,数据来源是 CDI 中国金融中心指数报告所附的原始数据。由于各个指标的单位不统一,且数量级相差较大,为了便于比较和计算,我们运用 SPSS17.0 对所有指标的原始数据进行了标准化处理。

(二)拟合度检验和模型修正

金融中心建设支持经济转型的内在机制是一个复杂的系统,本文采用结构方程模型(Structural Equation Modeling,SEM)方法进行建模分析。它整合了因素分析与路径分析两种统计方法,同时检验模型中包含的显性变量、潜在变量、干扰或误差变量之间的关系(吴明隆,2010)。其优势在于可处理多个原因、多个结果的关系,以及不可直接观测的变量(即潜变量),弥补了传统统计方法的

---

① 截至 2012 年,CDI 中国金融中心指数报告共发布了 4 期,但是从第 3 期开始依据指标的计算方法有所调整,故只选择后两期作为样本。

不足,成为多元数据分析的重要工具。

依据上文述及的指标体系,运行 Amos7.0,构建结构方程。对金融中心城市样本无量纲化数据用 GLS 方法进行估计,并对模型适配度各项指标进行检验,模型卡方值为 360.154,自由度为 98,适配概率为 0.000,模型适配度效果并不理想,需要进行模型修正。首先依据模型简约性原则,根据 CR(Critical Ratio)标准,逐步删除不显著的潜变量之间的路径以及潜变量与观测变量之间的路径,并通过参考 Modification Indices,增加残差相关的路径,减少估计方程的卡方值,提高模型适配度;其次是根据 Critical Ratio for Difference 中的 CR 值判断两个待估参数间是否存在显著性差异。若两个待估参数间不存在显著性差异,则可以限定模型在估计时对这两个参数赋以相同的值,以增加自由度。

表 3　　结构方程模型路径系数估计

			未标准化路径系数	S. E.	C. R.	P	标准化路径系数	检验结果
经济转型	←	金融宽度	0.338	0.051	6.584	* * *	0.457	支持
经济转型	←	经济发展	0.338	0.051	6.584	* * *	0.426	支持
金融宽度	←	金融深度	0.999	0.083	11.979	* * *	0.961	支持
经济发展	←	金融深度	0.758	0.096	7.913	* * *	0.782	支持
Loan	←	金融深度	1.000				0.921	支持
FVal	←	金融深度	1.120	0.059	18.939	* * *	1.009	支持
SNum	←	金融宽度	1.000				0.957	支持
FNum	←	金融宽度	1.027	0.074	13.911	* * *	0.880	支持
GDPpc	←	经济发展	1.000				0.807	支持
Wage	←	经济发展	1.027	0.074	13.911	* * *	0.921	支持
Third	←	经济转型	1.000				0.832	支持
Green	←	经济转型	1.120	0.059	18.939	* * *	0.773	支持

注:* * *表示在 0.1%显著性水平显著

路径系数显著性检验结果表明,金融深度对经济转型没有显著的影响,予以去除。然后进一步考察观察变量与潜在变量之间的关系,逐步去除每万人拥有的执业医师数等变量的影响。最后参考 Modification Indices 和 Critical Ratio for Difference 指标值,对模型进行进一步修正,得到新的估计模型,模型适配度检验表明，修正后的模型卡方值为 20.4，自由度为 19，概率 P 大于临界值 0.05，其他主要检验指标也基本通过检验，模型整体的构建较为理想。

表 4　结构方程模型适配度检验

适配度指标	卡方值（自由度）	P	GFI	AGFI	RMSEA	NFI	PNFI	PCFI	AIC
参考标准或临界值	越小越好	>0.05	>0.9	>0.9	<0.05	>0.9	>0.5	>0.5	越小越好
检验结果	20.418(19)	0.370	0.913	0.836	0.036	0.954	0.491	0.658	55.767
适配判断	—	是	是	否	是	是	否	是	—

（三）金融中心建设对发展转型的影响机制

从模型估计的路径系数的参数估计结果来看，基本符合理论假设。首先，金融中心建设的两个方面，即金融深度与金融宽度对经济转型都有支持作用，两者总影响的标准化系数分别为 0.772 和 0.457，金融深度对经济转型影响的关联度要大于金融宽度，体现了金融中心建设中的金融资源集聚效应对区域经济转型的基础性地位。

其次，金融深度与金融宽度对经济转型的具体作用的机制不同。金融深度对经济转型并没有直接的作用，而是通过支持经济发展以及拓展金融宽度两种机制，间接作用于经济转型，标准化系数分别为 0.782 和 0.961，而金融宽度则直接有利于经济转型。这种差异性对我们如何推进金融中心建设有着重要的启示。

第三，金融深度与金融宽度之间存在直接的关联效应，但两者的直接支持对象不同，金融深度主要有助于推动经济发展，而拓展金融宽度的作用体现在推进经济转型。因此，要实现区域经济的转型发展，金融中心建设需要在金融深度与金融宽度两个层面共同推进，不能有所偏颇。

表 5　结构方程模型各潜变量之间的影响机制

	影响方式	金融深度	金融宽度	经济发展
经济转型	直接影响		0.457	0.426
	间接影响	0.772		

	影响方式	金融深度	金融宽度	经济发展
经济转型	总影响	0.772	0.457	0.426
经济发展	直接影响	0.782		
	间接影响			
	总影响	0.782		
金融宽度	直接影响	0.961		
	间接影响			
	总影响	0.961		

四、研究结论和政策建议

本文研究结果表明,金融中心建设能够促进经济转型,具体通过金融深度和金融宽度两个方面,分别对经济转型起到间接和直接的作用。为此,我们提出如下政策建议:

第一,要进一步发挥金融中心建设的资源集聚功能。经验研究表明,金融资源的集聚是金融中心的重要表现,对区域经济发展的直接支持力度较大。金融资源的集聚既包括资金的集聚,也包括金融机构的集聚,还包括金融人才的集聚。因此,需要综合实施各种配套措施,创造公平的竞争环境,保障市场机制的畅通运行,以吸引更多的金融资源。

第二,要拓展金融中心金融产品和服务的宽度。与金融深度不同,金融宽度对经济转型有直接支持。一个功能健全的区域金融中心需要构建一个立体式、多元化的金融产品和服务体系。因此,适应经济转型的现实需求,积极拓展金融宽度,是进一步加强金融中心建设的重要任务。为此,金融中心需要通过鼓励金融创新,不断提高金融产品和服务的可得性、丰富度和覆盖面。

第三,要辩证看待金融中心建设中金融深度和金融宽度。经验研究表明,两者对经济发展与经济转型的影响机制不同,但两者又有密切的联系,一是提高金融深度有助于拓展金融宽度;二是金融深度可通过金融宽度间接推动经济转型。因此可以说,一定水平的金融深度是拓展金融宽度的基础,但同时也要通过金融创新,积极拓展金融宽度,才能更好地促进经济转型,服务实体经济,尤其是服务小微企业和居民,支持区域经济实现包容式增长。

都市经济圈金融合作的路径与机制研究[①]

——基于杭州都市经济圈 SEM 模型的分析

一、引言

伴随着我国城市化进程向纵深方向推进,都市经济圈的发展与演变成了近年来国内研究的一个热点问题。除了从经济地理学、区域经济学、产业经济学和发展经济学等角度研究都市经济圈经济一般发展和演变规律外,还有学者着重从都市经济圈内部合作的角度进行探讨。比如罗小龙、沈建法(2007)认为都市经济圈合作是否有效取决于合作的机制、合作的过程、合作的性质和领域、伙伴的选择和伙伴关系形成中利益相关者的作用。王红霞(2006)指出,城市群的崛起带动了经济圈的形成和发展,城市群的演变是推动区域经济发展的一个重要动力,也是促进区域经济一体化的内在因素。

基于金融发展与经济增长之间的密切关系,不少学者从金融的角度探讨都市经济圈合作。例如许长新、李政(2007)提出了金融地理圈的概念,并进一步分析其发展过程、演化的动力和路径,认为在我国行政割据较为严重的情况下,金融地理圈与都市经济圈并未实现和谐发展。张永乐(2008)指出,区域金融合作能够促进区域内金融资源的自由流动,缓和地区间资金供求失衡矛盾,促进区域经济合作发展。值得注意的是,还有部分学者,例如唐吉平等(2005)、闫彦明(2010)等依据经济地理和金融地理理论,从"金融辐射"的角度出发,通过经验分析,计算出中心城市的金融辐射半径,指出区域金融合作的实际状况和进一步推进的潜在可能性。

总体而言,目前对于都市经济圈金融合作的研究,主要仍以定性分析和政策

---

① 原文发表于《财经论丛》2013 年第 1 期,作者姚星垣、陶永诚。

建议为主,缺乏经验数据支持。究其原因,恐怕在于金融合作本身是一个十分复杂的系统工程,在传统的计量经济学范畴内,如何定义"金融合作"的具体量化指标,如何分析金融合作与其他影响因素之间的关系始终是一个难题。

本文试图运用结构方程模型(Structural Equation Modeling,SEM),以杭州都市经济圈为例,以相关理论和假设为基础,对都市经济圈金融合作的可能路径与内在机制进行经验研究,并得出促进都市经济圈金融合作的政策建议。

二、理论研究和基本假设

在具体研究都市圈金融合作的路径和机制之前,首先需要明确以下几个方面的问题:一是都市经济圈金融合作可行性和必要性。龚钰涵(2009)认为,区域金融合作是区域经济增长、区域产业分工与区域经济一体化的内在要求。陶永诚、赵振华(2011)认为,都市经济圈金融合作是产业转型升级、地方金融产业发展、金融资源共享、优势金融资源整合与扩散以及金融合作创新的需要。二是都市经济圈金融合作的基础。一般认为,都市经济圈特定区域内各个城市间的经济状况和金融发展水平的差异是影响都市经济圈金融合作效果的重要因素。一方面,差异是都市经济圈金融分工合作、提高效率的前提。另一方面,差异下的共性是为相关金融合作提供基础平台和保障,否则就缺乏合作的平台和对话的机制。三是都市经济圈金融合作的效果。陶永诚、赵振华(2011)认为,区域金融合作会产生资源集聚效应、规模经济效应以及"极化"与扩散效应。

我们认为,要最大限度地发挥金融合作的积极效果,关键是要权衡这些影响的利弊,尤其是要处理好都市经济圈金融合作"极化"与扩散效应这一对看似矛盾的影响,因此需要分析它们各自受到什么因素影响,以及影响的程度。

对于金融合作效果的极化和扩散效应,我们借鉴区位熵[①]的概念加以测度,具体包括金融资源区位熵数(QFinRGDP)、金融人才区位熵数(QDepEmp)和金融理财区位熵数(QSavPop)。我们定义:

$$QFinRGDP = \frac{FinR_i/FinR}{GDP_i/GDP}$$

其中,$FinR_i$ 是 i 地存贷款余额,FinR 为都市经济圈存贷款余额总量,GDP_i 是 i

---

① 区位熵是哈盖特(P. Haggett)首先提出并运用于区位分析中,主要用于衡量某一区域要素的空间分布情况,反映某一产业部门的专业化程度,以及某一区域在高层次区域的地位和作用。

地当年 GDP，GDP 是都市经济圈 GDP 总额。

$$QDepEmp = \frac{Dep_i / Dep}{Emp_i / Emp}$$

其中，Dep_i 是 i 地存贷款余额，Dep 为都市经济圈存贷款余额总量，Emp_i 为 i 地金融业职工人数，Emp 为都市经济圈金融职工总人数。

$$QSavPop = \frac{Sav_i / Sav}{Pop_i / Pop}$$

其中，Sav_i 是 i 地城乡居民储蓄额，Sav 为都市经济圈城乡居民储蓄总额，Pop_i 为 i 人口总数，Pop 为都市经济圈人口总数。

金融资源区位熵数的经济学含义是相对于实体经济、某地金融资源的分布状况而言的。如果 QFinRGDP＞1，则表明该地区的金融资源集聚度较高。金融人才区位熵数反映的是金融资源相对于金融从业人员之间的分布关系，如果 QDepEmp＞1，说明该地区的金融人才效率较高，金融人才集聚程度较高。金融理财区位熵数表明以城乡居民储蓄为代表的财富相对于人口的分布状况，如果 QSavPop＞1，表明该地区的财富管理的潜力大于平均水平。因此，从某种意义上说，金融资源区位熵数、金融人才区位熵数和金融理财区位熵数分别是金融资源合作、金融人才合作和金融理财合作的测度。

都市经济圈金融合作是一个复杂的系统，包含了众多需要考虑的因素，而且各个基本因素之间的关系也十分复杂。依据上文分析和已有的相关成果，我们把都市经济圈金融合作的关键因素归纳提炼为"经济发展""金融发展""社会保障"和"金融合作"4 个方面，并对它们之间的相互关系提出如下假设，见表 1。

表 1   都市经济圈金融合作路径与机制研究假设

序号	研究假设
1	H1：都市经济圈经济发展对金融发展有影响
2	H2：都市经济圈经济发展对社会保障有影响
3	H3：都市经济圈经济发展对金融合作有影响
4	H4：都市经济圈金融发展对金融合作有影响
5	H5：都市经济圈金融发展对社会保障有影响
6	H6：都市经济圈社会保障对金融合作有影响

三、模型构建与数据处理

本文采用 SEM 方法进行建模分析。典型的 SEM 包括测量方程(分析观测变量与潜变量之间关系)和结构方程(潜变量之间关系)。SEM 的优势在于可处理多个原因、多个结果的关系,以及不可直接观测的变量(即潜变量),弥补了传统统计方法的不足,成为多元数据分析的重要工具。吴明隆(2010)指出,结构方程模型属于多变量统计,它整合了因素分析与路径分析两种统计方法,同时检验模型中包含的显性变量、潜在变量、干扰或误差变量之间的关系。

我们构建一个由"经济发展""金融发展""社会保障"和"金融合作"4 个潜变量构成的变量体系。关于经济发展水平的度量,不等同于经济增长,而且都市经济圈的金融合作往往基于各城市经济结构和产业集聚的差异性,因此我们选择产业结构(第三产业产值/GDP)、所有制结构(年末单位从业人员数/人口总数)和经济增长动力结构(固定资产投资/GDP)来测度。在金融发展水平方面,则包含了金融资产规模(金融相关率)、金融效率(贷存比)和金融差异(贷款余额分布比例)来测度。我们分别用基本养老保险参保比例、基本医疗保险参保比例和社会福利院床位数来衡量都市经济圈的社会保障水平。本文采用区域熵数法来描述金融合作。各个指标及其符号如表 2 所示。

表 2　结构方程模型指标

序号	一级潜在指标	符号	二级可测量指标	符号
1	经济发展	EcoDev	第三产业产值/GDP	Third
2			年末单位从业人员数/人口总数	EmpPop
3			固定资产投资/GDP	FixGDP
4	金融发展	FinDev	金融相关率	FIR
5			贷款余额分布比例	RLoan
6			贷存比	LoanDep
7	社会保障	SocSec	基本养老保险参保比例	InsOld
8			基本医疗保险参保比例	InsMed
9			社会福利院床位数	BedNum

序号	一级潜在指标	符号	二级可测量指标	符号
10	金融合作	FinCop	金融资源区位熵数	QFinRGDP
11			金融人才区位熵数	QDepEmp
12			金融理财区位熵数	QSavPop

　　本文的经验研究包含 2003—2010 年杭嘉湖绍 4 地市的市区以及下辖各个县（市），共 176 个样本，数据来源为历年浙江省统计年鉴。

　　从表 3 中可以看到，杭州都市经济圈各市区的区位金融熵数有较大的差异性，这种差异体现了金融合作的可能性和潜在机会。杭州市作为打造长三角南翼金融中心的城市和省会城市，其历年的金融资源区位熵数、金融人才区位熵数和金融理财区位熵数均大于 1，金融资源方面的优势尤其明显。绍兴金融资源区位熵数、金融人才区位熵数和金融理财区位熵数也都大于 1，而且在金融资源集聚方面，甚至超过了杭州，即绍兴市区的金融规模相对于 GDP 而言最为集中。相对而言，嘉兴和湖州区位熵数较低，但是近年来总体上正稳步提高。

表 3　杭州都市经济圈各市区金融合作区位熵数

年份	金融资源合作				金融人才合作				金融理财合作			
	杭	嘉	湖	绍	杭	嘉	湖	绍	杭	嘉	湖	绍
2006	1.56	0.95	0.65	1.64	1.28	0.53	0.34	1.30	1.86	1.09	0.71	1.72
2007	1.58	0.89	0.64	1.68	1.27	0.51	0.35	1.21	1.84	1.11	0.73	1.72
2008	1.57	0.90	0.63	1.68	1.22	0.61	0.25	1.38	1.86	1.09	0.73	1.70
2009	1.54	0.94	0.66	1.66	1.15	0.63	0.34	1.02	1.88	1.05	0.74	1.64
2010	1.52	0.91	0.72	1.73	1.08	0.61	0.40	1.08	1.85	1.06	0.74	1.57

四、模型拟合度与路径分析

（一）拟合度检验和模型修正

　　通过运行 Amos7.0 构建结构方程，如图 1 所示。我们对都市经济圈各地

2003—2010 年无量纲化数据用 GLS 方法进行估计,并对模型适配度各项指标进行检验,模型卡方值为 345.065,自由度为 48,适配概率为 0.000,模型适配度效果并不理想,需要进行模型修正。

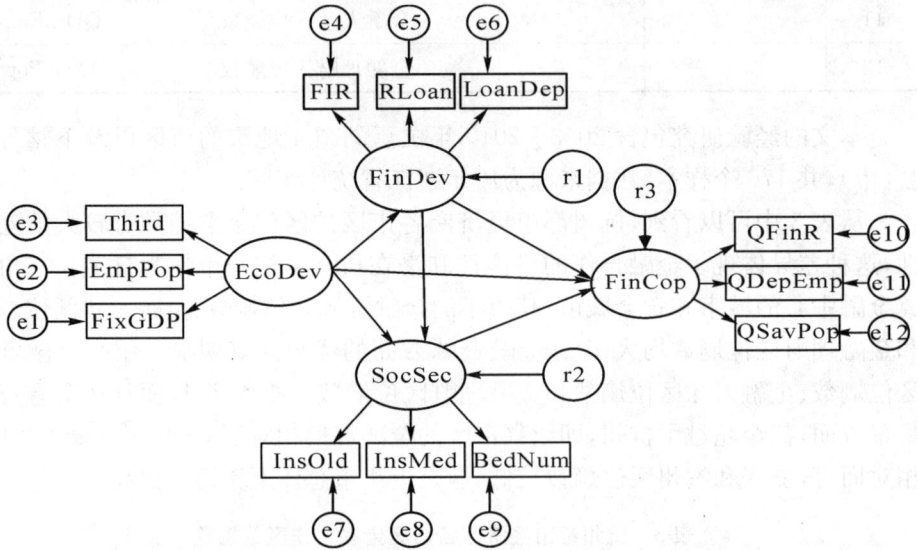

图 1　都市经济圈金融合作结构模型

　　我们依据都市经济圈金融合作的相关理论和假设为基础,主要从以下几个方面着手:一是检验路径系数是否显著,依据模型简约性原则,逐步删除不显著的潜变量之间的路径以及潜变量与观测变量之间的路径,具体是根据 CR (Critical Ratio)标准,去除路径系数在 95% 的置信度下与 0 不存在显著性差异的路径;二是参考 Modification Indices,通过增加残差相关的路径,减少估计方程的卡方值,提高模型适配度;三是可以根据 Critical Ratio for Difference 中的 CR 值判断两个待估参数间是否存在显著性差异。若两个待估参数间不存在显著性差异,则可以限定模型在估计时对这两个参数赋以相同的值,以增加自由度,改进其他建议指标效果。

　　路径系数显著性检验结果表明,经济发展对金融合作没有显著的影响,首先去除,同样金融发展对社会保障也无显著影响。然后进一步考察观察变量与潜在变量之间的关系,逐步去除固定资产投资/GDP 等变量的影响。最后参考 Modification Indices 和 Critical Ratio for Difference 指标值,对模型进行进一步修正，得到新的估计模型，各项路径系数均显著，如表4所示；且通过了大多数模型适配度的检验，效果良好，如表5所示。

表4　结构方程模型路径系数估计

		未标准化路径系数	S. E.	C. R.	P	标准化路径系数	检验结果
社会保障	← 经济发展	1.927	0.137	14.019	＊＊＊	0.965	支持
金融发展	← 经济发展	18.661	1.253	14.895	＊＊＊	0.910	支持
金融合作	← 金融发展	0.423	0.022	18.934	＊＊＊	1.377	支持
金融合作	← 社会保障	−1.454	0.229	−6.348	＊＊＊	−0.462	支持
Third	← 经济发展	1.000				0.896	支持
EmpPop	← 经济发展	1.430	0.118	12.151	＊＊＊	0.880	支持
FIR	← 金融发展	1.000				0.950	支持
RLoan	← 金融发展	0.076	0.006	13.093	＊＊＊	0.696	支持
InsMed	← 社会保障	1.000				0.933	支持
InsOld	← 社会保障	1.032	0.029	35.161	＊＊＊	0.972	支持
QFinRGDP	← 金融合作	1.000				1.027	支持
QSavPop	← 金融合作	1.032	0.029	35.161	＊＊＊	0.866	支持

注：＊＊＊表示在0.1%显著性水平显著

表5　结构方程模型适配度检验

适配度指标	卡方	P	GFI	AGFI	RMR	RMSEA	NFI	PNFI	PCFI	AIC
参考标准或临界值	越小越好	＞0.05	＞0.9	＞0.9	＜0.05	＜0.05	＞0.9	＞0.5	＞0.5	越小越好
检验结果	11.767	0.625	0.983	0.957	0.005	0.000	0.954	0.477	0.500	55.767
适配判断	—	是	是	是	是	是	是	否	是	—

(二)都市经济圈金融合作影响机制

从模型估计的路径系数的参数估计结果来看，除了金融发展对社会保障没有影响以外，基本符合理论假设，但是其影响的路径和机制却有所区别。如表6

所示,经济发展对金融发展和社会保障有正面影响,标准化系数分别为 0.910 和 0.965,但是对金融合作没有直接影响。金融发展对金融合作的影响主要体现在极化效应方面,即某地的金融发展增加本地区的金融区域熵数,体现了金融资源的集聚效果。而社会保障对金融合作的影响主要体现在扩散效应方面,即社会保障水平的提高,有助于各项金融资源的合理调配,可避免金融资源的过度集聚导致投资边际收益下降,效率降低的负面影响。

值得关注的是,作为金融合作的前提基础,经济发展水平对金融合作尽管没有直接影响,但是有较大正的间接影响,系数为 0.808。因此,从当前发展水平来看,金融合作的效果主要还是体现在极化效应上。

表6　结构方程模型各潜变量之间的影响机制

	影响方式	经济发展	金融发展	社会保障
金融发展	直接影响	0.910		
	间接影响			
	总影响	0.910		
社会保障	直接影响	0.965		
	间接影响			
	总影响	0.965		
金融合作	直接影响		1.377	−0.462
	间接影响	0.808		
	总影响	0.808	1.377	−0.462

五、结论与政策建议

本文以杭州都市经济圈为例,通过构建结构方程模型,提炼出了"经济发展""金融发展""社会保障"和"金融合作"4个方面的要素,对都市经济圈金融合作的路径和机制进行了经验分析,研究结果支持了经济发展是都市经济圈金融合作的基础,并通过金融发展水平的提高和社会保障水平的完善两条路径,对金融合作产生影响,但其影响机制不同。金融发展对金融合作的作用主要体现在"极化"方面,而社会保障对金融合作的作用主要体现在"扩散"方面。因此,为进一

步推进都市经济圈金融合作,建议采取和完善如下措施:

第一,以经济结构转型升级为契机,转变发展方式。经济发展水平是都市经济圈金融合作的基础。经济水平的提高不仅仅是 GDP 总量或者人均 GDP 的增加,更是经济的全面发展,是经济增长质量和效率的提升。因此,转变发展方式势在必行,主要由过去对劳动力数量和大量消耗资源能源转变为主要依赖技术水平、资金效率、劳动者素质的提升。经济转型升级应强调都市经济圈的整体性与区域分工合作性,推进经济圈内整体的经济转型升级。

第二,以推动金融自身转型为动力,推进金融合作。现代经济的发展也需要金融自身的转型,金融发展同样不能只依赖于数量规模的增加,更要通过金融创新,积极拓展投融资渠道,提高金融效率,更好地发挥各项金融功能。鉴于金融发展对金融合作的影响主要体现在极化效应,就更应该辩证地处理好金融发展中规模和效率的关系,防止极化效应的过度反应。在金融合作内容的选择上,应优先推进新金融业务的合作和跨行业的金融合作,以实现在极化效应中带动扩散效应。

第三,以发挥各自比较优势为抓手,深化金融合作。金融差异是都市经济圈金融合作的重要基础,为金融业内部结构的优化和要素的流动提供了某种"势能"。因此,都市经济圈内各城市在大力促进本市金融发展的同时,也要根据各自的比较优势,找准自身的定位,既要防止过度竞争,也要避免盲目合作。从根本上说,只有各地进一步发挥各自的金融发展特色,才能真正互惠互利,实现合作共赢。都市经济圈各方在协调政策时要兼顾各地利益,充分发挥各地、各金融机构的比较优势,深化金融专业分工,促进区域金融优势互补。

第四,以完善社会保障机制为后盾,护航金融合作。经验研究表明,社会保障对金融合作的影响主要体现在扩散方面,这是一个很有启发意义的结果。与经济发展侧重"效率"不同,社会保障制度的完善,更多地体现了社会发展的"公平"。这个结果有助于我们更加全面地思考经济发展和金融合作带来的各种效应,科学地处理好公平与效率的关系。通过完善社会保障,或推进社会保障方面的业务合作,可以更好地实现高质量的金融合作。

区域农村金融发展与城乡一体化关系的实证研究：以浙江省为例[①]

大力推进"城乡一体化"进程是打破城乡二元经济格局,缩小城乡收入差距,促进经济社会和谐发展的重要抓手,其基本思路在于加速农村经济、政治、社会、文化等各领域的发展,核心是通过城市反哺农村,以二、三产业支持第一产业等途径推动农村加速发展。金融是现代经济的核心,考察金融因素,尤其是发展相对滞后的农村金融因素在促进城乡一体化进程中的作用,具有重要的现实意义。

一、文献综述

缩小城乡收入差距是推进城乡一体化的重要方面,不少学者从理论层面分析收入差距与金融发展之间的关系。Greenwood 、Jovanovic(1990)通过构建内生增长模型(GJ 模型),讨论了经济增长、金融发展和收入分配三者之间的理论关系,证明由于存在两个门槛财富水平,金融发展和收入分配的关系服从"倒 U 形"的轨迹,这是因为在经济发展初期,只有收入较高的少数人愿意支付成本享受金融服务,并获得投资回报,收入分配不平等状况会加剧。随着经济增长和金融中介发展,越来越多的人积累了足够多的财富,可以获得金融服务,收入差距逐渐缩小,直至收敛到平等水平。Townsend,Ueda(2003)简化和改进了 GJ 模型,以一个动态模型讨论了金融深化对收入分配的影响,证明了金融发展与收入差距的关系遵循库兹涅茨曲线。

总体上看,从区域农村金融发展的角度来研究城乡一体化的文献较少。由于所选取的样本、指标选取以及使用的分析方法不同,对于农村金融发展与城乡一体化关系的研究结论并不一致。本文通过构建 VAR 模型,分析区域农村金

[①] 原文发表于《经济研究导刊》2012 年第 1 期,作者姚星垣、夏慧。

融发展与城乡一体化的动态关系,以期从农村金融发展的角度为城乡一体化提供富有建设性的政策建议。

二、理论假设与数据来源

(一)理论假设

我们认为,一方面,农村金融发展本身就是城乡一体化的一部分。当前城乡金融发展水平存在较大差距,表现为农村金融资源相对稀缺,农村金融体系不完善,农村金融服务水平较低。因此,农村金融发展可以推进城乡一体化进程。另一方面,城乡收入差距缩小是城乡一体化水平提高的重要表现,主要着力点在于增加农民收入。如果随着农民收入的增加,农民储蓄也随之增加的话,那么农村金融资源就会增加,有助于推动农村金融发展。因此,我们提出以下假设。

假设1:城乡一体化水平与区域农村金融发展水平之间有相互影响关系。

尽管理论上城乡一体化水平与农村金融发展水平之间可以相互促进,但是,由于城乡之间存在交易成本差异、信息不对称等因素,城乡一体化水平与农村金融发展水平之间要发挥相互促进作用,还存在着不少现实的障碍。首先,城乡金融之间非均衡发展的现状会引起城乡收入差距扩大(姚耀军,2005),主要表现为农村储蓄资金的不断外流和非正规金融的不规范发展(张立军,湛泳,2006),而城乡收入差距扩大显然是一种逆城乡一体化的作用力。其次,从经济金融关系来看,可以大致分为需求追随(demand-following)和供给领先(supply-leading)两种类型(Patrick,1966),并且在经济发展的早期阶段,供给领先型金融居于主导地位,而随着经济的发展,需求追随型金融逐渐居于主导地位。那么与城市金融发展相比,在金融发展水平比较薄弱的农村地区更需要加强政策支持和引导,才能在起步阶段推动农村金融发展,进而促进农村经济增长,增加农民收入。因此,我们提出以下假设。

假设2:城乡一体化水平与区域农村金融发展水平之间相互影响作用的大小、方式和机制不一致。

(二)变量与样本选择

我们分别根据城市居民家庭人均可支配收入和农村居民家庭人均现金收入

计算城乡收入比,根据城市居民家庭人均消费支出计算和农村居民家庭人均现金支出计算得到城乡支出比。

$$\text{Inc} = \frac{\text{农村居民家庭人均现金收入}}{\text{城市居民家庭人均可支配收入}}; \text{Exp} = \frac{\text{农村居民家庭人均现金支出}}{\text{城市居民家庭人均消费支出}}$$

由此可知,当城乡收入比接近于 0 时,说明城乡之间收入差距大,城乡一体化程度低;反之,当城乡收入比接近 1 时,说明城乡之间收入差距小,城乡一体化程度高。城乡支出比的意义类似。我们定义城乡一体化水平为城乡收入比和城乡支出比的加权平均值,即:

$$\text{Inte} = \alpha \text{Inc} + \beta \text{Exp}$$

其中,Inc 为城乡收入比,Exp 为城乡支出比,Inte 为城乡一体化水平,α 和 β 为城乡收入比和城乡支出比的权重。本文经验研究中取值为 $\alpha = \beta = 0.5$。

农村金融发展水平的测度。我们定义农村金融发展水平 Fin 为:

$$\text{Fin} = \frac{\text{农村居民家庭人均现金收入} - \text{农村居民家庭人均支出}}{\text{农村居民家庭人均现金收入}}$$

本文中经验研究的数据来源是国泰安数据库,样本范围是 2005 年第四季度到 2010 年第三季度。

三、经验研究

(一)平稳性检验和协整检验

本文先采用 ADF 单位根方法对城乡一体化指标和农村金融发展指标进行平稳性检验。经过 ADF 检验,得到两个变量 Inte 和 Fin 均为 I(1)变量,即均为一阶单整序列。协整检验结果表明,在 1% 的置信水平下,拒绝没有协整方程的假设,即变量 Inte 和 Fin 之间存在一种长期的均衡关系。

(二)Granger 因果关系检验

协整检验结果表明,在城乡一体化水平和农村金融发展水平之间存在长期的均衡关系,但是这种均衡关系是否构成因果关系需要进一步验证。因此需要对各变量进行格兰杰因果关系检验。根据 F 值、伴随概率以及 AIC 最小原则,取滞后期为 3。检验结果如表 1 所示。

表 1　**Granger 因果检验**

原假设	观测数	F 值	概率
Fin 不是 Inte 的 Granger 原因	17	5.1918	0.0203
Inte 不是 Fin 的 Granger 原因		4.7697	0.0258

Granger 因果关系检验结果表明,在 5% 的置信水平下,城乡一体化和农村金融发展之间存在相互因果关系,即城乡一体化进程促进了农村金融的发展,同时农村金融的发展也可推进城乡一体化的进程。这就证实了假设 1。

(三)VAR 模型构建和脉冲响应

首先确定 VAR 模型的滞后期,5 种统计量均认为滞后期为 3,因此建立 VAR(3)模型：Inte＝1.4465×Inte(−1)−0.7508×Inte(−2)+0.1249×Inte(−3)−0.1039×Fin(−1)

　　　[5.2857]　[−1.7782]　[0.5412]　[−1.5051]
　　　+0.2732×Fin(−2)−0.0598×Fin(−3)+0.0911
　　　[3.8280]　[−0.8408]　[1.8257]

Fin＝1.9624×Inte(−1)−3.8984×Inte(−2)+2.5305×Inte(−3)+0.2789×Fin(−1)

　　　[2.4491]　[−3.1533]　[3.7451]　[1.3797]
　　　+0.2608×Fin(−2)−0.6415×Fin(−3)−0.1675
　　　[1.2481]　[−3.0812]　[−1.1458]

从上面两个 VAR 方程来看,区域农村金融发展的滞后变量对城乡一体化水平的影响显著为正,城乡一体化水平的滞后变量对其自身的影响也有显著正影响。而城乡一体化水平对农村金融发展的影响则有正有负,从系数上看,总体仍有正面影响。

从脉冲分析来看(见图 1),区域农村金融发展水平与城乡一体化水平之间以及其对自身的冲击效果均收敛,说明区域农村金融发展水平与城乡一体化发展水平之间存在着比较稳定的持续性影响。其中,城乡一体化水平对农村金融的发展有持续的正面冲击,不过这种冲击的效果呈现出短中长期的波动,短期(1个季度)影响较大,而中期(2—4 个季度)影响较小,随后的长期(1 年以上)影响又有所扩大。而城乡一体化对农村金融的冲击除了短期效应为负外,中长期具有较大的正面影响。说明从短期来看,农村金融的发展并不能由城乡一体化水平的提高而自行发展,而需要有针对性地通过相关政策支持,克服短期的负面冲击,从而享受其对城乡一体化水平中长期的正面作用。这种冲击影响的非对称性证实了假设 2。

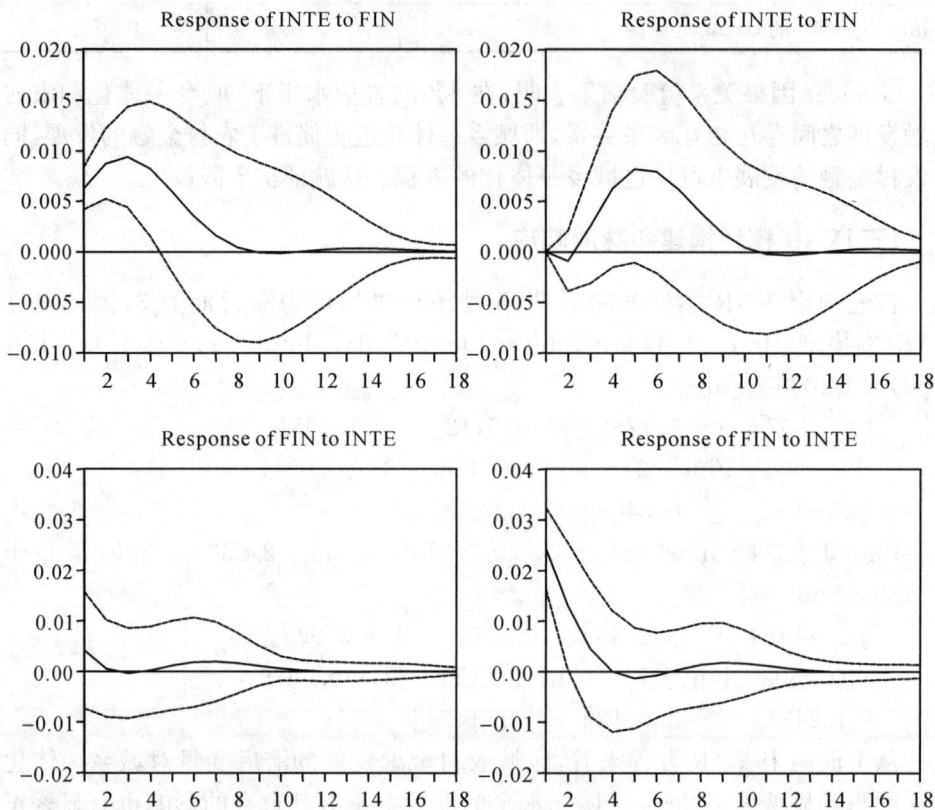

Response of INTE to FIN

Response of INTE to FIN

Response of FIN to INTE

Response of FIN to INTE

图 1　脉冲分析

城乡一体化和农村金融发展之间的相互作用机制存在较大差异。城乡一体化水平的提高带动农村金融发展的效果在短期和长期均比较明显,但是这种效果在中期是有一个减弱的过程,因此这种带动效应的持续性并不是十分突出,而农村金融发展在短期对城乡一体化甚至有负面冲击,这说明通过农村发展来提升城乡一体化水平可能存在一道"坎",但是一旦迈过这道坎,农村金融发展对城乡一体化的正面效果将快速增强,并可长期持续。

四、结论和政策建议

从上文的经验分析中,我们可以看到,要使区域农村金融发展成为推动城乡一体化水平的推动力,而不是阻力,关键是如何在市场和政策层面打破农村金融发展停留在较低水平的"坎",使洼地效应发挥主导作用,通过区域农村金融发展推进城乡一体化进程。

为此,一是要多方面提升城乡一体化水平,增加农民收入,建立起惠及广大农民的社会保障制度,解决农民教育、医疗等方面的后顾之忧;二是要加强对农村金融发展的政策支持,使得金融资源在农村留得住、用得上,推进城乡一体化水平;三是可以借鉴美、法等发达经济体以及墨西哥、印度等发展中国家的做法,构建政策性、合作性和商业性多元并存的立体化的农村金融体系(黎和贵,2009),完善农村金融服务主体、增加农村金融有效供给、丰富农村金融产品和服务、健全农村金融风险管理机制,全面提升农村金融服务的水平。

第六篇

金融人才培养与管理

按市场化、应用型原则重构金融人才培养机制[①]

金融是现代经济的核心,也是社会的重要稳定器。随着金融业的快速发展,经济已经呈现出金融化的发展趋势。金融活动已经渗透到人们的日常生产生活中。基于国民金融知识水平普遍偏低的现实及其可能引起的后果,各国政府积极制定提高国民金融素质的政策。随着金融在国民经济和社会生活中地位和作用的增强,金融人才出现了更加广泛的需求,相应地,各高等学校举办金融类专业的热潮越来越高,金融教育规模也越来越大。与此相应的一种社会现象是社会和用人单位需要大批量金融人才,而金融类专业大学生却就业困难,形成了看似结构性的矛盾,金融人才培养从过程、内容到方法都有待优化。

一、我国高等教育金融类专业及人才培养情况的演变

(一) 金融教育与人才培养的萌芽

1904—1948 年为传播起步时期,这时已经开始传播西方货币银行学,金融专业人才培养工作亦开始萌芽。应当说,金融学在我国近代并不是一门独立的学科,它作为一门独立的世界性的学科,最早形成于西方,称为"货币银行学",1904 年美国 Davldkinley 编著了金融学教材,我国最早关于金融方面的著述是谢霖与李徽合著的《银行制度论》与《银行经营论》;据中国人民大学黄达教授研究,我国国内最早有关金融的教育始于 1923 年清华大学开设的《货币银行学讲座》。

(二) 计划经济时期的金融专业教育与人才培养

1949—1974 年,我国国民经济完全处于计划经济时期,国家实行大财政小

---

① 原文发表于《金融教育研究》2015 年第 5 期,作者周建松。

银行制度,银行纯粹是作为财政出纳机构而存在,没有证券和资本市场,保险亦停办,国有银行亦处于垄断地位,中国人民银行一统天下,金融主要被作为计划经济调节和管理的工具,金融人才需求也不大,国家的高等教育亦实行计划管理模式,金融与银行业务几乎是同义词,银行业务主要就是存、贷、汇。因此,当时全国只有极少数学校开设金融或银行方面的专业,"文革"后亦被停办。

(三) 计划商品时期的金融活动及人才培养

1975—1991 年,邓小平主持中央工作,经济工作得到加强,金融工作逐步受到重视。1978 年 2 月,邓小平提出,银行应该抓经济,要成为发展经济、革新技术的杠杆。同年,中国人民银行从财政体系中独立出来,中国农业银行恢复,中国银行独立,中国工商银行设立,中国建设银行从财政体系中分设出来,中国人民银行专门行使中央银行职能,交通银行等综合性银行恢复或新设,金融活动开始扩大,金融人才需求增多,金融类院校纷纷设立,综合性大学开始设立金融专业。

(四) 市场经济的建立与金融教育的大发展

1992 年至今,邓小平同志南方讲话后,我国开展市场经济讨论并最终确立社会主义市场经济体制,金融的作用得到前所未有的重视,金融活动日趋广泛,并不断与国际接轨,证券与资本市场大发展,保险市场方兴未艾,银行创新风潮迭起,各种新金融层出不穷,金融活动的广泛性及其与市场经济的高度关联性对金融人才产生了巨大的需求,国家也大力发展高等教育,推进高等教育大众化,建设现代职业教育体系。因此,金融业务不仅网点大大增加,而且规模快速扩大,金融专业的门类也不断拓展。据了解,我国开设金融类专业教育的院校为700 所左右,呈现出非常繁荣的局面。

二、我国金融教育及人才培养的现状

(一) 金融教育基本上满足了经济社会发展对金融人才的需求

从总体而言,改革开放特别是社会主义市场经济体制建立过程中,我国的金融教育较好地满足和适应了金融事业发展的要求。

1. 金融教育涵盖的范围不断拓宽

从主要局限于银行发展到保险、证券、期货、金融衍生工具、金融工程及金融风险管理，从传统金融发展到国际金融和外汇经营管理等，适应了我国金融业发展的形势和要求。

2. 金融教育体系不断健全和完善

从传统的中专、大专、本科教育，发展到以本科教育为基础，硕士研究生教育和博士研究生教育的立体式的学历教育体系，博士后流动站分布也相当广泛，金融专业（应用型）硕士点也在不断增加，立体化多层次金融培训体系也在不断健全。

3. 金融教育中的理论与实践结合度不断提高

各院校学习和借鉴发达国家教育改革和创新经验，注重教学内容的优化调整，重视教育方法的改进，尤其是贯彻理论与实践相结合的原则，注重实践育人，教育效果和质量有了明显提高，较好地满足了用人单位和社会的要求。

（二）不可忽视的矛盾和问题

1. 金融教育缺乏严格的准入机制

针对全社会的金融热，不少学校纷纷开设金融和金融类专业，有的学校自身学科门类和条件离金融很远，有些学校师资等条件并不具备，却一拥而上举办金融专业，致使金融专业不仅点广，而且规模过大，教学质量得不到保证。

2. 职业化的金融教育少，泛泛而谈的金融教育多

事实上，从金融人才需求看，我们需要的是大量的职业化的应用型人才。因此，行业办学或行业指导下的金融教育有其优势，它有利于更好地产教融合、理实一体，实现职业化教育和培养目标。而随着 2000 年行属院校管理体制调整，金融教育的地方化加强，金融教育大有遍地开花之势，但缺乏职业化是普遍情形。

3. 专业标准有待建立和规范

在 20 世纪，中国人民银行曾几度讨论金融、投资、保险、会计等专业教学大纲，推动专业建设标准化。21 世纪初，教育部也给予了高度的重视，但随着高等教育大众化的推进，尤其是高等教育分类管理的推进，标准化的问题就显得软弱和无力了。虽然这几年教育行政部门也在谈建立和规范专业标准和教学标准，

甚至在研究建立专业教学资源库，但成效却不尽如人意。金融专业出现到处设、大家办、自顾自足的现象。

（三）正视当前和未来的挑战

1.互联网的挑战

近年来，我国新技术发展迅猛，其中最为标志性的项目和成果是互联网被广泛运用，互联网给经济社会生活的各方面都带来了重大影响，尤其是教育，包括金融教育。这就要求我国当前培养的金融人才不仅需要快速适应金融行业发展的新潮流，还需要学习比以前更多的专业知识和掌握更多的相关技能，唯有这样的复合型人才可以满足现代金融业发展的需要。

2. 互联网金融的迅速发展

与互联网发展相适应，互联网金融从 2013 年开始有了迅猛的发展，众筹、P2P、网络支付、电子货币等，不仅冲击了传统金融业务，分割了金融市场，并正在改变金融业态。

3. 利率、汇率市场化的挑战

市场化改革是一个大的趋势，对我国传统金融业和相对集中垄断的管理模式是一个重大的挑战，其中对我国金融业尤其是处于金融业绝对优势地位的银行业而言，挑战更是前所未有，学会用市场化的思维来经营金融活动，也许是一件颠覆性的事情，但必须迎接挑战，顺势而上。

三、理性构建多层次的金融人才培养体系

（一）基本理念

1.市场化理念

也就是要按市场经济的运行规律和运行机制来研究金融问题，用市场经济的调节手段和工具来关注金融问题，用市场的眼光研究金融人才的培养。

2.专业化理念

金融是一门专业化的学问，需要有专业的理念，有专业的技术技能，也有专业的运行规律，需要我们用专业的思维加以研究并开展金融人才培养。

3.职业化理念

金融是一门大学问,大多数接受金融教育的学生都将从事具体的金融工作,金融行业无论是银行、证券、保险,每个岗位都具有明显的职业特征。因此,坚持职业化方向,培养学生的职业理想、职业纪律、职业责任、职业情怀、职业道德和职业技能。

(二) 基本模式

我国的高等教育正面临着变革,也就是要解决同质化和特色化不鲜明的问题,金融教育也是如此,应用型的应用性不行,理论型的理论性不强,我们认为可以采取以下措施予以改善:

一是重点建设一批从事金融理论与决策为主的高层次人才培养基地。可以我国目前的"985"高校为基础,以国家重点学科为基地,采用本硕连读的方式,朝博士化方向着力培养具有国际视野、数理基础、分析预测、擅长理论研究、模型构建和宏观分析的金融高层次人才,为国家宏观调控部门、金融监管部门、公司战略部门输送人才。

二是建设一批应用型金融人才培养基地。现有大部分金融本科院校,包括部分"211"大学的金融学院、地方大学的金融学院,在金融人才培养上应该以应用为主,强调对金融业务和管理能力的培养,注重理论和实践结合,这类应用型人才应占金融人才总量的30% 左右。

三是建好一批业务操作型金融人才培养基地。主要以现有新建应用型本科学校、高职高专学校为基础,采用职业教育模式,落实在本科教育层次,重点培养职业化程度高、专业性强,具有较强操作技能和从事具体业务工作能力,胜任基层一线业务岗位的人才,这类业务操作型人才应占金融人才总量的60% 以上,这类人才培养可采用专业学校的体制,也可由金融行业自己来举办。

(三) 基本特征

金融是一个应用型很强的专业学科,除了培养少数理论和分析拔尖专门人才之外,我们应该更多地培养理论与实践结合、动手与动脑协调的应用型人才,要加强对金融知识的教育与宣传,通过普及金融教育,建立金融教育体系,增加教育渠道,创新教育方式来加强我国的金融教育,保证金融业的可持续发展。为此,我们应该有一些基本的培养机制作保证。

1. 校企合作

金融应用型教育和人才培养应采用学校与金融行业企业合作的办法,学校依托行业、联合企业,建立相对的校企合作基地,把人才需求、市场变化与金融教育、人才培养结合起来。

2. 双师团队

金融专业教育过程中的专业性、业务性、技能性课程,应采用学校专任老师和行业兼职相结合的方式,共同组成专兼结合、双师结构的教学团队,发挥各自的特长,有效推进教育教学,努力提升教育教学和人才培养质量。

3. 学做一体

金融专业人才在培养和教育过程中,必须遵循老师教做一体、学生学做一体,形成教学做一体化模式,真正实现理论与实践的结合,学校应有良好的教学环境和教学基地,学生也有从业的模拟过程和经历,教师也应该持有执业资格证书。

四、金融应用型人才培养的典型案例分析
——以浙江金融职业学院为例

浙江金融职业学院在几十年的办学实践过程中一直坚持紧密依托行业,充分利用校友资源,贯彻应用为重,不断创新理念、更新观念、研究市场、适应市场,走出了一条又好又快的金融教育改革和应用型金融人才培养之路,学校毕业生顺利就业、对口就业、优质就业、提前落实就业,学生成才率高,学校被誉为"金融黄埔、行长摇篮"。

(一) 体制创新:校行企共建应用型金融人才研究院

学校于 2000 年根据市场和体制变化,创造性地构建了由中央银行、金融监管部门、金融业经营机构、教育行政主管部门、政府金融主管部门和学校教师及教育教学专家共同组成的校企合作理事会。在此基础上,组建了应用型人才培养研究院,研究院经常开展人才培养和人才需求情况调研分析,从内容、方法等方面提出改进意见,较好地适应了金融业快速发展、金融人才培养工作的持续跟进问题。

（二）机制创新：设立专门的人才培养机构（银领学院）

学校全面开展订单式人才培养，在大面积订单培养的基础上，学校组建了专门的人才培养机构——银领学院，银领学院按 6 句话理念建机制、设体制。这 6 句话是"以培养订单为始点，以开放办学为前提，以校企合作为载体，以工学结合为路径，以双师团队为依托，以优质银领为目标"；确立 3 个 90% 目标导向，即"用人单位的优质需求必须满足 90% 以上，进入订单培养的学生必须有 90% 以上的到岗率，学生到岗后用人单位的满意率要达到 90% 以上"；银领学院采用双重身份（既是准员工，也是学生），双班主任（学校和行业企业各有一个班主任）管理，双师执教（学校教师和行业企业骨干兼职任教）的办法，较好地提高了人才培养适应性、针对性和有效性。

（三）载体创新：探索建立"六合一"专业教学指导委员会

所谓"六合一"专业教学指导委员会，是指"建立一个专业（群）指导委员会，同时建设一批学生实践实习基地，形成一批校外（行业）兼课教师，共建一批教师调研基地，争取形成一批教师社会服务基地，培养一批毕业生就业基地"。"六合一"专业教育教学指导委员会的建立，成为开放合作办学的基层组织，实践证明成效尤其显著。

（四）保障创新：积极探索和构建应用型金融人才培养的协调之路

1. 充分发挥校友作用

利用校友建基地，选择校友做兼职教师，聘请校友担任专业建设和学校发展指导委员会成员，真正把人才培养和科学研究、社会服务和文化传承与创新、就业创业和学校发展结合起来。

2. 不断探索与行业有效结合之路

学校通过战略合作、聘请高层做顾问、聘请兼职教师、订单培养等途径，始终保持与行业频繁和密切往来，建立友好关系。如聘请中央银行管理骨干组成宏观金融理论与分析兼职教学团队，银监局管理干部组成金融监管理论与政策兼职教学团队，来自一线的经验和案例使教学更加生动和有效。

3. 建设一大批教学实践基地

学校积极推出和实施校企合作"千花盛开工程"，主动争取与金融行业和企业的沟通与理解,建立定期调研和走访工作机制,较好地实现了与金融行业及社会的互动,建设了一大批紧密型乃至示范型教学实践和就业基地,推动了人才培养和各项工作的较好开展。

主动作为,培养高素质技能型农村金融人才[①]

《国家中长期教育改革和发展规划纲要》明确指出,发展职业教育是推动经济发展、促进就业、改善民生、解决"三农"问题的重要途径,是缓解劳动力供求结构矛盾的关键环节,必须摆在更加突出的位置。同时,强调职业院校要"坚持学校教育与职业培训并举,全日制与非全日制并重",要"加快发展面向农村的职业教育,把加强职业教育作为服务社会主义新农村建设的重要内容"。根据这些指导思想和要求,职业院校如何从自身条件和专业特点出发,研究服务社会主义新农村建设的需要,就显得意义深远、责任重大。

一、面向"三农":社会主义新农村建设需要大量高素质技能型专门人才

社会主义新农村建设是我国的一项重大战略决策,也是一项全面复杂的系统工程,推进社会主义新农村建设需要各方面的支持,其中,农村土地制度、财政投入机制、税收优惠制度等改革必不可少,而金融服务和人才队伍也是重要的方面。从某种意义上说,培养和留住一大批热爱农村、有专业技能和服务意识的高素质技能型人才非常重要。

从"三农"事业发展的总体要求看,人才队伍是支撑。经过几十年的努力和探索,尤其是党中央国务院做出关于推进社会主义新农村建设的决定后,中央对"三农"事业的政策已经明确,政策支持也有了保证。政治路线决定以后,干部就是决定因素,人才就是支持要素。如何扭转农村培养不了人才,更留不住人才的状况,消除大量农村仅靠妇女儿童维持运行的落后局面,需要我们采取多管齐下的措施加以落实。

---

① 原文发表于《中国高等教育》2011年第19期,作者周建松。

从"三农"事业发展的实际需要看,高素质技能型人才最关键。我国农业的进步、农村的发展、农民的增收固然需要一大批领导和管理人才,也需要技术研发人才,但总体而言,从农业生产力水平和农村管理水平实际出发,从人力资源有效利用的要求看,提高农民整体素质,培养造就有文化、懂技术、会经营的新型农民和职业化人才更为迫切、更为实用。也就是说,通过职业教育的形式来解决农村人才问题更为现实和可行。

从农村金融事业发展的具体需求看,技能型农村金融人才需求巨大。中国的经济和社会发展已经从农业时代向城市化、工业化和现代化目标迈进,其中突出的标志是金融在国民经济和社会发展中的作用越来越重要。因此,在新一轮农村改革和发展思路及政策支持体系中,大力发展新型农村金融机构、繁荣和发展农村金融服务体系摆上了非常突出的位置。根据多次走访调研,仅农村应用型人才的需求就相当大,而现有农村经济金融人才的培养和农村经营管理类人才金融知识的学习与培训,任务就相当艰巨。

二、并重并举:为社会主义新农村培养高素质技能型人才的重要途径

教育规划纲要提出,职业教育要把提高质量作为重点,以服务为宗旨,以就业为导向,推进教育教学改革,同时明确,职业院校坚持"学校教育与职业培训并举,全日制与非全日制并重"是基本特色。实践也已证明,只有贯彻并重并举原则,才能真正把职业院校办好,也才能把为社会主义新农村服务的文章做好。

学校教育与职业培训并举适应高等职业教育的特点。高等职业教育是改革开放发展起来的新型高等教育形式,又是我国职业教育的较高形式,它是与经济社会和人民生活最贴近、联系最紧密的一种教育形式,同时也是与"三农"最贴近、联系最紧密的一种办学形态。由于职业教育强调人才培养中的校企合作、工学结合,重视教师队伍建设的双师素质、双师结构,强调学生培养中的职业能力与职业道德的统一,强调为社会主义现代化生产、建设、管理、服务第一线培养高素质高技能人才,它就有便利条件做到把学校教育面向职业、面向岗位,实行开门办学、开放办学,并不断扩大学校功能,提高学校服务面,也有利于提高人才培养和教育教学质量。

全日制教学与非全日制教学并重符合"三农"工作的要求。"三农"尤其是农

业生产的一个重要特点是季节性,农村工作的特点之一也是它受季节和地区影响很大。例如,中国的东南沿海与东北、西北地区相比就有很大的地区差别,即使同一地区也有季节的差别。这就说明:农村有季节时机,季节和节气对"三农"工作影响很大甚至起着重要作用。这就要求我们在为"三农"培养和输送人才的过程中,必须充分考虑其特殊要求。这几年,高等职业教育在发展过程中,研究探索了许多好的方法和措施,如新疆农业职业技术学院的"一轮半"教学法等,实践证明都是科学有效的方法。与此同时,农村工作的季节性,更加说明了其学习教学和培养培训可以适应季节性要求进行不断的调整与优化,如农村农业类专业的学生可在农忙季节顶岗实习,农闲季节在校学习,学校也可根据农村季节来确定举办各种短期培训班,或者用全日制形式举办面向"三农"的成人教育高职学历班等。

三、主动作为:开展培养高素质技能型金融人才的实践

为社会主义新农村建设培养德才兼备、素能并重的人才,是各级各类学校共同的任务。对于那些国家重点建设的"211""985"院校而言,其立足点应该是为农业科技进步、农村社会发展培养创新型复合型人才;对于分布在县及县城以下的中等职业学校而言,则应该立足于培养农业、农村一线和基础性岗位的操作型人才;高等职业教育既是我国高等教育的重要组成部分,也是我国职业教育的重要载体和较高层次,其基本任务是为农业、农村培养一大批高素质技能型专门人才。因此,每一所高职院校应该从各自区域、行业和条件出发,主动作为,广拓市场,并力求形成特点、特长和特色。

浙江金融职业学院作为国家首批示范性高职院校,坚持以就业为导向、以服务为宗旨、走产学研相结合的道路,自觉履行社会责任,主动渗入"三农"领域,开辟了一条集人才培养、科学研究、社会服务、文化传承于一体的发展之路,致力为新农村建设培养"面向农村真心、了解农村尽心、熟悉金融专心、苦练业务耐心、练好身体上心"的专门人才,取得了明显成效。

坚持并重并举发展思路。根据职业教育特点和规律,按照农村经济社会需求特点,尤其是农村金融事业运行发展的需要,既重视农村合作金融专业建设,抓好全日制学历教育,也重视各种形式的岗位培训。在学历教育中,既重视农村合作金融专业的本专业建设,也注意对其他专业学生进行面向"三农"金融机构

的专门化模块和方向教育培养,创造条件送更多的学生到涉农金融机构去,满足农村金融发展需要。据统计,"十一五"期间,学校毕业生中,约有 1/4 的学生在农村和涉农金融机构就业。

坚持开放合作发展理念。在为社会主义新农村培养金融人才的实践中,学院充分遵循职业教育规律和学校特点,坚持走校企合作、开放办学之路,先后与浙江省农村信用联社及其全辖网络,与中国邮储银行浙江省分行及全辖网络,与中国农业银行浙江省分行及全辖网络,与浙江省小额信贷协会等单位签订协议,广泛合作,共同制定培养培训方案;与中国人民银行、浙江省银监局、中国银行业协会等合作,研究专兼教师队伍建设和考证考级合作事宜,努力打造一个面向"三农"的立体化农村金融人才培养平台,每年合作办班至少 100 班次。

坚持立体培训发展格局。学院在打破专业设置界限,破格申办农村合作金融专业的同时,设置农村合作金融模块供全校学生就学。更为重要的是,学校充分利用"行业、校友、集团"的综合力量,在构建一个岗前培训、专题培训、转岗轮训、骨干强训、中层管训、主管研训的农村金融人才培训体系方面做了积极探索,每年培训不少于 2 万人次。

坚持自主创新发展思路。农村金融、经济专业培训需求量大,但缺乏系统教材和统一体系,高层关注的又比较少,更何况我国各地差别比较大,导致农村金融领域的教材和讲义均需要自主开发。近 5 年间,学院通过校企合作的路径,先后开发了《现代农村金融概论》《"三农"经济概论》《农村信用社业务》《小额信贷理论与实务》《村镇银行理论与实务》《农户经济行为分析》等专业课程与教材,大大促进了学历教育和职业培训工作的开展。

坚持订单人才培养模式。订单式人才培养适应职业教育特点,有利于提高人才培养的针对性、有效性,有利于教育教学质量的提高,也有利于实现学校、学生、用人单位的三赢。浙江金融职业学院这几年毕业生总的订单培养比例在60%左右,而涉农类专业学生通过订单培养的比例在 80% 以上,全校学生面向农村金融机构的订单数为 30% 强。

不可否认,由于长期受封建思想的影响和重工轻农、重商轻农观念的束缚,跳出农门成为中国一代又一代人的不懈追求,人们深知农业基础地位的重要,但当事人不愿实践,于是较为普遍地出现了"一旦出现农村就少有人问津、一旦呈现国际就热闹非凡"的现象。对此,我们必须正视现实,积极应对。一方面,必须提高为"三农"培养职业化专门人才的认识,大力发展面向农村的职业教育。这是教育规划纲要赋予职业教育的基本任务,也是各类职业院校的责任所在。对此,各级各类职业院校的党政班子和相关专业负责人及其教育管理部门必须有足够清晰的认识,尤其是学校党委,应该从把握办学方向和坚持正确的舆论导向以及培养什么样人的高度来认识这一问题。另一方面,必须采取积极有效措施加以实践。面向"三农"的教育,既有专业针对性,也有模块适应性,其目的是更多、更好、更快地满足和适应农村经济社会事业发展对人才的需求,高职院校既不能消极等待,也不能被动应付。面向"三农"培养高素质技能型人才基础在于认识,关键在于用真心,真行动。

主要参考文献

［1］ Beck T，Demirguc-Kunt A，Levine R. Finance，inequality，and poverty：cross-country evidence［R］. NBER Working Paper No. 10979，2004.

［2］ Beck Thorsten，Asli Demirguc-Kunt，Maria Soledad Martinez Peria. Reaching out：access to and use of banking services across countries［R］. World Bank Policy Research Working Paper Series 3754，2005.

［3］ Frankel Jeffrey，Andrew Rose. Currency Crashes in Emerging Market：An Empirical Treatment［J］. International Economic Discussion Pappers，1996，41.

［4］ Greenwood J，Jovanovic B. Financial development，growth，and the distribution of income［J］. Journal of Political Economy，1990，5(98).

［5］ Honohan Patrick，Household financial assets in the process of development［R］. WIDER Research Paper，2006.

［6］ Kaminsky，Lizondo，Reinhart. Leading Indicators of Currency Crises［R］. IMF Working Paper，1997.

［7］ Levine R. Financial development and economic growth：views and agenda［J］. Journal of Economic Literature，1997，35(2).

［8］ Merton R. C. A functional Perspective of financial intermediation［J］. Financial Management，1995，24(2).

［9］ Sachs Jeffrey，Aaron Tornell，Andres Velasco. Financial Crises in Emerging Markets：The Lessons from 1995［J］. Brookings Papers on Economic Activity，1996(1).

［10］ Sylviane G. Jeanneney，Kangni Kpodar. Financial Development and Poverty Reduction：Can There Be a Benefit Without a Cost? ［J］. Journal of Development Studies，2011，47(1).

［11］赫米斯,等. 金融发展与经济增长［M］.北京:经济科学出版社,2001.

[12] 戈德史密斯. 金融结构与金融发展[M]. 上海：上海三联书店,1994.

[13] 熊彼得. 经济发展理论[M]. 杜贞旭,郑丽萍,刘昱岗,译. 北京：中国商业出版社,2009.

[14] 劳拉詹南. 金融地理学[M]. 北京：商务印书馆,2001.

[15] 巴曙松,刘孝红,牛播坤. 转型时期中国金融体系中的地方治理与银行改革的互动研究[J]. 金融研究,2005(5).

[16] 白钦先,谭庆华. 论金融功能演进与金融发展[J]. 金融研究,2006(7).

[17] 白钦先. 白钦先经济金融文集[M]. 2 版. 北京：中国金融出版社,1999.

[18] 曹凤岐. 建立和健全中小企业信用担保体系[J]. 金融研究,2001(5).

[19] 高铁梅. 计量经济分析方法与建模：EViews 应用及实例[M]. 2 版. 北京：清华大学出版社,2009.

[20] 耿颢. 山东省金融深度和金融宽度实证分析[J]. 金融发展研究,2009(10).

[21] 龚钰涵. 我国中部六省区域金融合作研究[D]. 湘潭：湘潭大学,2009.

[22] 顾益康,许勇军. 城乡一体化评估指标体系研究[J]. 浙江社会科学,2004(6).

[23] 何建雄. 建立金融安全预警系统：指标框架与运作机制[J]. 金融研究,2001(1).

[24] 胡萌,孙继国. 经济景气评价[M]. 北京：中国标准出版社,2009.

[25] 姜建华,秦志宏. 非均衡发展格局下的区域金融风险与宏观金融运行[J]. 国际金融研究,1999(9).

[26] 黎和贵. 国外农村金融体系的制度安排及经验借鉴[J]. 国际金融研究,2009(1).

[27] 李俊元,张秋艳. 德国金融业的基本特点及其启示[J]. 中国人民大学学报,2000(1).

[28] 李猛. 金融宽度和金融深度的影响因素：一个跨国分析[J]. 南方经济,2008(5).

[29] 李时玮. 访问德国金融中心——法兰克福[J]. 广东金融,1997(3).

[30] 李泽广. 金融结构趋同、经济增长差异与金融发展模式选择——转型国家金融结构问题研究[J]. 国际金融研究,2003(4).

[31] 林广明,谭庆华. 金融资源论：对金融功能观与金融机构观的综合研究[J]. 金融论坛,2004(6).

[32] 林文玲. 试论金融教育与金融业的可持续发展[J]. 财经界,2014(10).

[33] 刘仁伍.区域金融结构和金融发展理论与实证研究[M].北京:经济管理出版社,2003.

[34] 刘伟,王晓珊.大学生金融教育问题探究[J].长春师范大学学报(自然科学版),2014(4).

[35] 刘哲,孙熠.金融危机视角下转型国家资本流动和外资依赖问题分析——以波兰、捷克、匈牙利为例[J].世界经济与政治论坛,2010(2).

[36] 罗小龙,沈建法.长江三角洲城市合作模式及其理论框架分析[J].地理学报,2007(2).

[37] 欧阳志刚,史焕平.中国经济增长与通胀的随机冲击效应[J].经济研究,2010(7).

[38] 钱水土.县域经济发展中的县域金融体系重构:浙江案例[J].金融研究,2006(9).

[39] 沙虎居.论产业结构调整中的金融支持——以浙江为例[J].求索,2005(9).

[40] 史建平,高宇.KLR金融危机预警模型研究——对现阶段新兴市场国家金融危机的实证检验[J].数量经济技术经济研究,2009(3).

[41] 孙方娇.科技与金融结合背景下金融教学改革与人才培养[J].上海金融,2013(8).

[42] 孙明贵,雷亮.中西部民营企业金融政策与税收政策的特性分析[J].财经理论与实践,2004(1).

[43] 汤柳.危机后德国金融监管改革述评[J].金融理论与实践,2010(3).

[44] 唐吉平,陈浩,姚星垣.长三角城市金融辐射力研究[J].浙江大学学报(人文社会科学版),2005(6).

[45] 陶永诚,赵振华.关于推进杭州都市经济圈金融合作的思考[J].浙江金融,2011(9).

[46] 汪祖杰,吴江.区域金融安全指标体系及其计量模型的构建[J].经济理论与经济管理,2006(3).

[47] 汪祖杰.国际经济一体化中的金融安全分析[J].金融研究,2001(5).

[48] 王广谦.经济发展中金融的贡献与效率[M].北京:中国人民大学出版社,1997.

[49] 王红霞.城市群的发展与区域合作:城市与区域合作发展研究热点综述[J].上海经济研究,2006(12).

[50] 王力,黄育华.中国金融中心发展报告:中国金融中心城市金融竞争力评价(2010—2011)[M].北京:社会科学文献出版社,2011.

[51] 吴辉凡.民间融资市场:广东与浙江的比较[J].南方经济,2005(7).

[52] 吴明隆.结构方程模型:AMOS 的操作与应用[M].2 版.重庆:重庆大学出版社,2010.

[53] 徐敏.德国金融体制的若干特点[J].国际金融研究,1995(5).

[54] 徐明华.从温州模式到浙江现象:过程与逻辑——兼论温州模式的历史地位[J].浙江社会科学,2009(1).

[55] 许长新,李政.基于都市圈空间成长的金融地理圈研究[J].金融理论与实践,2007(6).

[56] 闫彦明.区域经济一体化背景下长三角城市的金融辐射效应研究[J].上海经济研究,2010(12).

[57] 杨子强.海洋经济发展与陆地金融体系的融合:建设蓝色经济区的核心[J].金融发展研究,2010(1).

[58] 姚星垣.金融地理学视角:浙江金融业发展思考[J].浙江金融,2005(11).

[59] 姚耀军.金融发展与城乡收入差距关系的经验分析[J].财经研究,2005(2).

[60] 俞达,刘墨海.金融素质教育的国际经验[J].中国金融,2014(5).

[61] 张立军,湛泳.中国农村金融发展对城乡收入差距的影响——基于 1978—2004 年数据的检验[J].中央财经大学学报,2006(5).

[62] 范方志,张立军.中国地区金融结构转变与产业结构升级研究[J].金融研究,2003(11).

[63] 张小兰.美国硅谷和台湾新竹科学园的经验启示[J].中国集体经济,2007(9).

[64] 张旭,伍海华.论产业结构调整中的金融因素[J].当代财经,2002(1).

[65] 张永乐.京津冀都市圈金融合作协调发展研究[J].河北金融,2008(3).

[66] 赵伟.浙江模式:一个区域经济多重转型范式——多视野的三十年转型[J].浙江社会科学,2009(2).

[67] 中国人民银行杭州中心支行地方金融研究课题组.完善浙江省地方金融组织体系研究[J].浙江金融,2009(2).

[68] 中国人民银行武汉分行.通货膨胀监控先行指标体系动态分析[J].金融研究,2005(6).

[69] 周建松.把金融业作为战略产业来发展——兼析浙江省下一步发展金融产业的思路[J].浙江金融,2008(4).

[70] 周建松.关于发展浙江地方金融产业的思考[J].浙江社会科学,2005(2).

[71] 周建松.关于中国金融监管体系的再思考[J].河南金融管理干部学院学报,2003(4).

[72] 周建松.推进浙江省金融产业持续、快速、健康发展的战略思考[J].浙江金融,2005(4).

[73] 周建松,等.浙江地方金融发展探索[M].杭州:浙江大学出版社,2009.

[74] 周建松,等.浙江金融服务体系研究[M].杭州:浙江大学出版社,2011.

[75] 周建松,等.浙江金融强省战略研究[M].杭州:浙江大学出版社,2007.

[76] 周建松.浙江地方金融发展研究[M].杭州:浙江大学出版社,2005.

[77] 朱小平,雷立群,陈选娟.美国、日本、德国金融体系比较及其对企业筹资管理的影响[J].对外经贸财会,1999(9).

[78] 卓勇良.日本经济格局与结构变动及其对浙江的启示[J].商业经济与管理,2010(5).